Erwerb von Personen- und Kapitalgesellschaftsanteilen durch Minderjährige

AF801941

Europäische Hochschulschriften

European University Studies

Publications Universitaires Européennes

Reihe II **Rechtswissenschaft**

Series II Law

Série II Droit

Band/Volume **5782**

Moritz Merkenich

Erwerb von Personen- und Kapitalgesellschaftsanteilen durch Minderjährige

PL ACADEMIC RESEARCH

Bibliografische Information der Deutschen Nationalbibliothek
Die Deutsche Nationalbibliothek verzeichnet diese Publikation in der Deutschen Nationalbibliografie; detaillierte bibliografische Daten sind im Internet über http://dnb.d-nb.de abrufbar.

Zugl.: Jena, Univ.,Diss., 2015

27
ISSN 0531-7312
ISBN 978-3-631-67024-8 (Print)
E-ISBN 978-3-653-06191-8 (E-Book)
DOI 10.3726/ 978-3-653-06191-8

© Peter Lang GmbH
Internationaler Verlag der Wissenschaften
Frankfurt am Main 2015
Alle Rechte vorbehalten.
PL Academic Research ist ein Imprint der Peter Lang GmbH.
Peter Lang – Frankfurt am Main · Bern · Bruxelles · New York · Oxford · Warszawa · Wien

Das Werk einschließlich aller seiner Teile ist urheberrechtlich geschützt. Jede Verwertung außerhalb der engen Grenzen des Urheberrechtsgesetzes ist ohne Zustimmung des Verlages unzulässig und strafbar. Das gilt insbesondere für Vervielfältigungen, Übersetzungen, Mikroverfilmungen und die Einspeicherung und Verarbeitung in elektronischen Systemen.

Diese Publikation wurde begutachtet.

www.peterlang.com

Meinen Eltern

Vorwort

Die vorliegende Arbeit wurde im Sommersemester 2014 von der Rechtswissenschaftlichen Fakultät der Friedrich-Schiller-Universität Jena als Dissertation angenommen. Für die Veröffentlichung konnten Rechtsprechung und Schrifttum bis Mitte 2015 berücksichtigt werden.

Mein besonderer Dank gilt zunächst meinem Doktorvater, Herrn Professor Dr. Walter Bayer, für die Anregung zu dieser Arbeit sowie die hervorragende Betreuung. Herrn Professor Dr. Volker Jänich danke ich für die zügige Anfertigung des Zweitgutachtens.

Darüber hinaus bedanke ich mich von ganzem Herzen bei meinen Eltern, die mich in sämtlichen Belangen stets großzügig unterstützt und gefördert haben. Ohne sie wäre meine Ausbildung in der Form nicht möglich gewesen. Ihnen ist diese Arbeit gewidmet.

Hamburg, im August 2015

Inhaltsübersicht

Inhaltsverzeichnis

Abkürzungsverzeichnis

a. A.	andere(r) Auffassung
Abs.	Absatz
AG	Aktiengesellschaft
AktG	Aktiengesetz
AcP	Archiv für die civilistische Praxis (Zeitschrift)
a. F.	alter Fassung
BayObLG	Bayerisches Oberstes Landesgericht
BB	Betriebs-Berater (Zeitschrift)
Bd.	Band
BFH	Bundesfinanzhof
BGB	Bürgerliches Gesetzbuch
BGBl.	Bundesgesetzblatt
BGH	Bundesgerichtshof
BReg	Bundesregierung
BStBl.	Bundessteuerblatt
BT-Drucksache	Deutscher Bundestag, Drucksache
BVerfG	Bundesverfassungsgericht
bzw.	beziehungsweise
Co.	Compagnie
DB	Der Betrieb (Zeitschrift)
ders.	derselbe
dies.	dieselbe
Diss.	Dissertation
DNotZ	Deutsche Notar-Zeitschrift
DStR	Deutsches Steuerrecht (Zeitschrift)
ESTB	Der Ertrag-Steuer-Berater
f., ff.	folgende, fortfolgende
FA	Fachanwaltshandbuch
FamFG	Gesetz über das Verfahren in Familiensachen und in den Angelegenheiten der freiwilligen Gerichtsbarkeit
FamRZ	Zeitschrift für das gesamte Familienrecht mit Betreuungsrecht, Erbrecht, Verfahrensrecht, Öffentlichem Recht
FGG	Gesetz über die Angelegenheiten der freiwilligen Gerichtsbarkeit
FPR	Familie, Partnerschaft, Recht, Zeitschrift für die Anwaltspraxis
FS	Festschrift

GbR	Gesellschaft bürgerlichen Rechts
GmbH	Gesellschaft mit beschränkter Haftung
GmbHG	Gesetz über die Gesellschaft mit beschränkter Haftung
GmbHR	GmbH-Rundschau (Zeitschrift)
HGB	Handelsgesetzbuch
HRefG	Gesetz zur Neuregelung des Kaufmanns- und Firmenrechts und zur Änderung anderer handels- und gesellschaftsrechtlicher Vorschriften vom 22. Juni 1998
INF	Die Information über Steuer und Wirtschaft (Zeitschrift)
InsO	Insolvenzordnung
JA	Juristische Arbeitsblätter
JR	Juristische Rundschau (Zeitschrift)
JURA	Juristische Ausbildung (Zeitschrift)
JuS	Juristische Schulung (Zeitschrift)
KG	Kammergericht, Kommanditgesellschaft
MDR	Monatsschrift für Deutsches Recht
MHbeG	Gesetz zur Beschränkung der Haftung Minderjähriger vom 25. August 1998
MittBayNot	Mitteilungen des Bayerischen Notarvereins, der Notarkasse und der Landesnotarkammer Bayern (Zeitschrift)
MittRhNotK	Mitteilungen der Rheinischen Notarkammer (Zeitschrift)
MüKo	Münchener Kommentar
MüHdb-GesR	Münchner Handbuch des Gesellschaftsrechts
m. w. N.	mit weiteren Nachweisen
NJW	Neue Juristische Wochenschrift (Zeitschrift)
NJW-RR	Neue Juristische Wochenschrift Rechtsprechungs-Report Zivilrecht (Zeitschrift)
Nr.	Nummer
NZG	Neue Zeitschrift für Gesellschaftsrecht
OHG	Offene Handelsgesellschaft
OLG	Oberlandesgericht
RG	Reichsgericht
RGRK	Reichsgerichtsräte-Kommentar zum BGB
Rn.	Randnummer
RNotZ	Rheinische Notar-Zeitschrift
Rpfleger	Der Deutsche Rechtspfleger
S.	Seite(n)
sog.	sogenannte(r)

Var.	Variante
vgl.	vergleiche
WiB	Wirtschaftliche Beratung (Zeitschrift)
WM	Zeitschrift für Wirtschafts- und Bankrecht
ZEV	Zeitschrift für Erbrecht und Vermögensnachfolge
ZGR	Zeitschrift für Unternehmens- und Gesellschaftsrecht
ZIP	Zeitschrift für Wirtschaftsrecht und Insolvenzpraxis
zit.	zitiert
ZPO	Zivilprozessordnung

Erster Teil: Einleitung

A. Motive für einen Anteilserwerb durch Minderjährige

Anlass, Ursache und Motive eines Anteilserwerbs durch Minderjährige können vielfältiger Natur sein[1]. Wohl nur in Einzelfällen dürfte der eigene Wille des Minderjährigen, schon frühzeitig selbst unternehmerisch tätig zu werden, im Vordergrund stehen. Häufig soll der Erwerb vorrangig innerfamiliären steuerlichen Zwecken dienen[2]. Grundlage derartiger Gestaltungen sind regelmäßig sowohl einkommen- als auch erbschaft- und schenkungsteuerliche Planungen. Mithilfe eines – durch den Fiskalgesetzgeber nicht vorgesehenen – „faktischen Familiensplittings“[3] kann die auf Gewinne aus mitunternehmerischer oder kapitalmäßiger Beteiligung entfallende Einkommensteuer auf mehrere Personen verteilt werden. Durch Ausnutzen steuerlicher Freibeträge[4] sowie durch Abmilderung des tariflichen Progressionssatzes ist es möglich, die Steuerlast der Familie insgesamt zu senken[5]. In erbschaft- und schenkungsteuerlicher Sicht können, innerhalb gesetzlicher Freibeträge, Vermögensteile steuerfrei auf andere Familienmitglieder übertragen werden[6].

Darüber hinaus kann der Anteilserwerb eines Minderjährigen durchaus auch durch außersteuerliche Motive geprägt sein. Ein solcher Grund liegt insbesondere in der vorbeugenden Sicherung unternehmerischer Existenz. Zum einen kann ein Betriebsvermögen bereits auf die nächste, zur Unternehmensfortführung noch nicht qualifizierte Generation der Familie übergehen, während die Unternehmensleitung (zunächst) in familienfremde Hände gelegt wird. Zum anderen

---

1 *Binz/Sorg*, BB 1989, S. 1521 ff. (S. 1521); *Bürger*, RNotZ 2006, S. 156 ff. (S. 156); *Gebele*, BB 2012, S. 728 ff. (S. 728); *Hohaus/Eickmann*, BB 2004, S. 1707 ff. (S. 1707); *Lohse/Triebel*, ZEV 2000, S. 337 ff. (S. 337 f.); *Stahl*, Minderjährigenschutz, S. 41 ff.

2 „Einer OHG und einer KG kann die steuerliche Anerkennung nicht lediglich mit der Begründung versagt werden, daß außerbetriebliche, zum Beispiel steuerliche und familienrechtliche Gesichtspunkte den Abschluß des Gesellschaftsvertrages veranlaßt haben“, vgl. BFH, Urteil vom 22.8.1951 – IV 246/50 S, BStBl III 1951, S. 181 ff.

3 Reimann, DNotZ 1999, S. 179 ff. (S. 179).

4 Der Grundfreibetrag beträgt derzeit EUR 8.472,00, vgl. §§ 32a Abs. 1 Satz 2 Nr. 1, 52 Abs. 41 Satz 2 Nr. 1 EStG.

5 Ivo, in: Wachter, FA Handels- und Gesellschaftsrecht, Teil 2, Kapitel 11, Rn. 1.

6 Nach § 14 Abs. 1 ErbStG besteht die Möglichkeit, in einem Turnus von 10 Jahren die Schenkungsfreibeträge gemäß § 16 Abs. 1 Nr. 2 ErbStG (für Kinder derzeit EUR 400.000,00) mehrfach zu nutzen.

vermag eine frühzeitige Beteiligung das Interesse der Nachfolgegeneration für das Unternehmen zu wecken und Kinder zumindest kapitalmäßig zu binden[7].

B. Grundlagen der Untersuchung

I. Erwerb von Gesellschaftsanteilen

Ein Minderjähriger kann auf verschiedene Art und Weise Mitglied[8] einer Gesellschaft werden. Er kann bereits an der Gründung beteiligt sein[9]. Seine Gesellschafterstellung kann der Minderjährige auch aufgrund Eintritts in eine bestehende Gesellschaft erlangen. Dieser Eintritt kann durch Bildung eines neuen (originärer Erwerb) oder durch die Übertragung eines bereits bestehenden Gesellschaftsanteils (derivativer Erwerb) erfolgen[10]. Neben dem rechtsgeschäftlichen Eintritt kann der Minderjährige auch von Todes wegen in eine Gesellschaft einrücken[11]. Darüber hinaus ist zwischen entgeltlichem und unentgeltlichem Erwerb zu differenzieren.

Auch die verschiedenen Gesellschafts- und Rechtsformen sind zu berücksichtigen. Bei den Personengesellschaften wird zwischen Außen- und Innengesellschaften unterschieden. Kann die Gesellschaft nach außen als Rechtsträger in Erscheinung treten, so ist sie Außengesellschaft[12]. Die Innengesellschaft verfügt in der Regel über keine besondere, die schuldrechtlichen Beziehungen der Gesellschafter überlagernde Organisation[13]. Außengesellschaften sind die Gesellschaft bürgerlichen Rechts (GbR), sofern sie am Rechtsverkehr teilnimmt[14], und die Personen*handels*gesellschaften (OHG und KG)[15]. Innengesellschaften sind die stille Gesellschaft und die Unterbeteiligung[16].

---

7 *Brox*, in: Festschrift für F. W. Bosch, 1976, S. 75 ff. (S. 75).

8 Mitgliedschaft bedeutet Teilhabe an einem Verband. Hieraus resultiert ein *Rechtsverhältnis* (genauer: Dauerrechtsbeziehung), aus dem sich Rechte und Pflichten ergeben. Die Mitgliedschaft wird aber auch als *subjektives Recht* bezeichnet, das als solches Gegenstand von Verfügungen ist, vgl. *K. Schmidt*, Gesellschaftsrecht, § 19 I 3 a) S. 549.

9 *K. Schmidt*, Gesellschaftsrecht, § 19 II 1 a) S. 551.

10 *K. Schmidt*, Gesellschaftsrecht, § 19 II 1 a) S. 551 spricht von Beitritt (originär) und Rechtsnachfolge (derivativ).

11 *K. Schmidt*, Gesellschaftsrecht, § 19 II 1 a) S. 551.

12 *K. Schmidt*, Gesellschaftsrecht, § 7 I 2 b) S. 169 f.

13 *Ulmer/Schäfer*, in: MüKo-BGB, § 705 Rn. 276.

14 Das ist nicht der Fall, wenn die GbR vertraglich auf das Innenverhältnis beschränkt ist (zum Beispiel Ehegatten-Grundstücksgesellschaft). Zur Abgrenzung zwischen (Außen-) und (Innen-)GbR, vgl. *Ulmer/Schäfer*, in: MüKo-BGB, § 705 Rn. 305.

15 *K. Schmidt*, in: MüKo-HGB, § 105 Rn. 5.

16 *Ulmer/Schäfer*, in: MüKo-BGB, § 705 Rn. 283.

Bei den Kapitalgesellschaften wird der Schwerpunkt der Untersuchung auf die Gesellschaft mit beschränkter Haftung (GmbH) gelegt. Besonderheiten bei der Beteiligung an einer Aktiengesellschaft (AG) werden ergänzend behandelt.

II. Minderjährige und gesetzlicher Vertreter

Die Minderjährigkeit endet mit der Volljährigkeit[17]. Die Volljährigkeit tritt nach § 2 BGB mit der Vollendung des 18. Lebensjahres ein. Wer nicht das siebente Lebensjahr vollendet hat, ist gemäß § 104 Nr. 1 BGB geschäftsunfähig. Die Willenserklärung eines Geschäftsunfähigen ist nach § 105 Abs. 1 BGB nichtig. Ein Rechtsgeschäft wäre unwirksam. Der Begriff des *Minderjährigen* ist nach dem Wortlaut des § 107 BGB für den beschränkt Geschäftsfähigen reserviert[18]. Dieser hat das siebente Lebensjahr bereits vollendet (§ 106 BGB).

Schließt ein Minderjähriger ohne Einwilligung seines gesetzlichen Vertreters einen Vertrag ab, ist dieser Vertrag zunächst „schwebend unwirksam" (§ 108 Abs. 1 BGB)[19]. Dies gilt nicht, wenn der Minderjährige durch die Willenserklärung einen lediglich rechtlichen Vorteil erlangt (§ 107 BGB)[20] oder wenn der Minderjährige die vertragsmäßige Leistung mit Mitteln bewirkt, die ihm zu diesem Zweck oder zu freier Verfügung von dem Vertreter überlassen worden sind (§ 110 BGB)[21].

In anderen als den in §§ 107, 110 BGB genannten Fällen hängt die Wirksamkeit des ohne Einwilligung geschlossenen Vertrages von der Genehmigung des gesetzlichen Vertreters ab[22]. Gesetzliche Vertreter sind grundsätzlich die Eltern gemeinschaftlich (§ 1629 Abs. 1 Satz 2 BGB). Ausnahmsweise kann der Minderjährige auch durch ein Elternteil allein vertreten werden (§ 1629 Abs. 1 Satz 3 BGB), soweit dieser Elternteil die elterliche Sorge allein ausübt oder ihm die Entscheidung nach § 1628 BGB übertragen wurde. Ein Minderjähriger, der nicht durch seine Eltern vertreten werden kann, wird durch einen Vormund vertreten (§§ 1773, 1793 Abs. 1 Satz 1 BGB)[23].

---

17 *Mansel*, in: Jauernig, BGB, § 2 Rn. 1.

18 Vgl. auch *Biddermann*, Der minderjährige Gesellschafter, S. 5; *J. Schmitt*, in: MüKo-BGB § 107 Rn. 6.

19 *J. Schmitt*, in: MüKo-BGB, § 108 Rn. 4.

20 *J. Schmitt*, in: MüKo-BGB, § 107 Rn. 27.

21 *J. Schmitt*, in: MüKo-BGB, § 110 Rn. 32.

22 *J. Schmitt*, in: MüKo-BGB, § 108 Rn. 1.

23 Das ist nach § 1773 BGB der Fall, wenn der Minderjährige nicht unter elterlicher Sorge steht oder wenn die Eltern weder in den die Person noch in den das Vermögen betreffenden Angelegenheiten zur Vertretung des Minderjährigen berechtigt sind.

III. Die Schutzvorschriften

Die Wirksamkeit einer rechtsgeschäftlichen Einigung – sei es im Rahmen einer Gründungsbeteiligung oder durch rechtsgeschäftlichen Eintritt in eine bereits bestehende Gesellschaft – kann an rechtshindernden Einwendungen scheitern. §§ 104 ff. BGB bestimmen die Grundlagen und Rechtsfolgen der Geschäftsfähig- und Geschäftsunfähigkeit. Mit diesen Regelungen verfolgt der Gesetzgeber mehrere Ziele. Dazu zählen das Erzielen von Rechtssicherheit, das allmähliche Heranführen des Kindes an die volle Geschäftsfähigkeit (Erziehungsfunktion) und auch der Schutz der Geschäftsgegner nicht voll Geschäftsfähiger[24]. Im Vordergrund steht jedoch der Schutz des nicht voll Geschäftsfähigen vor Gefahren, die einem Handeln im rechtsgeschäftlichen Verkehr immanent sind[25]. Dieser Schutz wird durch die legislative Vorstellung geprägt, dass ein Minderjähriger noch nicht zur eigenverantwortlichen Willensbildung in der Lage ist und auch noch nicht die Fähigkeit besitzt, ausreichend für seine eigene Person zu sorgen[26].

Ferner sieht das Gesetz Beschränkungen der Vertretungsmacht vor. Gibt der gesetzliche Vertreter sowohl für sich persönlich als auch zugleich für den Minderjährigen eine Willenserklärung ab oder erteilt er für diesen seine Zustimmung, führt ein Verstoß gegen das Verbot des Selbstkontrahierens nach § 181 BGB zur (schwebenden) Unwirksamkeit des Rechtsgeschäfts[27]. In solchen Fällen bedarf es der Mitwirkung eines Ergänzungspflegers gemäß § 1909 BGB. Die Unwirksamkeit eines Erwerbs kann sich auch aus einer fehlenden Genehmigung durch das Familiengericht ergeben. Die §§ 1821, 1822 BGB enthalten einen umfangreichen Katalog genehmigungspflichtiger Rechtsgeschäfte. Es handelt sich um solche, die vom Gesetz als tendenziell riskant angesehen und daher nicht der alleinigen Verantwortung des gesetzlichen Vertreters überlassen werden[28]. Die Vertretungsmacht des gesetzlichen Vertreters oder des Vormunds wird insoweit unter familiengerichtlichen Genehmigungsvorbehalt gestellt[29]. Ihre Existenzberechtigung finden die Genehmigungstatbestände der §§ 1821, 1822 BGB in einem gegenüber §§ 104 ff. BGB erweiterten Schutzzweck. Geschützt werden soll der Minderjährige nicht vor eigenem rechtsgeschäftlichem Handeln, sondern vor fremder – ihm wirtschaftlich womöglich zum Nachteil

---

24 *J. Schmitt*, in: MüKo-BGB, Vorbemerkung §§ 104 ff. Rn. 1.

25 *J. Schmitt*, in: MüKo-BGB, Vorbemerkung §§ 104 ff. Rn. 2.

26 *J. Schmitt*, in: MüKo-BGB, Vorbemerkung §§ 104 ff. Rn. 2.

27 *Schramm*, in: MüKo-BGB, § 181 Rn. 41.

28 *Wagenitz*, in: MüKo-BGB, § 1822 Rn. 1.

29 *Wagenitz*, in: MüKo-BGB, § 1821 Rn. 1.

gereichender – „Bevormundung“[30]. Diese Schutzvorschriften sind hinsichtlich der verschiedenen Erwerbstatbestände[31] zu untersuchen.

C. Anlass und Gang der Untersuchung

I. Bedeutung für Wissenschaft und Praxis

Schwerpunkt der Untersuchung wird die Beteiligung Minderjähriger an einer Kommanditgesellschaft (KG) sein. Die Bedeutung der KG hat sich in der familienunternehmerischen Praxis in den letzten Jahren vergrößert[32]. Das liegt zum einen an der gewandelten Rechtsprechung des BGH[33] zur persönlichen Haftung bei der GbR für Gesellschaftsverbindlichkeiten, zum anderen an dem durch die Handelsrechtsreform 1998[34] geschaffenen Recht, auch nichtgewerbliche, vermögensverwaltende Gesellschaften als Personen*handels*gesellschaft zu kreieren (§ 105 Abs. 2 HGB). Aufgrund ihrer gesellschaftsrechtlich zulässigen Gestaltungsmöglichkeiten ist die KG in idealer Weise zur Beteiligung Minderjähriger geeignet[35]. Unternehmerisch tätige Personen sind in der Regel Komplementäre, also unbeschränkt persönlich haftende Gesellschafter. Ein Minderjähriger ist typischerweise Kommanditist. Von der Vertretung und der Geschäftsführung der Gesellschaft ist er ausgeschlossen (§§ 164, 170 HGB). Seine Haftung beschränkt sich auf seine Hafteinlage (§§ 171 ff. HGB). Sie ist ausgeschlossen, soweit die

---

30 Vgl. *J. Schmitt*, in: MüKo-BGB, § 107 Rn. 2; *Wagenitz*, in: MüKo-BGB, § 1822 Rn. 1.

31 Siehe oben unter Erster Teil: B. I.

32 *Hohaus/Eickmann*, BB 2004, S. 1707 ff. (S. 1707) mit Hinweis auf *von Oertzen/Hermann*, ZEV 2003, S. 400 ff.

33 Die persönliche Haftung gemäß § 128 HGB gilt nunmehr auch für die GbR, vgl. BGH, Urteil vom 29.1.2001 – II ZR 331/00, NJW 2001 = S. 1065 ff. (Fortführung von BGH, Urteil vom 27.9.1999 – II ZR 371/98 = NJW 1999, S. 3483 ff.): Während die GbR früher als nicht rechtsfähig angesehen wurde (sog. Gesamthandsvermögenslehre), nimmt man heute zumindest bei der (Außen-)GbR eine Rechtsfähigkeit an (sog. Gruppenlehre). Man ging also dazu über, die GbR nicht als Rechtsobjekt, sondern als Rechtssubjekt zu verstehen. Daher wird § 128 HGB nunmehr auch analog angewendet, sodass im Gegensatz zur damals vertretenen Doppelverpflichtungslehre eine akzessorische Haftung begründet wird.

34 Gesetz zur Neuregelung des Kaufmanns- und Firmenrechts und zur Änderung anderer handels- und gesellschaftsrechtlicher Vorschriften (HRefG) vom 22. Juni 1998 (BGBl I, 1474).

35 Zur Rechtsformwahl bei Familienunternehmen, siehe *Wälzholz*, in: Sudhoff, Familienunternehmen, § 2.

Einlage[36] geleistet ist (§ 171 Abs. 1 Halbsatz 2 HGB) und auch nicht zurückbezahlt wurde (§ 172 Abs. 4 HGB)[37].

Ob ein Minderjähriger bei dem Erwerb von Gesellschaftsanteilen vertreten werden muss und der Mitwirkung eines Ergänzungspflegers oder der Genehmigung durch das Familiengericht bedarf, bestimmt sich nach verschiedenen gesetzlichen Tatbeständen. Die Lebenssachverhalte sind mannigfaltig. Dies gilt auch für das juristische Meinungsspektrum. Die Breite literarische Darstellung ist nicht zuletzt einem Mangel an höchstrichterlicher Rechtsprechung geschuldet. Die Beteiligung Minderjähriger an Gesellschaften, die eine Haftungsbeschränkung ihrer Gesellschafter vorsehen – insbesondere KG und GmbH –, wirft manche Probleme auf. Die mangelnde Haftung könnte entscheidendes Argument für die Annahme einer rechtlichen Vorteilhaftigkeit (§ 107 BGB) eines Rechtsgeschäfts sein, das einen Anteilserwerb zum Inhalte hat. Entsprechendes gilt für das Erfordernis einer familiengerichtlichen Genehmigung (§ 1822 BGB).

Nicht selten wird versucht, das Genehmigungsproblem mit der Empfehlung zu lösen, in Zweifelsfällen vorsichtshalber eine, wenn auch überflüssige, Genehmigung einzuholen. Dies sei schließlich unschädlich[38]. Dabei wird aber verkannt, dass eine Entscheidung des Familiengerichts für die Beteiligten nicht nur zeit- und geldraubend sein kann. Sie kann auch von der elterlichen Vorstellung, welche vermögensrechtlichen Maßnahmen für das Wohl ihres Kindes angemessen sind, durchaus abweichen. Dann werden die Eltern gegen ihren Willen in ihrem eigenen Vertretungsrecht beschränkt. Insofern bedarf es schon einer sorgfältigen Prüfung, bei welchen Sachverhalten eine Genehmigung erforderlich ist.

Andere Auffassungen verweisen auf die Möglichkeit der Einholung eines sog. Negativattests[39]. Damit attestiert das Familiengericht die Entbehrlichkeit einer Genehmigung. Allerdings entfaltet diese Bescheinigung keine Bindungswirkung. Eine Genehmigung kann sie nicht ersetzen. Nach allgemeiner Auffassung

36 Als *Einlage* werden nur solche Beiträge bezeichnet, die zur Mehrung der Haftungsmasse in das Gesellschaftsvermögen zu leisten sind, vgl. *K. Schmidt*, Gesellschaftsrecht, § 20 II 3 S. 572.

37 Aufgrund dieser Struktur wird die KG von *Wälzholz*, INF 2007, S. 231 ff. (S. 232) als „Zweiklassengesellschaft" bezeichnet.

38 *Damrau*, ZEV 2000, S. 209 ff. (S. 213); *Weinbrenner*, FPR 2009, S. 265 ff. (S. 266).

39 *Lohse/Triebel*, ZEV 2000, S. 337 ff. (S. 338); *Veit*, in: Staudinger, BGB 2014, § 1828 Rn. 49.

kommt ihr keine materielle Rechtskraft zu[40]. Ein Negativattest macht das Prüfungserfordernis einer familiengerichtlichen Genehmigung nicht obsolet. Es besteht vielmehr das Wagnis, dass ein anderes, zu einem späteren Zeitpunkt mit der Sache befasstes Gericht eine Genehmigung als notwendig erachtet. Es empfiehlt sich daher, rechtzeitig für Rechtsklarheit zu sorgen.

Ziel der Arbeit soll es sein, die kontroverse Diskussion in Literatur und Rechtsprechung darzustellen, die Ergebnisse zu filtern und einen eigenen Lösungsansatz zu suchen. Allgemeingültige Strukturen[41] im Minderjährigkeitsrecht helfen die Schutzvorschriften zu systematisieren.

II. Widerstreitende Interessen

Kernproblematik dieser Arbeit ist das Spannungsverhältnis zwischen Minderjährigen- und Verkehrsschutz. Dazu gehört die Frage, ob eine auf einen Einzelfall abstellende Auslegung zugunsten des Minderjährigen gerechtfertigt ist, auch wenn damit eine Einschränkung der Rechtssicherheit verbunden sein kann. Bestimmend ist das Rangverhältnis. Die herrschende Meinung[42] stuft die Rechtssicherheit als sekundär ein. Der Gesetzgeber habe eine grundlegende Wertentscheidung getroffen. Diese präferiere die Interessen des aufgrund persönlicher Eigenschaften typischerweise schwächeren Teilnehmers am Rechtsverkehr[43]. Das zeige sich zum einen daran, dass der gute Glaube an die Geschäftsfähigkeit gesetzlich nicht geschützt sei[44]. Zum anderen belege § 179 Abs. 3 Satz 2 BGB in systematischer Hinsicht, dass der Minderjährigenschutz gegenüber dem Verkehrsschutz vorrangig sei[45].

---

40 BGH, Urteil vom 30.11.1965 – V ZR 58/63 = NJW 1966, S. 652; *Veit*, in: Staudinger, BGB 2014, § 1828 Rn. 50; a. A. LG Braunschweig, Beschluss vom 22.11.1985 – 8 T 496/85 = Rpfleger 1986, S. 90.

41 Diese könnten Teil der Institutionenbildung im Gesellschaftsrecht sein: Darunter ist eine rechtsdogmatische Konsolidierung zu verstehen, also der Übergang von provisorischen Einzellösungen zu einem geschlossenen Konzept, vgl. *K. Schmidt*, Rechtsdogmatik und Rechtspolitik, S. 9 ff. (S. 24).

42 BGH, Urteil vom 30.4.1955 – II ZR 202/53, NJW 1955, S. 1067 ff. (S. 1069); Soergel/*Hefermehl*, BGB, Vor § 104 Rn. 10; *Knothe*, in: Staudinger, BGB 2011, Vorbemerkungen zu §§ 104 - 105 Rn. 29; *J. Schmitt*, in: MüKo-BGB, Vorbemerkung zu § 104 Rn. 7; vgl. aber auch *K. Schmidt*, JuS 1990, S. 517 ff. (S. 517), der den Totalvorrang des Minderjährigenschutzes nicht als richtig ansieht.

43 *Knothe*, in: Staudinger, BGB 2011, Vorbemerkungen zu §§ 104 - 105 Rn. 29.

44 BGH, Urteil vom 12.10.1976 – VI ZR 172/75 = NJW 1977, S. 622 ff. (S. 623).

45 *Knothe*, in: Staudinger, BGB 20011, Vorbemerkungen zu §§ 104 - 105 Rn. 27.

Darüber hinaus kann die Haftungsbeschränkung des § 1629a BGB zu Verwerfungen zwischen dem Schutz des minderjährigen Gesellschafters und dem Vermögensschutz der Gesellschaftsgläubiger führen. Die Norm gestattet es, die Haftung für Verbindlichkeiten, die Eltern im Rahmen ihrer Vertretungsmacht mit Wirkung für das Kind begründet haben, auf den Bestand des bei Eintritt der Volljährigkeit vorhandenen Vermögens zu beschränken. Entschließt sich der volljährig Gewordene, die Haftung auf sein bisheriges Minderjährigenvermögen zu beschränken, verlieren die Gläubiger einer Personengesellschaft einen persönlich (voll-)haftenden Gesellschafter[46]. Bei Kapitalgesellschaften kann die Haftungsbeschränkung mit den Grundsätzen der Kapitalerhaltung und Kapitalaufbringung kollidieren. Der Gesetzgeber hat diese Gefahr gesehen. Zugunsten der Gläubiger hat er Vermutungstatbestände (§ 1629a Abs. 4 BGB) geschaffen. Im Handels- und Gesellschaftsrecht wurden Publizitätspflichten statuiert[47].

Aus der Erfüllung von Publizitätspflichten kann sich aber auch ein Spannungsverhältnis zwischen dem Schutz des Minderjährigen und dem Vertrauensschutz der Gesellschaftsgläubiger ergeben. Ist das Geburtsdatum als einzutragende Tatsache im Sinne von § 15 HGB[48] anzusehen, wäre dem Minderjährigen die Einrede des § 1629a BGB verwehrt. Auch im Rahmen einer sog. fehlerhaften Gesellschaft, deren Gläubiger auf die wirksame Mitgliedschaft auch des minderjährigen Gesellschafters vertrauen, soll dem Minderjährigenschutz Rechnung getragen werden.

III. Gliederung

Im *Zweiten Teil* der Arbeit wird der Erwerb durch Gründungsbeteiligung behandelt. Für die tatbestandlichen Wirksamkeitsprüfungen des Gesellschaftsgründungsvertrages sind verschiedene Schutzvorschriften von Relevanz. Im *Dritten Teil* wird nach den drei Eintrittsmöglichkeiten differenziert. Dabei werden Besonderheiten beim Erwerb von Todes wegen besprochen. Im *Vierten Teil* werden die Folgen herausgearbeitet, die ein Erwerb von Gesellschaftsanteilen für den Minderjährigen, die Gesellschaft und den Rechtsverkehr hat, wenn Schutzvorschriften nicht eingehalten werden, der Erwerb also unwirksam war.

---

46 Eine Ersatzhaftung der Eltern analog § 179 BGB kommt nicht in Frage kommt, vgl. BT-Drucksache 13/5624 vom 26.9.1996, S. 9.

47 BT-Drucksache 13/5624 vom 26.9.1996, S. 7.

48 Umstritten ist, ob es sich bei § 15 HGB um eine abstrakte Vertrauensschutznorm, eine konkrete Vertrauensschutznorm oder eine abstrakte Verkehrsschutznorm handelt, vgl. *Krebs*, in MüKo-HGB, § 15 Rn. 10 ff. m. w. N.

Ferner wird erörtert, welche Rechtsinstrumente dem Minderjährigen im Falle eines wirksamen Erwerbs verbleiben. Der *Fünfte Teil* beschränkt sich auf einen kurzen Abriss des familiengerichtlichen Genehmigungsverfahrens. Gegenstand sind die formelle und materielle Prüfungskompetenz des Familiengerichts sowie das gerichtliche Beschwerdeverfahren. Die Zusammenfassung der Ergebnisse ist dem *Sechsten Teil* vorbehalten.

Zweiter Teil: Erwerb durch Gründungsbeteiligung

Ein Minderjähriger kann Gesellschaftsanteile erwerben, indem er sich selbst an einer Gründung beteiligt bzw. durch seinen gesetzlichen Vertreter beteiligt wird[49]. Dabei wird unterschieden, ob der Minderjährige eine Leistung zu erbringen hat (entgeltliche Gründungsbeteiligung), sei es in Form eines Förderungsbeitrags oder einer Einlage, oder ob er sich in Ermangelung einer (Gegen-) Leistung unentgeltlich beteiligt.

A. Der Gesellschaftsvertrag

Eine Gesellschaft wird durch den Abschluss eines Gesellschaftsvertrages gegründet[50]. Der Gesellschaftsvertrag ist ein gegenseitig verpflichtender Leistungsvereinigungs- sowie Organisationsvertrag (im Gegensatz zum synallagmatischen Leistungs*austausch*vertrag)[51]. Welche tatbestandlichen Voraussetzungen das Gesetz für das Errichtungsgeschäft verlangt, hängt von der jeweiligen Gesellschaftsform ab.

Für einen Gesellschaftsvertrag zur Gründung einer Personengesellschaft sind die Voraussetzungen des § 705 BGB zu erfüllen[52]. Es bedarf mindestens zweier Gesellschafter[53], eines gemeinsamen Zwecks sowie bestimmter Förderungsbeiträge. Sind diese Grundvoraussetzungen erfüllt, handelt es sich um eine GbR. Ist der Gesellschaftszweck auf den Betrieb eines Handelsgewerbes gerichtet[54], wird gemäß § 705 BGB, § 105 Abs. 1 und 3 HGB eine Offene Handelsgesellschaft

---

49 *Kindler*, Grundkurs Handels- und Gesellschaftsrecht, § 10 Rn. 22 ff.

50 *Ulmer/Schäfer*, in: MüKo-BGB, § 705 Rn. 1 für die GbR; *K. Schmidt*, in MüKo-HGB, § 105 Rn. 107 für OHG/KG; *K. Schmidt*, in MüKo-HGB, § 230 Rn. 93 für die Innengesellschaften; *J. Mayer*, in: MüKo-GmbHG, § 2 Rn. 4 für die GmbH; *Pentz*, in MüKo-AktG, § 23 Rn. 6 für die AG.

51 Palandt/*Sprau*, § 705 Rn. 1; *Roth*, in: Baumbach/Hopt, HGB, § 105 Rn. 47; die §§ 320 ff. BGB sind daher nur einschränkend anwendbar.

52 *Ulmer/Schäfer*, in: MüKo-BGB, § 705 Rn. 1

53 Eine Einpersonen-GbR gibt es wegen der vertraglichen Fundierung nicht, vgl. Palandt/*Sprau*, § 705 Rn. 1.

54 Ist der Gesellschaftszweck nicht gewerblich (§ 105 Abs. 2 BGB), ist die Eintragung in das Handelsregister konstitutiv, d. h. für die Anerkennung als OHG oder KG zwingend nötig.

errichtet (OHG)[55]. Wird für mindestens einen der Gesellschafter gemäß § 705 BGB, §§ 105 Abs. 3, 161 Abs. 1 und 2 HGB eine Haftungsbeschränkung im Außenverhältnis vereinbart, liegt die Rechtsform einer KG vor[56].

Bei der stillen Gesellschaft (§§ 230 ff. HGB, §§ 705 ff. BGB) und der Unterbeteiligung als Innengesellschaften bedarf es gleichfalls eines Gesellschaftsvertrages im Sinne des § 705 BGB[57]. Die vertragliche Einigung besteht bei der stillen Gesellschaft zwischen dem Unternehmensträger (Inhaber des Handelsgeschäfts) und dem stillen Gesellschafter[58], bei der Unterbeteiligung zwischen einem Gesellschafter (Hauptbeteiligten) und dem Unterbeteiligten[59].

Bei Kapitalgesellschaften reicht eine bloße Einigung über die in § 705 BGB genannten Voraussetzungen nicht aus. In den Gründungsvertrag einer GmbH müssen neben dem Mindestinhalt gemäß § 3 Abs. 1 GmbHG die Namen der Gesellschafter aufgenommen werden[60]. Für die Errichtung schreibt § 2 Abs. 1 GmbHG die notarielle Form (§ 128 BGB) des Gesellschaftsvertrages, also Beurkundung gemäß §§ 8 ff. BeurkG, vor[61]. Bei der AG gilt nach § 23 Abs. 3 und 4 AktG hinsichtlich des notwendigen Inhalts des Gesellschaftsvertrages sowie nach § 23 Abs. 1 AktG bezüglich der notariellen Form Entsprechendes[62].

B. Besondere Wirksamkeitsvoraussetzungen

Die Wirksamkeit der Vereinbarung über die Gründung einer Gesellschaft unter Beteiligung eines Minderjährigen hängt von weitergehenden Voraussetzungen ab.

I. Kein lediglich rechtlicher Vorteil

Der Gesellschaftsvertrag zur Gründung einer Gesellschaft, der durch einen Minderjährigen geschlossen wurde, bedarf gemäß §§ 107, 108 Abs. 1 BGB der Einwilligung oder Genehmigung dessen gesetzlichen Vertreters. Drohen dem Minderjährigen durch Abschluss eines Rechtsgeschäfts keine (rechtlichen) Nachteile, geht der Gesetzgeber konsequenterweise davon aus, dass es eines Schutzes durch §§ 104 ff. BGB nicht bedarf[63]. Erlangt der Minderjährige durch seine Willenserklärung lediglich

---

55 *K. Schmidt*, in MüKo-HGB, § 105 Rn. 19.
56 *Grunewald*, in MüKo-HGB, § 161 Rn. 2.
57 *K. Schmidt*, in MüKo-HGB, § 230 Rn. 93.
58 *K. Schmidt*, in MüKo-HGB, § 230 Rn. 36.
59 *K. Schmidt*, in MüKo-HGB, § 230 Rn. 192.
60 *Wicke*, in: MüKo-GmbHG, § 3 Rn. 6.
61 *Bayer*, in: Lutter/Hommelhoff, GmbHG, § 2 Rn. 15.
62 *Pentz*, in MüKo-AktG, § 23 Rn. 9, 64.
63 *J. Schmitt*, in: MüKo-BGB, Vorbemerkung §§ 104 ff. Rn. 3.

einen rechtlichen Vorteil, ist der durch ihn geschlossene Vertrag gemäß § 107 BGB auch ohne Zustimmung des gesetzlichen Vertreters wirksam[64]. Der Begriffsinhalt des *„lediglich rechtlichen Vorteils"* ist eingehend zu erörtern. Daran schließt sich die Frage an, ob auch ein Vertrag zur Gründung einer Gesellschaft dem Tatbestandsmerkmal des lediglich rechtlichen Vorteils unterfallen kann.

1. Grundlagen

Das Tatbestandsmerkmal der rechtlichen Vorteilhaftigkeit der Willenserklärung dient dazu, für den Minderjährigen möglicherweise schädliche und damit abstrakt gefährliche Rechtsgeschäfte von solchen Geschäften abzugrenzen, denen keine Schädigungsmöglichkeit innewohnt[65].

Das jeweilige Rechtsgeschäft wird nach einem *rechtlichen* Maßstab beurteilt[66]. Unter einem rechtlichen Vorteil ist eine positive Einwirkung des Rechtsgeschäfts auf den Rechtsbestand des Minderjährigen zu verstehen[67]. Dies kann in Gestalt eines Zuwachses an Rechten geschehen[68]. Die Einwirkung des Rechtsgeschäfts kann aber auch negativ in Form einer Verminderung von Verbindlichkeiten auftreten[69]. Aus diesem Verständnis des rechtlichen Vorteils folgt der Gegensatzbegriff des rechtlichen Nachteils[70]. Das Tatbestandsmerkmal wird daher nach allgemeiner Auffassung negativ definiert[71]: Die Willenserklärung eines beschränkt Geschäftsfähigen ist zustimmungsfrei, wenn ihm aus dem Rechtsgeschäft keine rechtlichen Nachteile erwachsen.

Unerheblich ist, ob aus dem Rechtsgeschäft wirtschaftliche Vorteile resultieren oder durch eine etwaige Handlungsunfähigkeit des Minderjährigenwirtschaftliche Nachteile drohen[72]. Das belegt schon der Wortlaut[73]. In vielen Fällen

---

64 *J. Schmitt*, in: MüKo-BGB, § 107 Rn. 27.

65 *Knothe*, in: Staudinger, BGB 2011, § 107 Rn. 2.

66 *Knothe*, in: Staudinger, BGB 2011, § 107 Rn. 2.

67 *Knothe*, in: Staudinger, BGB 2011, § 107 Rn. 2.

68 *Knothe*, in: Staudinger, BGB 2011, § 107 Rn. 2.

69 *Knothe*, in: Staudinger, BGB 2011, § 107 Rn. 2.

70 *Knothe*, in: Staudinger, BGB 2011, § 107 Rn. 2.

71 Palandt/*Ellenberger*, § 107 Rn. 2; *Harte*, § 107 BGB, S. 33; Soergel/*Hefermehl*, BGB, § 107 Rn. 1; *Mansel*, in: Jauernig, BGB, § 107 Rn. 2; Erman/*Palm*, § 107 Rn. 3; *Stürner*, AcP 1973, S. 402 ff. (S. 416).

72 Palandt/*Ellenberger*, § 107 Rn. 2; Soergel/*Hefermehl*, BGB, § 107 Rn. 1; *Knothe*, in: Staudinger, BGB 2011, § 107 Rn. 2; *Mansel*, in: Jauernig, BGB, § 107 Rn. 2; Erman/*Palm*, § 107 Rn. 3; *J. Schmitt*, in: MüKo-BGB, § 107 Rn. 28.

73 *J. Schmitt*, in: MüKo-BGB, § 107 Rn. 28.

wird zudem zweifelhaft sein, ob ein Rechtgeschäft für den Minderjährigen wirtschaftlich vorteilhaft oder nachteilig ist[74]. Aus Gründen der Rechtssicherheit muss an die rechtlichen Folgen der Willenserklärung angeknüpft werden[75].

Der Tatbestand des § 107 BGB verlangt ferner, dass die Willenserklärung rechtlich *lediglich* vorteilhaft ist[76]. Erfasst werden nur Rechtsgeschäfte, welche die Rechtsstellung des Minderjährigen ausschließlich verbessern[77]. Begegnen dem Minderjährigen rechtliche Verpflichtungen jedweder Art, ist das Rechtsgeschäft nicht lediglich vorteilhaft[78]. Der kleinste Rechtsnachteil löst das Zustimmungserfordernis aus, selbst wenn die aus dem Rechtsgeschäft resultierenden Rechtsvorteile überwiegen[79]. Wann im Einzelfall eine rechtliche Verpflichtung vorliegt, ist Wertungsfrage[80]. Die bloße Kausalität eines Rechtsgeschäfts kann nicht genügen, da jedes Rechtsgeschäft für irgendeinen rechtlichen Nachteil kausal ist oder sein kann[81]. Eine Grenzziehung zwischen zurechenbaren und nicht zurechenbaren rechtlichen Nachteilen ist nötig[82].

Rechtsgeschäfte, aus denen dem Minderjährigen zwar kein rechtlicher Nachteil, aber auch kein rechtlicher Vorteil erwächst (sog. neutrale oder indifferente Rechtsgeschäfte), scheinen nach dem Wortlaut des § 107 BGB zustimmungsbedürftig zu sein[83]. Vor dem Hintergrund ihres Schutzzwecks wird die Vorschrift jedoch nach allgemeiner Meinung dahingehend verstanden, dass rechtlich neutrale Rechtsgeschäfte von dem Minderjährigen ohne Zustimmung des gesetzlichen Vertreters wirksam vorgenommen werden können[84].

Unproblematisch ist die Abgrenzung von rechtlichem Vor- und Nachteil bei einem synallagmatischen Vertrag (zum Beispiel Kauf) oder einem unvollkommen

74 *J. Schmitt*, in: MüKo-BGB, § 107 Rn. 28.

75 *J. Schmitt*, in: MüKo-BGB, § 107 Rn. 28.

76 *J. Schmitt*, in: MüKo-BGB, § 107 Rn. 29; *Knothe*, in: Staudinger, BGB 2011, § 107 Rn. 3; *Mansel*, in: Jauernig, BGB, § 107 Rn. 3.

77 *J. Schmitt*, in: MüKo-BGB, § 107 Rn. 29.

78 *J. Schmitt*, in: MüKo-BGB, § 107 Rn. 29.

79 *Knothe*, in: Staudinger, BGB 2011, § 107 Rn. 3.

80 *Mansel*, in: Jauernig, BGB, § 107 Rn. 3.

81 *Mansel*, in: Jauernig, BGB, § 107 Rn. 3.

82 *Mansel*, in: Jauernig, BGB, § 107 Rn. 3; *Stürner*, AcP 1973, S. 402 ff. stellt auf eine wirtschaftliche Betrachtung ab.

83 *Knothe*, in: Staudinger, BGB 2011, § 107 Rn. 20.

84 Palandt/*Ellenberger*, § 107 Rn. 7; *Harte*, § 107 BGB, S. 46; *J. Schmitt*, in: MüKo-BGB, § 107 Rn. 33; *Knothe*, in: Staudinger, BGB 2011, § 107 Rn. 20; *Mansel*, in: Jauernig, BGB, § 107 Rn. 3.

zweiseitigen Vertrag (zum Beispiel Leihe)[85]. Wegen der rechtsgeschäftlichen Verpflichtung zur Gegenleistung wird stets eine Zustimmung durch den gesetzlichen Vertreter verlangt[86]. Auf den Fall des Gründungsvertrages übertragen, bedeutet dies Folgendes: Schließt der Minderjährige einen Gesellschaftsvertrag ab, der ihn verpflichtet, den Förderungsbeitrag oder die Einlage aus seinem eigenen Vermögen zu leisten, ergibt sich allein aus dieser Zahlungspflicht die rechtliche Nachteiligkeit[87]. Die entgeltliche Beteiligung eines Minderjährigen ist also nicht lediglich rechtlich vorteilhaft.

Handelt es sich um einen einseitig verpflichtenden Vertrag (zum Beispiel Schenkung), so liegt aufgrund fehlender Gegenleistung[88] die Annahme eines lediglich rechtlichen Vorteils nahe. Wird in einem Gesellschaftsvertrag vereinbart, dass dem Minderjährigen die Einlage unentgeltlich zugewendet wird, könnte man eine Anwendung des § 107 BGB erwägen. Dies wäre allerdings nicht von Bedenken frei. Auch die unentgeltlich erworbene Mitgliedschaft an einer Gesellschaft kann zu rechtlichen Nachteilen führen, selbst wenn das zugrunde liegende Schenkungsversprechen, für sich genommen, lediglich rechtlich vorteilhaft ist[89]. In Abhängigkeit von der jeweiligen Rechtsform der Gesellschaft wird im Folgenden untersucht, ob und inwieweit auch eine unentgeltliche Gründungsbeteiligung rechtliche Nachteile in sich bergen kann.

2. Personengesellschaften

Fraglich ist zunächst, ob die Gründung einer Personengesellschaft ein lediglich rechtlich vorteilhaftes Rechtsgeschäft darstellt. Dabei ist zwischen der GbR, den Personenhandelsgesellschaften sowie den Innengesellschaften zu unterscheiden.

a) GbR

Beteiligt sich ein Minderjähriger an einem Gesellschaftsvertrag zur Gründung einer (Außen-)GbR, ist seine Willenserklärung rechtlich nachteilig[90]. Denn

---

85 *Stürner*, AcP 1973, S. 402 ff. (S. 402).

86 *J. Schmitt*, in: MüKo-BGB, § 107 Rn. 30 f.; *Knothe*, in: Staudinger, BGB 2011, § 107 Rn. 23.

87 *Brox*, in: Festschrift für F. W. Bosch, 1976, S. 75 ff. (S. 78); *Knothe*, in: Staudinger, BGB 2011, § 107 Rn. 26, 29.

88 *Chiusi*, in: Staudinger, BGB 2013, § 516 Rn. 36; *J. Koch*, in: MüKo-BGB, § 516 Rn. 1.

89 *Knothe*, in: Staudinger, BGB 2011, § 107 Rn. 26, 29.

90 *Czeguhn/Dickmann*, FamRZ 2004, S. 1534 ff. (S. 1534); Palandt/*Ellenberger*, § 107 Rn. 4; *Habermeier*, in: Staudinger, BGB 2003, § 705 Rn. 23; *Hohaus/Eickmann*, BB 2004, S. 1707 ff. (S. 1708); *Klüsener*, Rpfleger 1990, S. 321 ff. (S. 325); *Knothe*, in: Staudinger,

unmittelbarer Gegenstand des Mitgliedschaftsrechts sind gesellschaftsrechtliche Pflichten, insbesondere die unbeschränkte Haftung für alte und neue Verbindlichkeiten gemäß §§ 130[91], 128[92] HGB. Es handelt sich um gesetzliche Haftung[93]. Sie trifft auch minderjährige Gesellschafter.

Die Zustimmungsbedürftigkeit hängt nach Auffassung des *LG Aachen*[94] auch nicht davon ab, ob mit dem Erwerb eines Gesellschaftsanteils verbundene Vorteile größer als deren Nachteile sind. Die tatsächlichen und rechtlichen Verhältnisse einer GbR seien *ex ante* nicht sicher feststellbar. Für die Bewertung gesellschaftsrechtlicher, nicht unmittelbar in Geld ausdrückbarer Pflichten gebe es keinen Maßstab. Eine Typizität des Verhältnisses von Vor- und Nachteilen sei nicht feststellbar.

Dem ist zuzustimmen. Im Rahmen des § 107 BGB erfolgt keine Abwägung rechtlicher Vor- und Nachteile. Ein einziger denkbarer Nachteil genügt, die Zustimmung des gesetzlichen Vertreters erforderlich zu machen. Eine andere Lösung würde dem Normzweck zuwider laufen. Im Zeitpunkt des Rechtsgeschäfts ist das Ausmaß des jeweiligen Nachteils nicht absehbar. Der Minderjährige ist daher vor jedem Rechtsnachteil zu schützen. Erforderlich ist eine Untersuchung, die etwaige Rechtsvorteile außer Betracht lässt.

b) OHG und KG

Wird ein Minderjähriger persönlich haftender Gesellschafter einer OHG oder Komplementär einer KG, ist der Gründungsvertrag wegen der persönlichen Haftung aus §§ 130, 128 HGB kein rechtlich vorteilhaftes Rechtsgeschäft[95].

BGB 2011, § 107 Rn. 29; *Piehler/Schulte*, in: MüHdb-GesR, Bd. 2, § 35 Rn. 14; *Riedlinger*, Familienkommanditgesellschaft, S. 68 ff.; *Rust*, DStR 2005, S. 1942 ff. (S. 1945); i. E. auch *Stürner*, in: Jauernig, BGB, § 705 Rn. 23; *Ulmer/Schäfer*, in: MüKo-BGB, § 705 Rn. 69; *Wendtland*, in: Bamberger/Roth, BGB, § 107 Rn. 10; *Werner*, GmbHR 2006, S. 737 ff. (S. 739).

91 Die persönliche Haftung gemäß § 130 HGB gilt nunmehr auch für die (Außen-)GbR, vgl. BGH, Versäumnisurteil vom 7.4.2003 – II ZR 56/02 = NJW 2003, S. 1803 ff.

92 BGH, Urteil vom 29.1.2001 – II ZR 331/00, NJW 2001 = S. 1065 ff. (Fortführung von BGH, Urteil vom 27.9.1999 – II ZR 371/98 = NJW 1999, S. 3483 ff.).

93 *K. Schmidt*, in MüKo-HGB, § 128 Rn. 9.

94 LG Aachen, Beschluss vom 21.6.1993 – 3 T 128/93 = NJW-RR 1994, S. 1319 ff. (S. 1321).

95 *Knothe*, in: Staudinger, BGB 2011, § 107 Rn. 29; implizit auch *Roth*, in: Baumbach/Hopt, HGB, § 105 Rn. 26 und *K. Schmidt*, in MüKo-HGB, § 105 Rn. 129; *Weitemeyer*, in: Oetker, HGB, § 105 Rn. 35; *Wertenbruch*, in: Ebenroth/Boujong/ Joost/Strohn, HGB, § 105 Rn. 89.

Insoweit gilt dasselbe wie bei der Gründung einer GbR[96]. Bei Beteiligung eines Minderjährigen als Kommanditist divergieren die in Literatur und Rechtsprechung vertretenen Meinungen.

aa) Rechtlicher Nachteil

Ein Teil der Literatur[97] und das *LG Köln*[98] gehen davon aus, dass jeder Vertrag zur Gründung einer Gesellschaft rechtlich auch nachteilig ist. Ob der Minderjährige als (vollhaftender) Komplementär oder nur als Kommanditist beteiligt werde, sei unerheblich. Begründet wird diese Auffassung mit gesellschaftsrechtlichen Pflichten, die sich aus einer Gesellschaftsbeteiligung ergeben, sowie mit einer auch den Kommanditisten drohenden persönlichen Haftung.

Die Beteiligung an einer Gesellschaft sei nicht nur mit Rechten, sondern stets auch mit Pflichten verbunden[99]. Da sich das Mitgliedschaftsrecht (hier: der Kommanditanteil) als ein „Bündel“[100] von Rechten und Pflichten darstelle, sei der Gesellschaftsvertrag rechtlich nachteilig. Die Gefährdung des Minderjährigenvermögens könne aufgrund der Vielgestaltigkeit möglicher Pflichten nicht prognostizierend ausgeschlossen werden[101].

Der rechtliche Nachteil könne zudem unmittelbar aus den gesellschaftsrechtlichen Treuepflichten (§ 242 BGB) hergeleitet werden[102]. Die Treuepflicht[103] obliege jedem Gesellschafter. Zwar könnten die Gesellschafter vereinbaren, dass in bestimmten Fällen ein Verstoß gegen die Treuepflicht nicht anzunehmen sei.

---

96 Siehe oben unter Zweiter Teil: B. I. 2. a).

97 *Brox*, in: Festschrift für F. W. Bosch, 1976, S. 75 ff. (S. 79 f.); *Buck*, Minderjährige, S. 25; *Büchel*, Familiengesellschaften, S. 18 f.; *von Gerkan/Haas*, in: Röhricht/Graf von Westphalen, HGB, § 161 Rn. 9; *Harte*, § 107 BGB, S. 135; *Nagel*, Familiengesellschaft, S. 28 f.; *Oetker*, in: Oetker, HGB, § 170 Rn. 13; *Stürner*, AcP 1973, S. 402 ff. (S. 436); *Wälzholz*, INF 2007, S. 231 ff. (S. 233); *Weitemeyer*, in: Oetker, HGB, § 105 Rn. 35; *Wendtland*, in: Bamberger/Roth, BGB, § 107 Rn. 10.

98 LG Köln, Beschluss vom 17.9.1969 - 24 T 6/69 = Rpfleger 1970, S. 245.

99 *Wälzholz*, INF 2007, S. 231 ff. (S. 233).

100 BGH, Urteil vom 10.2.1977 – II ZR 120/75 = NJW 1977, S. 1339 ff. (S. 1341): Es gilt zu beachten, dass das Urteil zwar regelmäßig im Zusammenhang mit § 107 BGB zitiert wird, es tatsächlich aber die Vorteilhaftigkeit eines Vertrages zugunsten Dritter behandelt.

101 Harte, § 107 BGB, S. 134 f.

102 Büchel, Familiengesellschaften, S. 18 f.; Nagel, Familiengesellschaft, S. 28 f.

103 Als Pflicht zur gegenseitigen Rücksichtnahme sowohl gegenüber den Mitgesellschaftern als auch gegenüber der Gesellschaft selbst, vgl. Habermeier, in: Staudinger, BGB 2003, § 705 Rn. 50.

Eine völlige Aufhebung der Treuepflicht sei mit dem Wesen der Personengesellschaft allerdings nicht zu vereinbaren. Der Treuepflicht sei nicht nur der allgemeine Gedanke zu Eigen, die Gesellschafter bei der Ausübung ihrer Rechte und Pflichten dem Grundsatz von Treu und Glauben zu unterstellen. Vielmehr handele es sich um eine echte Rechtspflicht, deren schuldhafte Verletzung im Rahmen des § 708 BGB (hier in Verbindung mit §§ 105 Abs. 3, 161 Abs. 2 HGB) zum Schadensersatz verpflichten könne.

Zum Teil wird nach dem jeweiligen Inhalt der Treuepflichten differenziert[104]. Pflichten, die ein positives Tun[105] des Minderjährigen voraussetzen, würden keinen rechtlichen Nachteil begründen. Es obliege dem gesetzlichen Vertreter darüber zu wachen, ob der Minderjährige dieser Pflicht genügt. Insoweit bedürfe es keines Schutzes. Entscheidend sei die negative Seite der Treuepflicht, also die Pflicht, alles zu unterlassen, was den Geschäftsinteressen der Gesellschaft zuwiderläuft[106]. Eine Verletzung von Unterlassungspflichten könne vom gesetzlichen Vertreter nicht sicher verhindert werden. Folglich müsse der Schutz des Minderjährigen bereits bei Vertragsschluss einsetzen.

Schließlich wird darauf hingewiesen, der Minderjährige könne durch Rückzahlungen oder Entnahmen die Einlage[107] unterschreiten[108]. Dies führe zu einer persönlichen Haftung gegenüber Gläubigern. Das aus dem Grundsatz der Kapitalerhaltung resultierende Wiederaufleben der Haftung bei Einlagenrückgewähr (§ 172 Abs. 4 HGB) stelle einen rechtlichen Nachteil dar.

Das *LG Köln*[109] sieht einen rechtlichen Nachteil letztlich in der den Minderjährigen treffenden Beweislast für die Volleinzahlung der Kommanditeinlage, wenn Gläubiger der Kommanditgesellschaft Durchgriffsansprüche gemäß § 171 Abs. 1 Halbsatz 1 HGB geltend machen.

---

104 Brox, in: Festschrift für F. W. Bosch, 1976, S. 75 ff. (S. 79 f.)

105 Zum Beispiel die Zustimmung zu ungewöhnlichen Betriebsgeschäften (§ 116 Abs. 2 HGB) oder die Anträge auf Entziehung der Geschäftsführungsbefugnis (§ 117 HGB) sowie der Vertretungsmacht (§ 127 HGB) und auf Ausschließung eines Gesellschafters (§ 140 HGB).

106 Zum Beispiel die jeden Gesellschafter treffende Verschwiegenheitspflicht sowie das Gebot, kreditschädigende Äußerungen zu unterlassen.

107 Zu unterscheiden ist die „Pflichteinlage“ im Innenverhältnis von der „Haftsumme“ im Außenverhältnis („Hafteinlage“ ist hingegen ungenau, weil der Kommanditist nicht mit einer Einlage haftet, sondern mit seinem gesamten Vermögen, aber summenmäßig beschränkt), vgl. Strohn, in: Ebenroth/Boujong/Joost/Strohn, HGB, § 171 Rn. 5 ff.

108 Stürner, AcP 1973, S. 402 ff. (S. 436).

109 LG Köln, Beschluss vom 17.9.1969 – 24 T 6/69 = Rpfleger 1970, S. 245.

bb) Lediglich rechtlicher Vorteil

Nach Auffassung anderer Vertreter in der Literatur[110] sowie des *OLG Bremen*[111] ist die Bildung einer Kommanditbeteiligung lediglich rechtlich vorteilhaft, sofern im Gesellschaftsvertrag die Übernahme der zu leistenden Kommanditeinlage durch einen Dritten vereinbart[112] wird. Das Vermögen des Minderjährigen bleibe unangetastet. Es fehle an einem Haftungsrisiko.

Dem Argument, die Haftungsfolge des § 172 Abs. 4 HGB führe zu einem rechtlichen Nachteil, wird entgegengehalten, sie betreffe nur die Fälle der Rückzahlung an den Minderjährigen selbst[113]. Darin könne schwerlich ein rechtlicher Nachteil gesehen werden, zumal die Haftung auf den Betrag des im Handelsregister eingetragenen Kommanditanteils begrenzt sei[114]. Im Ergebnis bestehe also lediglich die Gefahr einer nachträglichen Vorteilsverringerung.

Die gesellschaftsrechtlichen Treuepflichten seien kein rechtlicher Nachteil[115]. Sie stellen sich als Beschränkungen der erworbenen Rechtsposition dar und nicht als Verpflichtungen, die in irgendeiner Weise über das geschenkte Gut hinausreichen[116]. Deshalb ergebe sich aus ihnen kein rechtlicher Nachteil. Dieses Ergebnis könne durch einen Vergleich mit Treuepflichten außerhalb des Personengesellschaftsrechts untermauert werden[117]. Beispielsweise würden sich bei der Schenkung von Wohnungseigentum aus der Gemeinschaftsordnung

---

110 Palandt/Ellenberger, § 107 Rn. 4; Gernhuber/Coester-Waltjen, § 61 III 7 Rn. 35; Führ/Nikoleyczik, BB 2009, S. 2105 ff. (S. 2106); Knothe, in: Staudinger, BGB 2011, § 107 Rn. 29; Maier-Reimer/Marx, NJW 2005, S. 3025 ff. (S. 3026); Peschel-Gutzeit, in: Staudinger, BGB 2007, § 1629 Rn. 246; Weinbrenner, FPR 2009, S. 265 ff. (S. 268).

111 OLG Bremen, Beschluss vom 16.6.2008 - 2 W 38/08 = GmbHR 2008, S. 1263 f. (S. 1264), das sich der Argumentation der Literatur anschließt. Allerdings ging es in dem zu entscheidenden Fall um das Erfordernis einer familiengerichtlichen Genehmigung.

112 Voraussetzung für die Mitgliedschaft des Minderjährigen ist freilich die tatsächliche Leistung der Einlage. Leistet der Dritte der Vereinbarung zuwider nicht, kann der Minderjährige ohne Zustimmung seines gesetzlichen Vertreters nicht Gesellschafter werden.

113 Führ/Nikoleyczik, BB 2009, S. 2105 ff. (S. 2106); Knothe, in: Staudinger, BGB 2011, § 107 Rn. 29; Maier-Reimer/Marx, NJW 2005, S. 3025 ff. (S. 3026); Weinbrenner, FPR 2009, S. 265 ff. (S. 267).

114 So auch Werner, GmbHR 2008, S. 1266 f. (S. 1266).

115 Gernhuber/Coester-Waltjen, § 61 III 7 Rn. 35; Peschel-Gutzeit, in: Staudinger, BGB 2007, § 1629, Rn. 246.

116 Maier-Reimer/Marx, NJW 2005, S. 3025 ff. (S. 3026).

117 Führ/Nikoleyczik, BB 2009, S. 2105 ff. (S. 2106).

ergebende Treuepflichten nicht als rechtlicher Nachteil darstellen. Im Übrigen fehle es an der Unmittelbarkeit der Rechtsfolgen[118]. Bei den gesellschaftsrechtlichen Treuepflichten handele es sich um bloß „mittelbar nachteilige Folgen", die von § 107 BGB nicht erfasst würden.

Zum Teil wird die Treuepflicht von den Befürwortern eines rechtlichen Vorteils als persönliche Verpflichtung des Minderjährigen angesehen[119].Sie rühre unmittelbar aus dem Mitgliedschaftsrecht her. Aufgrund einer etwaigen Schadensersatzpflicht könnten zwar finanzielle Nachteile auf Seiten des Minderjährigen entstehen. Insgesamt spreche einiges für das Vorliegen eines rechtlichen Nachteils. Allerdings sei eine schutzzweckorientierte Auslegung des § 107 BGB geboten. In Anlehnung an die Rechtsprechung des BGH[120] seien bestimmte Rechtsnachteile wegen ihres typischerweise ganz unerheblichen Gefährdungspotentials außer Acht zu lassen. Sofern sich aus der Treuepflicht ergebende Nachteile durch erzielte Gewinne kompensiert würden, würde dazu auch die Beteiligung eines Minderjährigen als Kommanditist gehören.

cc) Stellungnahme

Ob die unentgeltliche Beteiligung eines Minderjährigen als Kommanditist an der Gründung einer Kommanditgesellschaft als lediglich rechtlich vorteilhaft einzustufen ist, hängt von Inhalt und Umfang der damit verbundenen Pflichten ab. Zwar trägt der Kommanditist die Beweislast für die Einlageleistung im Hinblick auf § 171 Abs. 1 Halbsatz 2 HGB[121]. Die Beweislast allein stellt entgegen der Ansicht des *LG Köln*[122] aber keinen rechtlichen Nachteil dar. Unterlagen über die Erbringung der Einlage, insbesondere Kontoauszüge, können ohne weiteres aufbewahrt werden und als Nachweis dienen. Es ist vielmehr auf die Haftung aus § 176 Abs. 1 HGB, die Haftung aus § 172 Abs. 4 HGB sowie auf die gesellschaftsrechtliche Treuepflicht abzustellen.

Auch der minderjährige Kommanditist haftet gemäß § 176 Abs. 1 HGB für die bis zur Eintragung begründeten Verbindlichkeiten der Gesellschaft gleich einem persönlich haftenden Gesellschafter. Der Minderjährige kann den Beginn seiner originären Mitgliedschaft nicht unter die aufschiebende Bedingung (§ 158 Abs. 1 BGB) des Handelsregistereintrags stellen. Denn die Eintragung

118 Knothe, in: Staudinger, BGB 2011, § 107 Rn. 29.
119 Weinbrenner, FPR 2009, S. 265 ff. (S. 267 f.).
120 BGH, Beschluss vom 25.11.2004 – V ZB 13/04 = NJW 2005, S 415 ff.
121 OLG Hamm, Urteil vom 25.10.1999 – 2 U 181/97 = NZG 2000, S. 366 ff.
122 LG Köln, Beschluss vom 17.9.1969 – 24 T 6/69 = Rpfleger 1970, S. 245.

in das Handelsregister setzt den Abschluss eines (wirksamen) Gesellschaftsvertrages voraus. Eine Haftung kommt allerdings nur in Betracht, wenn der Minderjährige einem Geschäftsbeginn vor Eintragung zugestimmt hat. Zwar kann dies dem Gesellschaftsvertrag als schlüssiger Vertragsinhalt entnommen werden[123]. Der Minderjährige kann die Haftung aber auch durch Vereinbarung im Gesellschaftsvertrag vermeiden. Eine entsprechende Vertragsklausel macht die Zustimmung des Minderjährigen zur Geschäftsaufnahme ausdrücklich von der vorherigen Eintragung der Gesellschaft in das Handelsregister abhängig[124]. Damit entfällt eine Gründerhaftung nach § 176 Abs. 1 HGB. Der vertragliche Vorbehalt begegnet einem rechtlichen Nachteil im Sinne des § 107 BGB.

Nach § 172 Abs. 4 HGB kann es zu einem Wiederaufleben der Haftung des Kommanditisten kommen. Wird die Einlage an den Kommanditisten zurückbezahlt, gilt sie den Gläubigern gegenüber als nicht geleistet. Der Haftungstatbestand ist Ausdruck des funktionalen Zusammenhangs von Einlage und Außenhaftung. Rechtsfolge ist allerdings nur eine nach § 171 Abs. 1 Halbsatz 1 HGB auf die Höhe seiner Einlage beschränkte Haftung. Stammt die Einlage nicht aus seinem Vermögen, kann die Rückgewähr für den Minderjährigen aber nicht rechtlich nachteilig sein. Die Sachlage ist mit der einer gewöhnlichen Schenkung vergleichbar. Bei einer Schenkung wird die Pflicht des Beschenkten zur Rückgewähr gemäß §§ 528, 530 BGB nicht als Nachteil im Sinne des § 107 BGB angesehen[125]. Die Rückgewähr erfolgt nach Bereicherungsrecht. Ungerechtfertigte Vorteile werden „abgeschöpft". Der Beschenkte hat im Umfang des Erworbenen einzustehen und keine Beeinträchtigung seines sonstigen Vermögens zu befürchten. Darüber hinaus hat der Minderjährige für die Aufforderung zur Rückzahlung keine Empfangszuständigkeit. Zur Wirksamkeit bedürfte es der Zustimmung des gesetzlichen Vertreters. In der Regelung des § 172 Abs. 4 HGB ist also kein rechtlicher Nachteil zu sehen.

Die Diskussion kreist zudem um die Frage, ob die gesellschaftsrechtliche Treuepflicht[126] als nachteilig angesehen werden kann. Die Treuepflicht nimmt

---

123 Vgl. K. Schmidt, in MüKo-HGB, § 176 Rn. 12.

124 Vgl. K. Schmidt, in MüKo-HGB, § 176 Rn. 12.

125 Vgl. J. Schmitt, in: MüKo-BGB, § 107 Rn. 47.

126 Als Beispielsfälle seien genannt: BGH, Urteil vom 28.6.1982 – II ZR 121/81, NJW 1982, S. 2869 ff. (unberechtigte Entnahme); BGH, Urteil vom 10.10.1994 – II ZR 32/94, NJW 1995, S. 192 ff. (Pflicht zur Zustimmung zur Änderung des Gesellschaftsvertrages); BGH, Urteil vom 4.10.2004 – II ZR 356/03, NZG 2005, S. 33 ff. (Pflicht eine Vertretung in der Gesellschafterversammlung zu akzeptieren).

gegenüber vertraglichen Hauptpflichten eine Sonderstellung ein[127]. Sie ist nicht kodifiziert. Es handelt sich um eine auf Richterrecht beruhende Generalklausel[128]. Diese erfordert eine allgemeine Abwägung mitgliedschaftlicher Interessen[129]. Im Zeitpunkt des Abschlusses eines Rechtsgeschäfts ist die Treuepflicht noch nicht konkretisiert. Erst durch die von Gesellschaftsform und Einzelfall abhängige jeweilige Ausgestaltung des vereinbarten Gesellschaftsvertrages kann sie einen greifbaren Nachteil entfalten. Allerdings kann dieser Umstand nicht dazu führen, die Treuepflicht als bloßen mittelbaren Nachteil außer Acht zu lassen. Ihre Rechtsnatur sagt nichts darüber aus, ob sie dem Minderjährigen nachteilig ist.

Der Hinweis, auch außerhalb des Personengesellschaftsrechts gebe es rechtlich nicht nachteilige Treuepflichten, überzeugt ebenso wenig. Die Treuepflicht eines Gesellschafters ist, anders als beispielsweise die Pflicht eines Wohnungseigentümers zur nachbarschaftlichen Rücksichtnahme, unmittelbarer Ausfluss des personenrechtlichen Gesellschaftsverhältnisses. Ohne gegenseitige Treuepflicht ist der gemeinsame Zweck der Gesellschaft nicht konflikt- und störungsfrei zu erreichen. Richtigerweise wird sie als fundamentales Rechtsprinzip der Gesellschafterstellung bezeichnet. Sie prägt die gesamte Rechts- und Pflichtenstellung der Gesellschafter[130]. § 107 BGB verlangt zudem, dass die Willenserklärung rechtlich *lediglich* vorteilhaft ist. Der Tatbestand lässt grundsätzlich keinen Rechtsnachteil zu.

§ 107 BGB könnte sich als gesetzliche Leerformel erweisen. Würde jeder (kausale) Rechtsnachteil zum Ausschluss der Vorteilhaftigkeit führen, könnte ein Minderjähriger ohne Zustimmung seines gesetzlichen Vertreters nahezu kein Rechtsgeschäft wirksam abschließen. Lediglich alltägliche Schenkungen würden dem Katalog zustimmungsfreier Rechtsgeschäfte unterfallen. Das kann nicht Sinn und Zweck der Vorschrift sein. Der Norm ist auch ein gesellschaftsrechtlicher Anwendungsbereich zu belassen. Droht dem Minderjährigen keine Gefahr rechtlicher Nachteile, ist ihm der wirksame Abschluss eines Gesellschaftsvertrages nicht zu verwehren. Bei Anwendung des § 107 BGB ist eine teleologische Auslegung einer formalistischen Betrachtung vorzuziehen[131].

---

127 In jeder Gesellschaft gibt es allgemeine Loyalitätspflichten. Diese können sich zu Treuepflichten verdichten, vgl. K. Schmidt, Gesellschaftsrecht, § 20 IV 1 a) S. 587.

128 Vgl. Weipert, in: MüHdb-GesR, Bd. 2, § 13 Rn. 1.

129 Vgl. K. Schmidt, Gesellschaftsrecht, § 20 IV 3 S. 593.

130 Vgl. Roth/Schubert, in: MüKo-BGB, § 242 Rn. 173.

131 Eine solche hat bereits Stürner, AcP 1973, S. 402 ff. (S. 417) vorgeschlagen. Allerdings stellt er darauf ab, dass das Rechtsgeschäft nach seiner abstrakten und generellen Natur regelmäßig nicht zu einer wirtschaftlichen Gefährdung führen kann.

Wohnt dem zu besorgenden Rechtsnachteil (hier: der Treuepflicht) ein nur unerhebliches Gefährdungspotential inne, bedarf das Rechtsgeschäft keiner Zustimmung durch den gesetzlichen Vertreter. Das gilt insbesondere bei der Beteiligung als Kommanditist. Den Kommanditisten trifft in der Regel eine geringere Pflicht zur Rücksichtnahme auf die Belange der Gesellschaft als den Komplementär[132]. Zwar entsteht bei einer auf den Einzelfall abstellenden Auslegung die Gefahr von Rechtsunsicherheit. Dem kann durch Typisierung von Rechtsnachteilen entgegengewirkt werden, wie sie der BGH[133] bei Schenkungen im Eigentumsrecht vorgenommen hat.

Bei der schenkweisen Übertragung von *Grundstücks*eigentum handelt es sich um einen rechtlichen Vorteil[134]. Öffentliche Lasten und Abgaben, wie Grunderwerbssteuer und Grundsteuer, sind als eine geschlossene, klar abgegrenzte Gruppe von Rechtsnachteilen auszusondern. Die unentgeltliche Zuwendung von *Wohnungs*eigentum[135] wird als rechtlich nachteilig eingestuft. Der Minderjährige erwirbt nicht nur einen Vermögensgegenstand, sondern die Mitgliedschaft in der Wohnungseigentümergemeinschaft. Die ihn kraft Gesetzes treffenden persönlichen Verpflichtungen können nicht als ihrem Umfang nach begrenzt und wirtschaftlich unbedeutend abgetan werden.

Die gesellschaftsrechtliche Treuepflicht ist keine öffentliche Last. Auf den ersten Blick hat der Erwerb von Gesellschaftsanteilen mehr mit einem Erwerb von Wohnungseigentum gemein als mit dem Erwerb von Grundstückseigentum. Die aus einer Wohnungseigentümergemeinschaft resultierenden Pflichten sind jedoch konkretisiert[136]. Welche rechtliche und wirtschaftliche Bedeutung einer gesellschaftsrechtlichen Treuepflicht zukommt, ist unklar. Zudem haftet der Minderjährige nicht nur mit dem Vermögensgegenstand der ihm geschenkten Eigentumswohnung, sondern auch mit seinem sonstigen Vermö-

---

132 Vgl. Grunewald, in: MüKo-HGB, § 161 Rn. 30.

133 BGH, Beschluss vom 30.9.2010 – V ZB 206/10 = NJW 2010, S. 3643 ff.; BGH, Beschluss vom 25.11.2004 – V ZB 13/04 = NJW 2005, S. 415 ff.

134 BGH, Beschluss vom 25.11.2004 – V ZB 13/04 = NJW 2005, S. 415 ff. (S. 417).

135 BGH, Beschluss vom 30.9.2010 – V ZB 206/10 = NJW 2010, S. 3643 ff. (S. 3644): Auf die Ausgestaltung der Gemeinschaftsordnung kommt es nicht an. Der rechtliche Nachteil ist nunmehr auch zu bejahen, wenn die Gemeinschaftsordnung keine strengeren Pflichten als das WEG vorsieht.

136 Nach § 16 Abs. 2 WEG trägt der Wohnungseigentümer (anteilig) die Kosten für Instandhaltung und Instandsetzung. Außerdem ist er verpflichtet, sich an Wohngeldausfällen zu beteiligen. Schließlich würde der Minderjährige nach § 10 Abs. 8 WEG für Verbindlichkeiten haften, die während seiner Zugehörigkeit zur Gemeinschaft entstehen.

gen. Der Kommanditist ist bei volleingezahlter Einlage von seiner persönlichen Haftung befreit. Die ihn treffende gesellschaftsrechtliche Pflicht kann bei einer geschenkten Einlage als begrenzt und wirtschaftlich unbedeutend angesehen werden.

Die einer Gesellschafterstellung innewohnende Treuepflicht ist nicht als ein rechtlicher Nachteil zu qualifizieren. Der Tatbestand des § 107 BGB ist einer *typisierend ökonomischen Betrachtung*[137] zu unterziehen. Hierbei geht es nicht darum, rechtliche Nachteile durch wirtschaftliche Vorteile auszugleichen. Vielmehr werden vermeintliche Rechtsnachteile, die sich nach einer wirtschaftlichen Untersuchung als faktisch neutrale Rechtspositionen darstellen, vom Anwendungsbereich des § 107 BGB ausgenommen.

dd) Ergebnis

Beschränkt sich die Haftung eines minderjährigen Kommanditisten auf den Betrag der von einem Dritten übernommen Vermögenseinlage und wurde die Zustimmung des Minderjährigen zum Geschäftsbeginn vertraglich von einer vorherigen Eintragung der Gesellschaft im Handelsregister abhängig gemacht, ist ein Gesellschaftsvertrag zur Gründung einer KG für den Minderjährigen lediglich rechtlich vorteilhaft.

c) Stille Gesellschaft

Auch für einen Minderjährigen besteht nach § 230 HGB das Recht, sich als stiller Gesellschafter am Handelsgewerbe eines anderen zu beteiligen.

aa) Grundlagen

Die Beteiligung als Gesellschafter an einer Personen- oder Kapitalgesellschaft stellt eine unmittelbare Unternehmensbeteiligung dar[138]. Die stille Gesellschaft ist eine Form mittelbarer Unternehmensbeteiligung (§§ 230 ff. HGB)[139]. Bei der unmittelbaren Beteiligungsform liegt eine mitgliedschaftliche bzw. „dinglich“-vermögensrechtliche Beteiligung am Unternehmen vor[140]. Die mittelbare Beteiligung ist von wirtschaftlicher (Mit-)Berechtigung geprägt[141]. Eine bloße schuldrechtliche Berechtigung ist für das Bestehen einer mittelbaren

137 Vgl. Schmitt, NJW 2005, S. 1090 ff. (S. 1093), der diese Begrifflichkeit verwendet.
138 K. Schmidt, in MüKo-HGB, Vor § 230 Rn. 1.
139 K. Schmidt, in MüKo-HGB, Vor § 230 Rn. 1.
140 K. Schmidt, in MüKo-HGB, Vor § 230 Rn. 1.
141 K. Schmidt, in MüKo-HGB, Vor § 230 Rn. 1.

Unternehmensbeteiligung unzureichend[142]. Insoweit ist sie insbesondere vom partiarischen Darlehen abzugrenzen[143].

Begrifflich besteht die Beteiligung gemäß § 230 Abs. 1 HGB an *„dem Handelsgewerbe, das ein anderer betreibt"*. Nach allgemeiner Ansicht muss ein handelsrechtliches (genauer: kaufmännisches) Unternehmen vorliegen[144]. Die stille Gesellschaft kann also nicht nur an einem einzelkaufmännischen Unternehmen, sondern auch an einer Personenhandelsgesellschaft sowie an einer Kapitalgesellschaft bestehen[145]. Eine analoge Anwendung der Vorschrift wird für den Fall einer Beteiligung an nichtkaufmännischen Unternehmen – insbesondere der GbR – befürwortet[146].

Die stille Gesellschaft stellt eine Innengesellschaft bürgerlichen Rechts dar[147]. Sie kann nach Belieben gestaltet werden, ohne dass sich an der Trägerschaft des Unternehmens etwas ändert[148]. Sofern sich die Vertragspartner bei der Ausgestaltung des Innenverhältnisses am Inhalt der gesetzlichen Vorschriften orientieren, der stille Gesellschafter also am Gewinn und Verlust[149] teilnimmt, handelt es sich um eine „typische"[150] stille Gesellschaft. Greifen die Gesellschafter zu abweichenden Gestaltungsmöglichkeiten, zum Beispiel einer Beschwerung des stillen Gesellschafters mit unternehmerischen Pflichten oder einer Beteiligung am Vermögen des Geschäftsinhabers, handelt es sich um eine sogenannte „atypische" stille Gesellschaft[151]. Beteiligt sich ein Minderjähriger unentgeltlich an der Gründung einer typischen stillen Gesellschaft, ist das Zustimmungserfordernis umstritten.

---

142 K. Schmidt, in MüKo-HGB, Vor § 230 Rn. 1.

143 Für die Abgrenzung ist insbesondere der gemeinsame Zweck, also das Innenverhältnis, entscheidend, vgl. K. Schmidt, in MüKo-HGB, § 230 Rn. 54 ff.

144 Streitig ist hingegen, ob darüber hinaus eine gewerbliche Tätigkeit erforderlich ist. Nach der Handelsrechtsreform 1998 ist jedenfalls eine stärkere Formalisierung des Kaufmannsbegriffs des § 230 HGB angezeigt, vgl. K. Schmidt, in MüKo-HGB, § 230 Rn. 19.

145 Gehrlein, in: Ebenroth/Boujong/Joost/Strohn, HGB, § 230 Rn. 6, 8.

146 K. Schmidt, in MüKo-HGB, § 230 Rn. 19.

147 K. Schmidt, in MüKo-HGB, § 230 Rn. 7.

148 Klüsener, Rpfleger 1990, S. 321 ff. (S. 329).

149 Die Verlustbeteiligung wird gemäß § 232 Abs. 2 Satz 1 HGB auf die dem Minderjährigen zugewandte Einlage beschränkt.

150 Nach Klüsener, Rpfleger 1993, S. 133 ff. (S. 136) nicht im Sinne der Häufigkeit im Wirtschaftsleben, sondern im Hinblick auf die (dispositive) gesetzliche Ausgestaltung.

151 K. Schmidt, in MüKo-HGB, § 230 Rn. 75 f.: Der steuerrechtliche Begriff der atypischen stillen Gesellschaft ist dazu bestimmt, zwischen der stillen Beteiligung als

bb) Rechtlicher Nachteil

Die unentgeltliche Beteiligung eines Minderjährigen als stiller Gesellschafter wird durch einige Autoren[152] rechtlich nachteilig bewertet. Das gelte selbst dann, wenn der Minderjährige keine weiteren Verpflichtungen übernehme und am Verlust nicht beteiligt werde.

Durch eine langfristige Bindung des Minderjährigen an den Gesellschaftsvertrag könne über das Zugewandte faktisch nicht mehr verfügt werden[153]. Der Ausschluss der Verfügungsmacht nehme der Schenkung ihren typischerweise vorteilhaften Charakter. Zudem sei auch bei der stillen Gesellschaft durch den Geschäftsinhaber und den stillen Gesellschafter die gesellschaftsrechtliche Treuepflicht zu beachten[154]. Eine Verletzung der Treuepflicht könne zu einer Schadensersatzpflicht führen. Daher sei die Gründung stets mit einem rechtlichen Nachteil verbunden. Letztlich müsse die rechtliche Beurteilung eines stillen Gesellschafters mit der Situation eines minderjährigen Kommanditisten[155] in Einklang gebracht werden[156].

cc) Differenzierende Betrachtungsweise

Der *BFH*[157] und Teile der Literatur[158] differenzieren nach der Art und Weise der Zuwendung der Einlage an den Minderjährigen. Umstritten ist, ob die rechtliche Vorteilhaftigkeit des Rechtsgeschäfts einen Verlustausschluss bedingt.

Der *BFH*[159] hatte zwar zunächst auch in einer unentgeltlichen Beteiligung stets einen rechtlichen Nachteil gesehen. Die schenkweise Gewährung der Mittel gemäß § 230 Abs. 1 HGB erfolge unter der Auflage, *„die Einlage so zu leisten, dass sie in das Vermögen des Inhabers des Handelsgeschäfts übergeht“*. Diese Auflage stelle eine Handlungspflicht dar, die rechtlich nachteilig sei. In einem *obiter*

Mitunternehmerschaft (Einkünfte aus Gewerbebetrieb) und der zur Erzielung von Einkünften aus Kapitalvermögen zu unterschieden.

152 Bezzenberger/Keul, in: MüHdb-GesR, Bd. 2, § 76 Rn. 52; Brox, in: Festschrift für F. W. Bosch, 1976, S. 75 ff. (S. 80); Palandt/Ellenberger, § 107 Rn. 4; Harte, § 107 BGB, S. 137; Nagel, Familiengesellschaft, S. 28.

153 Bezzenberger/Keul, in: MüHdb-GesR, Bd. 2, § 76 Rn. 52.

154 Brox, in: Festschrift für F. W. Bosch, 1976, S. 75 ff. (S. 80).

155 Siehe oben unter Zweiter Teil: B. I. 2. b) aa).

156 Harte, § 107 BGB, S. 137; Nagel, Familiengesellschaft, S. 28 f.

157 BFH, Urteil vom 9.7.1987 – IV R 95/85, NJW 1988, S. 1343 ff. (S. 1344).

158 Büchel, Familiengesellschaften, S. 21 f.; K. Schmidt, in MüKo-HGB, § 230 Rn. 105.

159 BFH, Urteil vom 28.11.1973 – I R 101/72, DB 1974, S. 365.

dictum einer späteren Entscheidung brachte der *BFH*[160] indes zum Ausdruck, die Beteiligung sei durchaus als rechtlich vorteilhaft anzusehen, wenn die Einlage unmittelbar von dem Konto des schenkenden Geschäftsinhabers abgebucht werde und eine Verlustbeteiligung des Minderjährigen nach § 231 Abs. 2 Halbsatz 1 HGB ausgeschlossen sei. Mangels (aktiver) Einlagenleistung bestehe in diesem Fall keine Handlungspflicht.

Ein Teil der Literatur[161] folgt dieser differenzierenden Ansicht. Es müsse zwischen Schenkung durch Einbuchung und Schenkung unter Auflage unterschieden werden. Aus der Verpflichtung des Minderjährigen zur Einlageleistung resultiere eine Gefahr. Dem Minderjährigen werde ein sich aus einer möglichen Zahlungsunfähigkeit des Schenkers ergebendes Risiko aufgebürdet. Nur dann, wenn die Beteiligung im Wege der Einbuchung erfolge, sei von einem rechtlichen Vorteil auszugehen. In einer nach § 232 Abs. 2 Satz 1 HGB auf die Höhe der Einlage begrenzten Verlustbeteiligung sei kein rechtlicher Nachteil zu erblicken. Aufgrund der Haftungsbeschränkung sei die Beteiligung für den Minderjährigen im schlechtesten Fall als rechtlich neutral einzustufen.

dd) Lediglich rechtlicher Vorteil

Die Gegenansicht in der Literatur[162] vertritt indes den Standpunkt, eine unentgeltliche Beteiligung sei *per se* lediglich rechtlich vorteilhaft. Ein etwaiger Verlust könne zwar den Wert der Einlage verringern, das sonstige Vermögen werde aber wegen der Haftungsbeschränkung des § 232 Abs. 2 Satz 1 HGB nicht berührt[163]. Der Minderjährige könne somit niemals schlechter dastehen, als er ohne die Schenkung stünde. Ein anderes Ergebnis sei nur möglich, wenn der Minderjährige besondere Treuepflichten übernommen habe[164].

Auch die Schenkung von Bargeld mit der Abrede, dem Schenker den Betrag als Darlehen zurück zu gewähren, sei lediglich rechtlich vorteilhaft[165]. Es

160 BFH, Urteil vom 9.7.1987 – IV R 95/85, NJW 1988, S. 1343 ff. (S. 1344).

161 Büchel, Familiengesellschaften, S. 21 f.; K. Schmidt, in MüKo-HGB, § 230 Rn. 105.

162 Buck, Minderjährige, S. 27; Gehrlein, in: Ebenroth/Boujong/Joost/Strohn, HGB, § 230 Rn. 26; Klamroth, BB 1975 S. 525 ff. (S. 526 f.); Schöne, in: Bamberger/Roth, BGB, § 705 Rn. 53; Schubert, in: Oetker, HGB, § 230 Rn. 45; Stürner, AcP 1973, S. 402 ff. (S. 436); Tiedke, DB 1977, S. 1064 ff. (S. 1065 f.); ders. BB 1988, S. 946 ff. (S. 947 f.).

163 Tiedke, BB 1988, S. 946 ff. (S. 948) tendiert zwar dahin, lässt die Frage aber letztlich offen.

164 Buck, Minderjährige, S. 27

165 Tiedke, DB 1977, S. 1064 ff. (S. 1065 f.); ders. BB 1988, S. 946 ff. (S. 947 f.).

handele sich um die schenkweise Einräumung einer Darlehensforderung. Es sei unerheblich, ob der Inhaber des Handelsgeschäfts einen Geldbetrag von seinem Konto abbuchen lasse oder ob er diesen dem Minderjährigen in bar gebe unter der Auflage, ihm die Finanzmittel als Einlage zur Verfügung zu stellen. Im Ergebnis würden sich Barauszahlung und Einlageleistung lediglich als ein Hin- und Herschieben des Geldes darstellen. In der Sache gewähre der Unternehmer dem Minderjährigen eine stille Beteiligung als solche. Dem Minderjährigen würden mithin ausschließlich rechtliche Vorteile verschafft. Zum anderen würden Treuepflichten keinen rechtlichen Nachteil begründen. Dies werde durch einen Vergleich zu den Pflichten aus einem nachbarschaftlichen Gemeinschaftsverhältnis[166] verdeutlicht. Eine Verletzung der Treuepflicht könne zwar zu einer Schadensersatzpflicht führen. Diese ließe die rechtliche Vorteilhaftigkeit aber unberührt.

ee) Stellungnahme

Die gesellschaftsrechtlichen Treuepflichten eines stillen Gesellschafters sind gering ausgeprägt[167]. Sie haben typischerweise ein bloß unerhebliches Gefährdungspotential zur Folge. Zur Begründung eines rechtlichen Nachteils reichen sie nicht aus. Hier greifen die gleichen Überlegungen wie bei der Kommanditbeteiligung[168].

Genauso wenig kann in der gesetzlich vorgesehenen beschränkten Verlustbeteiligung (§ 232 Abs. 2 Satz 1 BGB) und dem aufgrund langfristiger Bindung faktischen Ausschluss der Verfügungsbefugnis ein rechtlicher Nachteil gesehen werden. § 107 BGB schützt nicht vor der Gefahr, dass der Minderjährigen des ihm schenkweise Zugewandten möglicherweise verlustig wird. Solange ihm keine rechtlichen Nachteile drohen, vermag der Minderjährige das Rechtsgeschäft auch ohne die Zustimmung seines gesetzlichen Vertreters vorzunehmen.

Wird die Schenkung unter einer Auflage nicht als rechtlich nachteilig angesehen, kommt es auf die Art und Weise der Einlageleistung nicht an. Eine Schenkungsvereinbarung ist zustimmungsbedürftig, wenn sie dem Beschenkten eine vertragliche Leistungspflicht auferlegt[169]. Der Schenker kann unter der

---

166 BGH, Urteil vom 25.11.1964 – V ZR 185/62 = NJW 1965, S. 389 ff.

167 Als Beispiel sei die Wahrung von Betriebsgeheimnissen genannt, vgl. K. Schmidt, in MüKo-HGB, § 230 Rn. 154.

168 Siehe oben unter Zweiter Teil: B. I. 2. b) cc).

169 Vgl. Knothe, in: Staudinger, BGB 2011, § 107 Rn. 10.

Vorleistungsvoraussetzung des § 525 BGB die Vollziehung der Auflage verlangen[170]. Führt die Auflage nicht zu einer Gefährdung des sonstigen Vermögens des Minderjährigen – ist sie zum Beispiel allein aus dem Schenkungsgegenstand heraus zu vollziehen – ist von der rechtlichen Vorteilhaftigkeit des Rechtsgeschäfts auszugehen[171]. Darüber hinaus kann die Erfüllung der Auflage, trotz ihrer Qualifikation als Nebenabrede im Einzelfall, das Hauptmotiv für die Schenkung sein[172]. Ein solcher Beweggrund könnte einen rechtlichen Nachteil indizieren. Es ist zu untersuchen, ob die Schenkung dem Minderjährigen tatsächlich zum Vorteil gereicht.

Bei der schenkweisen Einräumung von Mitteln, die als Einlage in eine stille Gesellschaft fungieren sollen, steht die Schenkung im Vordergrund. Die Einlageleistung ist keine vom Schenker auferlegte vertragliche Leistungspflicht. Es handelt sich um eine Tatbestandsvoraussetzung des § 230 Abs. 1 HGB zur Gründung einer stillen Gesellschaft. Außerdem ist die Einlageleistung aus dem Schenkungsgegenstand zu erfüllen. Insoweit handelt es sich lediglich um eine Beschränkung der Schenkung. Ist die Einlage des Minderjährigen aus dem ihm zugewandten Schenkungsgegenstand zu erbringen, ist im Ergebnis *Tiedke*[173] zuzustimmen, der in der Auflage keinen rechtlichen Nachteil erkennt.

ff) Ergebnis

Die unentgeltliche Beteiligung eines Minderjährigen als stiller Gesellschafter ist lediglich rechtlich vorteilhaft. Es ist unerheblich, auf welche Art und Weise die Einlage in das Vermögen des Inhabers der Handelsgesellschaft erbracht wird. Es ist auch nicht erforderlich, die (beschränkte) Verlustbeteiligung des Minderjährigen auszuschließen.

d) Unterbeteiligung

Neben der stillen Gesellschaft ist die Unterbeteiligung als Form der mittelbaren Unternehmensbeteiligung von praktischer Bedeutung. Bei der Unterbeteiligung handelt es sich um eine stille Beteiligung an einem Gesellschaftsanteil[174]. Die an einer Personen- oder Kapitalgesellschaft beteiligte Person räumt einem

170 Vgl. Knothe, in: Staudinger, BGB 2011, § 107 Rn. 10; Stürner, AcP 1973, S. 402 ff. (S. 423); BFH, Urteil vom 23.6.1976 – I R 140/75 = NJW 1977, S. 456.

171 Vgl. Knothe, in: Staudinger, BGB 2011, § 107 Rn. 10.

172 Vgl. J. Koch, in: MüKo-BGB, § 525 Rn. 1.

173 Tiedke, DB 1977, S. 1064 ff. (S. 1065 f.); ders. BB 1988, S. 946 ff. (S. 947 f.).

174 K. Schmidt, in MüKo-HGB, § 230 Rn. 192.

Dritten im Innenverhältnis ein ihr zustehendes Recht ein[175]. Die Unterbeteiligung ist eine Innengesellschaft bürgerlichen Rechts[176]. Zwar ist sie gesetzlich nicht ausdrücklich geregelt, findet ihre Rechtsgrundlage aber in den §§ 230 ff. HGB analog in Verbindung mit §§ 705 ff. BGB[177]. Auch insoweit kann zwischen typischer und atypischer[178] Beteiligungsform differenziert werden. Der Meinungsstreit, ob der „unentgeltliche" Gesellschaftsvertrag zur Gründung einer stillen Gesellschaft zustimmungsbedürftig ist, erstreckt sich auch auf die Unterbeteiligung.

Ein Teil der Literatur[179] betrachtet den Gesellschaftsvertrag einer Unterbeteiligung als rechtlich nachteilig. Auch hier wird darauf hingewiesen, dass dem Unterbeteiligten stets auch Pflichten erwachsen. Bereits die Auflage, Geld in die Gesellschaft einzubringen, führe zu einem rechtlichen Nachteil. Die zur stillen Gesellschaft entwickelten Ansätze müssten für die Unterbeteiligung gleichermaßen gelten.

Die Gegenansicht[180] orientiert sich an der im Rahmen der stillen Gesellschaft gezogenen Differenzierung[181]. Werde die Zuwendung der Einlage durch Einbuchung vollzogen, sei der Vertrag lediglich rechtlich vorteilhaft. Im Übrigen sei die gesellschaftsrechtliche Treuepflicht bei der Unterbeteiligung nicht so stark ausgeprägt wie bei einer Kommanditgesellschaft[182].

---

175 Eine Unterbeteiligung bietet sich insbesondere an, wenn der Gesellschaftsanteil nicht übertragbar ist oder im Falle einer GmbH-Beteiligung von einer notariellen Beurkundung abgesehen werden soll. Eine solche ist nicht notwendig, da es gerade an unmittelbaren Beziehungen des Unterbeteiligten zur (Haupt-)Gesellschaft fehlt, vgl. Paulick, ZGR 1974, S. 253 ff.

176 Gayk, in: MüHdb-GesR, Bd. 1, § 30 Rn. 5.

177 K. Schmidt, in MüKo-HGB, Vor § 230 Rn. 96.

178 Das ist der Fall, wenn der Unterbeteiligte nicht nur am Gewinn, sondern auch an der Substanz des Gesellschaftsanteils teilhaben soll, vgl. Paulick, ZGR 1974, S. 253 ff. (S. 258).

179 Bilsdorfer, NJW 1980, S. 2785 ff. (S. 2787); Gayk, in: MüHdb-GesR, Bd. 1, § 30 Rn. 22; Harte, § 107 BGB, S. 137; Paulick, ZGR 1974, S. 253 ff. (S. 271); Rust, DStR 2005, S. 1942 ff. (S. 1945), der allerdings daran zweifelt, dass die Einräumung einer Unterbeteiligung auch dann rechtlich nachteilig ist, wenn ausschließlich ein Gewinnbezugsrecht vereinbart wird.

180 Büchel, Familiengesellschaften, S. 23 f.; K. Schmidt, in MüKo-HGB, § 230 Rn. 225; Schöne, in: Bamberger/Roth, BGB, § 705 Rn. 53 nimmt einen rechtlichen Vorteil sogar bei jeder Einräumung einer Unterbeteiligung an.

181 Siehe oben unter Zweiter Teil: B. I. 2. c) cc).

182 Büchel, Familiengesellschaften, S. 23.

Die unentgeltliche Begründung einer Unterbeteiligung wirkt lediglich rechtlich vorteilhaft. Der Minderjährige wird allenfalls einer beschränkten Verlustbeteiligung unterworfen. Diese macht das Rechtsgeschäft für ihn nicht zu einem rechtlich nachteiligen. Treuepflichten allein stellen keinen rechtlichen Nachteil im Sinne von § 107 BGB dar. Das folgt aus der typisierend ökonomische Betrachtung des Tatbestandes[183]. Auch die Tatbestandsvoraussetzung des § 230 Abs. 1 HGB (analog), die Einlage in das Vermögen des Gesellschafters einzubringen, ist kein rechtlicher Nachteil. Insofern gelten die gleichen Grundsätze wie bei der Gründung einer stillen Gesellschaft[184].

3. *Kapitalgesellschaften*

Bei Kapitalgesellschaften wird zwischen der Beteiligung an einer GmbH und einer AG zu unterscheiden sein.

a) GmbH

Ob die Willenserklärung eines Minderjährigen zur Gründung einer GmbH nur mit Zustimmung der Eltern wirksam ist, wird unterschiedlich beurteilt.

aa) Die vertretenen Ansichten

Die herrschende Meinung in der Literatur[185] erblickt in jeder Beteiligung an einer GmbH-Gründung einen rechtlichen Nachteil im Sinne von § 107 BGB. Mit dem Vertragsschluss gingen zahlreiche Verpflichtungen einher[186]. An allen für die Entstehung der GmbH erforderlichen Handlungen, zum Beispiel bei der Erteilung von Auskünften und der Mitwirkung bei der Bestellung von Geschäftsführern, sei der Minderjährige beteiligt. Von diesen Handlungen gehe ein rechtlicher Nachteil aus.

---

183 Siehe oben unter Zweiter Teil: B. I. 2. b) cc).

184 Siehe oben unter Zweiter Teil: B. I. 2. c) ee).

185 Bayer, in: Lutter/Hommelhoff, GmbHG, § 2 Rn. 5 (implizit); Büchel, Familiengesellschaften, S. 25 f.; Bürger, RNotZ 2006, S. 156 ff. (S. 158); Scholz/Emmerich, GmbHG, § 2 Rn. 42; Ivo, in: Wachter, FA Handels- und Gesellschaftsrecht, Teil 2, Kapitel 11, Rn. 42; Michalski, GmbHG, in: Michalski, GmbHG, § 2 Rn. 89; Schäfer, in: Bork/Schäfer, GmbHG, § 2 Rn. 64; Schmidt-Leithoff, in: Rowedder/Schmidt-Leithoff, GmbHG, § 2 Rn. 12; Ulmer/Löbbe, in: Ulmer/ Habersack/Löbbe, GmbHG, § 2 Rn. 84.

186 Bürger, RNotZ 2006, S. 156 ff. (S. 158).

Zudem sei in der Ausfallhaftung des § 24 GmbHG ein rechtlicher Nachteil zu sehen[187]. Danach habe auch ein Minderjähriger einen etwaigen Fehlbetrag zur Stammeinlage aufzubringen. Eine schenkweise Einräumung ändere an der gegenüber der Gesellschaft bestehenden Haftung nichts.

Selbst bei sofortiger Volleinzahlung der Stammeinlage sei der Gründungsvertrag rechtlich nachteilig[188]. Seit der Rechtsprechung des BGH[189] zur Haftung der GmbH-Gesellschafter im Gründungsstadium hafte nicht mehr nur der Handelnde im Sinne des § 11 Abs. 2 GmbHG. Nunmehr unterliege jeder Gesellschafter einer Vorgesellschaft (Vor-GmbH) der unbeschränkten, anteiligen Innenhaftung[190]. Das Haftungsrisiko sei kaum überschaubar. Darin liege ein rechtlicher Nachteil.

Die Gegenansicht[191] in der Literatur erachtet die Gründung stets als lediglich rechtlich vorteilhaft. In den Haftungsgefahren der §§ 24, 31 Abs. 3 GmbHG seien bloße mittelbare Folgen des Erwerbs zu sehen, die sich erst aufgrund weiterer Umstände – wie Ausfälle und Rückzahlungen – realisieren können und deshalb nicht von § 107 BGB erfasst werden.

Eine vermittelnde Ansicht[192] betrachtet die Gesellschaftsgründung als ein lediglich rechtlich vorteilhaftes Rechtsgeschäft, sofern die Gesellschafter die Stammeinlage unmittelbar nach Errichtung der GmbH einzahlen und keine Rückzahlung stattfindet. Für eine rechtliche Vorteilhaftigkeit sei nur die Volleinzahlung der Stammeinlage nötig[193]. Die Möglichkeit verbotswidriger Rückzahlungen (mit der Erstattungspflicht des § 31 Abs. 3 GmbHG) sei ohne Belang. Auch ein gesetzlicher Vertreter könne die Gefahr von Rückzahlungen nie wirklich abschätzen. Außerdem handele es sich um einen Nachteil, der vom Verhalten Dritter abhängig sei[194].

---

187 Ivo, in: Wachter, FA Handels- und Gesellschaftsrecht, Teil 2, Kapitel 11, Rn. 42.

188 Büchel, Familiengesellschaften, S. 25 f.

189 BGH, Urteil vom 27.1.1997 – II ZR 123/94 = NJW 1997, S. 1507 ff.

190 Eine starke Literaturmeinung bevorzugt hingegen eine Außenhaftung gemäß § 128 HGB analog, da es auch bei der Innenhaftung (außerhalb eines Insolvenzverfahrens) zu einem Wettlauf der Gläubiger kommen könne, vgl. Bayer, in: Lutter/Hommelhoff, GmbHG, § 11 Rn. 19 m. w. N.

191 Knothe, in: Staudinger, BGB 2011, § 107 Rn. 29.

192 Buck, Minderjährige, S. 28: Gernhuber/Coester-Waltjen, § 61 III 7 Rn. 35; Knothe, in: Staudinger, BGB 2011, § 107 Rn. 29; Peschel-Gutzeit, in: Staudinger, BGB 2007, § 1629 Rn. 248.

193 Gernhuber/Coester-Waltjen, § 61 III 7 Rn. 35.

194 Buck, Minderjährige, S. 28.

bb) Stellungnahme

Die zur Entstehung einer GmbH erforderlichen Handlungen allein können nicht als rechtlich nachteilig angesehen werden. Sie bedeuten noch keine Gefahr für die Person oder das Vermögen des Minderjährigen. Allerdings können sich aus gesetzlichen Haftungsrisiken als GmbH-Gesellschafter rechtliche Nachteile ergeben.

§ 24 GmbHG verpflichtet die Gesellschafter zur Aufbringung etwaiger Fehlbeträge. Die Vorschrift dient dem Grundsatz der realen Kapitalaufbringung[195]. Nach § 25 GmbHG ist die Norm unabdingbar. Die Haftung setzt eine ergebnislose Inanspruchnahme des Rechtsvorgängers sowie eine vergebliche Verwertung des rückständigen Geschäftsanteils voraus[196]. Erst im Anschluss kann es zu einer Ausfallhaftung kommen. Wie *Knothe*[197] betont, handelt es sich um eine nur mittelbare Folge des Anteilserwerbs. Im Rahmen des § 107 BGB kommt es auf eine Unmittelbarkeit aber nicht an. Denn die Differenzierung zwischen mittelbaren und unmittelbaren Nachteilen ist nicht dogmatischer Natur, sondern beruht auf Wertungsaspekten[198]. Die abstrakte gesetzliche Haftung wirkt für einen minderjährigen Personengesellschafter erst dann nachteilig, wenn dieser auch konkret in Anspruch genommen wird. Entscheidend ist – wie oben bereits erörtert[199] –, ob der Rechtsnachteil typischerweise mit einer Gefährdung des Minderjährigenvermögens verbunden ist. Das ist bei der Haftung nach § 24 GmbHG der Fall. Die Verpflichtung zum Fehlbetragsausgleich bildet einen rechtlichen Nachteil.

Die Vorschrift des § 31 Abs. 3 GmbHG beruht auf dem Gedanken der Kapitalerhaltung[200]. Die übrigen Gesellschafter haben für den Primärgläubiger der Schuld solidarisch einzutreten[201]. Auch diese Haftung ist eine mittelbare Folge des Beteiligungserwerbs. *Gernhuber/Coester-Waltjen*[202] ist beizupflichten, dass das Risiko von Rückzahlungen nicht abschätzbar ist. Das Zustimmungserfordernis kann jedoch nicht mit der Begründung verneint werden, selbst Eltern könnten die Rechtsfolgen eines Gesellschaftsvertrages nicht absehen. Der Schutzzweck des § 107 BGB würde *ad absurdum* geführt. Bereits die Möglichkeit

195 Vgl. Bayer, in: Lutter/Hommelhoff, GmbHG, § 19 Rn. 1.

196 Vgl. Bayer, in: Lutter/Hommelhoff, GmbHG, § 24 Rn. 1 f.

197 Knothe, in: Staudinger, BGB 2011, § 107 Rn. 29.

198 Gleicher Ansicht Bürger, RNotZ 2006, S. 156 ff. (S. 162).

199 Im Rahmen der Treuepflichten, siehe oben unter Zweiter Teil: B. I. 2. b) cc).

200 Vgl. Hommelhoff, in: Lutter/Hommelhoff, GmbHG, § 30 Rn. 1.

201 Vgl. Hommelhoff, in: Lutter/Hommelhoff, GmbHG, § 31 Rn. 20.

202 Gernhuber/Coester-Waltjen, § 61 III 7 Rn. 35.

einer Haftung steht einer zustimmungsfreien Eingehung des Gesellschaftsvertrages entgegen. § 31 Abs. 3 GmbHG ist auch nicht mit § 172 Abs. 4 HGB vergleichbar. § 31 Abs. 3 GmbH begründet eine Solidarhaftung, aufgrund derer der Minderjährige auch für Rückzahlungen an Mitgesellschafter einzustehen hat. Darin liegt ein rechtlicher Nachteil.

Schließlich wird auf die Gründerhaftung (auch: Gründungshaftung)[203] hingewiesen[204]. Sie erstreckt sich zum einen auf die zum Zeitpunkt der Handelsregistereintragung vorhandenen Verbindlichkeiten der GmbH (sog. Vorbelastungshaftung)[205]. Zum anderen werden auch Verbindlichkeiten der mit Abschluss des notariell beurkundeten Gesellschaftsvertrages errichteten Vor-GmbH[206] erfasst (sog. Verlustdeckungshaftung)[207]. In der Phase zwischen Beurkundung und Eintragung ist die GmbH zwar noch nicht als juristische Person existent. Anknüpfungspunkt für die rechtshindernde Einrede des § 107 BGB ist aber der Gesellschaftsvertrag. Die Vor-GmbH ist als Vorstufe und notwendige Durchgangsstation auf dem Weg zur GmbH mit dieser identisch (Kontinuität)[208]. Es ist unerlässlich, im Rahmen des § 107 BGB auch die Verlustdeckungshaftung zu berücksichtigen.

Das Risiko von Verlustdeckungs- und Vorbelastungshaftung korreliert mit dem Umfang der Vertretungsmacht. Denn die Regeln über die Gründerhaftung kommen dann nicht zur Anwendung, wenn die Vor-GmbH nicht wirksam vertreten wurde[209]. Nach der (noch) herrschenden Meinung[210] orientiert sich die Vertretungsmacht im Gründungsstadium an der dem Geschäftsführer zustehenden Geschäftsführungsbefugnis und damit am Gesellschaftszweck. Dieser liegt darin, die Entstehung der GmbH zu fördern und das bereits eingebrachte

---

203 Bayer/Lieder, ZGR 2006, S. 875 ff. (S. 882) ziehen den Terminus vor, um eine Verwechselung mit der Gründerhaftung aus § 9a GmbHG zu vermeiden.

204 Bei der Gründerhaftung handelt es sich zwar um eine Binnenhaftung. Wegen der Zwangsvollstreckungsmöglichkeit – der Anspruch der Vor-GmbH gegen den Gesellschafter ist gemäß §§ 829, 835 ZPO pfändbar – kommt sie aber wirtschaftlich einer Außenhaftung gleich.

205 BGH, Urteil vom 27.1.1997 – II ZR 123/94 = NJW 1997, S. 1507 ff.; früher auch Differenz- oder Unterbilanzhaftung genannt.

206 Vgl. die Terminologie in § 29 AktG.

207 BGH, Urteil vom 27.1.1997 – II ZR 123/94 = NJW 1997, S. 1507 ff.

208 Vgl. Bayer, in: Lutter/Hommelhoff, GmbHG, § 11 Rn. 5.

209 Vgl. Bayer, in: Lutter/Hommelhoff, GmbHG, § 11 Rn. 14.

210 BGH, Urteil vom 9.3.1981 – II ZR 54/80 = NJW 1981, S. 1373 ff.; Bayer, in: Lutter/Hommelhoff, GmbHG, § 11 Rn. 14; Merkt, in: MüKo-GmbHG, § 11 Rn. 60; nach der Gegenansicht soll § 37 Abs. 2 GmbHG uneingeschränkt für die Vor-GmbH gelten.

Vermögen zu verwalten und zu erhalten[211]. Bei einer Bargründung ist die Vertretungsmacht auf gründungsnotwendige Rechtsgeschäfte beschränkt[212]. In diesem Fall besteht für die Gesellschafter eine nur geringe Gefahr, einer Gründerhaftung ausgesetzt zu sein. Bei der Fortführung eines Handelsgeschäfts hingegen deckt sich die Vertretungsmacht inhaltlich mit der im Außenverhältnis unbeschränkbaren Vertretungskompetenz des Geschäftsführers nach § 37 Abs. 2 GmbHG[213]. Darüber hinaus kann sich eine wirksame Vertretung mit der Folge einer unmittelbaren Haftung der Gesellschafter aus allgemeinen Rechtsscheingrundsätzen ergeben[214]. Aus diesem Grund besteht für den minderjährigen Gesellschafter einer GmbH ein nicht zu unterschätzendes Haftungsrisiko.

cc) Ergebnis

Der Abschluss eines GmbH-Gründungsvertrages, an dem ein Minderjähriger beteiligt werden soll, ist zustimmungsbedürftig. Rechtliche Nachteile ergeben sich aus Ausfall-, Solidar- und Gründerhaftung.

b) AG

Die Gründungsbeteiligung eines Minderjährigen an einer Aktiengesellschaft wird von einem Teil der Literatur[215] als rechtlicher Nachteil eingestuft. Die Rechtsprechung[216] zur Gründerhaftung sei auch im Rahmen einer AG zu beachten[217]. Zudem trage auch der Aktionär eine Haftungsverpflichtung für die Einlage[218]. Die Gegenansicht[219] erachtet in jeglicher Haftung eine bloß mittelbare Folge, die im Rahmen des § 107 BGB unbeachtlich sei.

Im Recht der AG ist – wie bei der GmbH – das Trennungsprinzip verankert[220]: Für Verbindlichkeiten einer AG haftet nach § 1 Abs. 1 Satz 2 AktG nur das

---

211 Vgl. Bayer, in: Lutter/Hommelhoff, GmbHG, § 11 Rn. 14.

212 Vgl. Bayer, in: Lutter/Hommelhoff, GmbHG, § 11 Rn. 14.

213 Vgl. Bayer, in: Lutter/Hommelhoff, GmbHG, § 11 Rn. 14.

214 Vgl. Merkt, in: MüKo-GmbHG, § 11 Rn. 66.

215 Büchel, Familiengesellschaften, S. 26; Ivo, in: Wachter, FA Handels- und Gesellschaftsrecht, Teil 2, Kapitel 11, Rn. 42.

216 BAG, Urteil vom 1.12.2004 – 5 AZR 117/04 = NZA 2005, S. 1264.

217 Büchel, Familiengesellschaften, S. 26.

218 Ivo, in: Wachter, FA Handels- und Gesellschaftsrecht, Teil 2, Kapitel 11, Rn. 42; im Übrigen sei streitig, ob § 24 GmbHG – der kein Pendant im Aktienrecht hat – analog auf die AG anwendbar ist.

219 Knothe, in: Staudinger, BGB 2011, § 107 Rn. 29.

220 Vgl. Heider, in: MüKo-AktG, § 1 Rn. 45.

Gesellschaftsvermögen, nicht aber das Vermögen der Gesellschafter (Aktionäre). Insofern liegt die Vermutung nahe, dass den Minderjährigen grundsätzlich keine rechtlichen Nachteile treffen. Sind Kapitalaufbringung und Kapitalerhaltung gefährdet, kann es allerdings zu einer Durchbrechung dieses Prinzips kommen[221]. Bei der Gründung einer Aktiengesellschaft kommt insbesondere eine Haftung aus § 46 AktG in Betracht[222]. Insoweit ist auch ein Aktionär einem Haftungsrisiko ausgesetzt.

Diese Haftung als bloß mittelbare Folge einzuordnen, trägt nicht zur Lösung des Problems bei. Es kommt nicht auf die Rechtsnatur des Haftungstatbestandes an. Unerheblich ist insbesondere, ob die Haftung einen deliktischen oder spezifisch gesellschaftsrechtlichen Charakter hat[223]. Entscheidend ist, dass die Gefahr einer Minderjährigenhaftung besteht. Der Schutzzweck des § 107 BGB will solche rechtlichen Nachteile für den Minderjährigen verhindern. Folglich bedarf auch der Gesellschaftsvertrag zur Gründung einer AG (sog. Errichtungsvertrag)[224] in gleicher Weise wie bei einer GmbH der Zustimmung des gesetzlichen Vertreters.

4. Ergebnis

Gibt der Minderjährige eine eigene Willenserklärung zum Abschluss eines Gesellschaftsvertrages ab, der ihm einen lediglich rechtlichen Vorteil bringt, bedarf es keiner Vertretung durch seinen gesetzlichen Vertreter. Dies betrifft die Fälle unentgeltlichen Anteilserwerbs als Kommanditist (sofern eine Gründerhaftung nicht in Betracht kommt), als stiller Gesellschafter oder als Unterbeteiligter. Im Übrigen ist eine Mitwirkung des gesetzlichen Vertreters notwendig. Diese kann entweder durch Abgabe einer eigenen Willenserklärung des Vertreters oder durch Zustimmung zu einem von dem Minderjährigen abgeschlossenen Rechtsgeschäft erfolgen. Unter besonderen Umständen ist das Vertretungsrecht aber eingeschränkt.

II. Verbot des Selbstkontrahierens

Bei elterlicher Mitwirkung kann die Wirksamkeit des Gründungsvertrages an dem Verbot des Selbstkontrahierens gemäß § 181 BGB scheitern. Diese Vorschrift ist gerade bei Familiengesellschaften mit gemeinschaftlicher Beteiligung von Eltern und Kindern von Bedeutung.

---

221 Vgl. Heider, in: MüKo-AktG, § 1 Rn. 28 ff.

222 Vgl. Heider, in: MüKo-AktG, § 1 Rn. 69; Ivo, in: Wachter, FA Handels- und Gesellschaftsrecht, Teil 2, Kapitel 11, Rn. 59; Pentz, in: MüKo-AktG, § 46 Rn. 4.

223 Vgl. Pentz, in: MüKo-AktG, § 46 Rn. 13 m. w. N. zum Streitstand.

224 Vgl. Heider, in: MüKo-AktG, § 1 Rn. 28 ff.

1. *Grundlagen*

Zunächst werden Normzweck und Funktion der Vorschrift erläutert. Danach wird der Anwendungsbereich, insbesondere im Hinblick auf die Gründung einer Gesellschaft, besprochen. Schließlich wird die Zuständigkeit des Familiengerichts kurz skizziert.

a) *Aufgaben des § 181 BGB*

Die Vorschrift des § 181 BGB (in Verbindung mit §§ 1795 Abs. 2, 1629 Abs. 2 BGB) beschäftigt sich mit der Zulässigkeit von Insichgeschäften im Rahmen der Stellvertretung[225]. Das Verbot des Insichgeschäfts zielt auf die Vermeidung von Interessenkonflikten und somit den Schutz des Vertretenen ab[226]. Ein Konflikt entsteht nicht *per se*, wenn der gesetzliche Vertreter zusammen mit dem Minderjährigen eine Gesellschaft gründen will. Gibt der Minderjährige eine eigene wirksame Willenserklärung ab, bedarf es keiner Vertretung. Das ist möglich, wenn das Rechtsgeschäft dem Minderjährigen einen lediglich rechtlichen Vorteil bringt[227].

Relevant wird das Verbot des Selbstkontrahierens bei Abschluss eines Gesellschaftsvertrages nur dann, wenn der gesetzliche Vertreter im Namen des Minderjährigen mit sich selbst im eigenen Namen kontrahiert (sog. Selbstkontrahieren)[228]. Denn steht der gesetzliche Vertreter auf beiden Seiten des Rechtsgeschäfts, hat er also sowohl die Interessen des Minderjährigen als auch seine eigenen Belange zu berücksichtigen, ist eine unbeeinflusste Willensbildung nicht gewährleistet[229]. Ein Interessenkonflikt kann auch entstehen, wenn der Vertreter gleichzeitig als Vertreter eines Dritten auftritt (sog. Mehrfachvertretung)[230].

In solchen Fällen potentiellen Interessenwiderstreits bedarf es in der Regel eines Ergänzungspflegers (§ 1909 BGB)[231]. Wird der Ergänzungspfleger vor Abschluss des Rechtsgeschäfts eingeschaltet, gibt er eine *Einwilligungs*erklärung anstelle des gesetzlichen Vertreters ab[232]. Bei Einschaltung nach Vertragsabschluss spricht

---

225 Schilken, in: Staudinger, BGB 2009, § 181 Rn. 1.

226 Schramm, in: MüKo-BGB, § 181 Rn. 2.

227 Siehe oben unter Zweiter Teil: B. I. 4.

228 Schilken, in: Staudinger, BGB 2009, § 181 Rn. 1.

229 Schramm, in: MüKo-BGB, § 181 Rn. 2.

230 Schilken, in: Staudinger, BGB 2009, § 181 Rn. 1.

231 Stürner, AcP 1973, S. 402 ff. (S. 403) nennt die Pflegerbestellung einen "Formalakt ohne materielles Gewicht", da der Pfleger seiner pauschalisierenden Meinung nach meist ohnehin nicht in der Lage sein wird, die Situation zu durchschauen.

232 Bayreuther, in: MüKo-BGB, Vorbemerkung zu §§ 182 ff. Rn 2.

man von einer *Genehmigungs*erklärung[233]. Der Ergänzungspfleger wird durch das Familiengericht mit einem bestimmten Wirkungskreis betraut. Dazu zählt auch eine Vertretung des Minderjährigen bei der Gründung der Gesellschaft[234].

Bei der Auswahl des Ergänzungspflegers – häufig werden von den Eltern mandatierte Rechtsanwälte, Wirtschaftsprüfer oder Steuerberater vorgeschlagen – muss das Gericht beachten, dass auch bei dem zu bestellenden Dritten keine Gefahr einer Interessenkollision besteht[235]. Das Familiengericht ist dabei zwar nicht an den Vorschlag der Eltern gebunden (vgl. § 1916 BGB). Nach § 1779 Abs. 2 Satz 2 BGB hat es aber deren mutmaßlichen Willen zu berücksichtigen[236]. Nach Vornahme des Rechtsgeschäfts erlischt die Vertretungsbefugnis des Ergänzungspflegers[237].

Bei der Vorschrift des § 181 BGB handelt es sich nicht um ein gesetzliches Verbot von Insichgeschäften, sondern um eine Beschränkung der Vertretungsmacht[238]. Die Folge eines Verstoßes führt nicht, wie früher[239] angenommen, zur Nichtigkeit des Rechtsgeschäfts. Es herrscht Einigkeit, dass schwebende Unwirksamkeit und damit Genehmigungsfähigkeit, entsprechend §§ 177, 184 BGB, eintreten soll[240].

b) Anwendungsbereich

Die Vorschrift des § 181 BGB ist auf die gewillkürte und die gesetzliche Vertretung anwendbar (persönlicher Anwendungsbereich)[241]. Sie bezieht sich auf rechtsgeschäftliche Handlungen (gegenständlicher Anwendungsbereich)[242]. Prozesshandlungen bleiben unberührt. Ist der Minderjährige als Gesellschafter in das Handelsregister einzutragen, hat sein gesetzlicher Vertreter für ihn zu handeln[243]. Auch hier stellt sich die Frage des Erfordernisses einer Pflegerbestellung. Eine Anmeldung zur Eintragung in das Handelsregister ist kein

---

233 Bayreuther, in: MüKo-BGB, Vorbemerkung zu §§ 182 ff. Rn 2.
234 Rust, DStR 2005, S. 1942 ff. (S. 1943).
235 Rust, DStR 2005, S. 1942 ff. (S. 1943).
236 Bienwald, in: Staudinger, BGB 2013, § 1916 Rn. 2.
237 Rust, DStR 2005, S. 1942 ff. (S. 1943).
238 Schramm, in: MüKo-BGB, § 181 Rn. 41.
239 RG, Urteil vom 7.6.1902 – V 425/01 = RGZ 51, S. 422 ff. (S. 426).
240 Schilken, in: Staudinger, BGB 2009, § 181 Rn. 45, Schramm, in: MüKo-BGB, § 181 Rn. 41.
241 Schramm, in: MüKo-BGB, § 181 Rn. 36.
242 Schramm, in: MüKo-BGB, § 181 Rn. 39.
243 Ivo, in: Wachter, FA Handels- und Gesellschaftsrecht, Teil 2, Kapitel 11, Rn. 31.

Rechtsgeschäft zwischen Eltern und Kind. Sie ist keine rechtsgeschäftliche Willenserklärung, sondern verfahrensrechtliche Handlung[244]. § 181 BGB findet keine Anwendung. Die Anmeldung kann von den Eltern vorgenommen werden[245].

Ein Selbstkontrahieren wird nicht von dem Tatbestand des § 181 BGB erfasst, wenn das Rechtsgeschäft lediglich in der Erfüllung einer Verbindlichkeit besteht[246]. Wurde das schuldrechtliche Verpflichtungsgeschäft wirksam durch einen Ergänzungspfleger begründet, kann das dingliche Verfügungsgeschäft von den Eltern vollzogen werden. Ein Gesellschaftsvertrag ist sowohl Schuld- als auch Organisationsvertrag[247]. Ein dinglicher Vollzug erfolgt nicht. § 181 Halbsatz 2 BGB ist tatbestandlich nicht erfüllt.

Zunächst wurde § 181 BGB vom BGH[248] als formale Ordnungvorschrift verstanden. Vom Wortlaut abweichende Einschränkungen oder Erweiterungen des Anwendungsbereichs wurden abgelehnt[249]. Die formale Regelung sei im Hinblick auf Rechtssicherheit und Verkehrsschutz geboten[250]. Heute hat der BGH[251] diese Auslegung aufgegeben. Eine einschränkende Anwendung des § 181 BGB wird nach allgemeiner Meinung dort bejaht, wo nach der Natur des Rechtsgeschäfts eine Interessenkollision generell-abstrakt ausgeschlossen ist[252]. Ob ein Interessenkonflikt tatsächlich besteht, ist nicht entscheidend[253].

Das Bedürfnis zur Bestellung eines Ergänzungspflegers gemäß § 181 BGB besteht trotz Personenidentität dann nicht, wenn das Rechtsgeschäft für den Minderjährigen lediglich rechtlich vorteilhaft ist[254]. Insoweit findet eine teleologische

---

244 BayObLG, Beschluss vom 16.2.2000 - 3Z BR 389/99 = NJW-RR 2000, S. 990 f.

245 Die Veranlassung zur Handelsregistereintragung zählt jedoch zum Pflichtenkreis des Ergänzungspflegers, wenn sie zur Abwendung von Gefahren für den Minderjährigen notwendig erscheint, vgl. BGH, Urteil vom 24.6.1965 - III ZR 219/63, FamRZ 1965, S. 505 ff. (S. 506).

246 Wagenitz, in: MüKo-BGB, § 1795 Rn. 17.

247 Ulmer/Schäfer, in: MüKo-BGB, § 705 Rn. 158.

248 BGH, Urteil vom 23.2.1968 - V ZR 188/64 = NJW 1968, S. 936 ff. (S. 936).

249 Schramm, in: MüKo-BGB, § 181 Rn. 5.

250 Schramm, in: MüKo-BGB, § 181 Rn. 5.

251 BGH, Urteil vom 19.4.1971 - II ZR 98/68 = NJW 1971, S. 1355 ff. (S. 1357): In dieser Entscheidung hat der Senat die formale Betrachtung für einen umstrittenen Sonderfall zum ersten Mal durchbrochen.

252 Schilken, in: Staudinger, BGB 2009, § 181 Rn. 7; Schramm, in: MüKo-BGB, § 181 Rn. 8 ff.;

253 Veit, in: Bamberger/Roth, BGB, § 1629 Rn. 19.1.

254 BGH, Urteil vom 27.9.1972 - IV ZR 225/69, NJW 1972, S. 2262 ff. (S. 2262); Schilken, in: Staudinger, BGB 2009, § 181 Rn. 32.

Reduktion des § 181 BGB statt[255]. Der Schutzzweck der Norm macht eine Vertretungsbeschränkung nur dort erforderlich, wo eine Begünstigung des Minderjährigen nicht eindeutig ist[256]. Unter welchen Voraussetzungen ein Vertrag zur Gründung einer Gesellschaft für den Minderjährigen lediglich rechtlich vorteilhaft ist, wurde bereits erörtert[257].

Eine Anwendung des § 181 BGB kommt auch nicht in Betracht, wenn der gesetzliche Vertreter auf derselben Seite des Rechtsgeschäfts sowohl für sich persönlich als auch für den Minderjährigen auftritt[258]. Es erscheint möglich, die Gründung eines Gesellschaftsvertrages als ein solches Rechtsgeschäft zu betrachten. Man könnte meinen, Vertreter und Minderjähriger stünden auf derselben Seite. Bei dem Abschluss eines Gesellschaftsvertrags handelt es sich um ein mehrseitiges Rechtsgeschäft[259]. Zwischen Vertreter und Vertretenem werden rechtsgeschäftliche Rechtsfolgen begründet[260]. Die Vorschrift des § 181 BGB ist deshalb auf Gesellschaftsgründungen anwendbar[261].

c) Zuständigkeit

Während die Zuständigkeit zwischen Vormundschafts- und Familiengericht früher umstritten war[262], ist die Rechtslage nach der FamFG-Reform[263] eindeutig. Für die Bestellung eines Ergänzungspflegers ist nunmehr ausschließlich das Amtsgericht als Familiengericht (§§ 23a Nr. 1, 23b GVG) sachlich zuständig.

Die örtliche Zuständigkeit orientiert sich an § 152 FamFG. Ist eine Ehesache anhängig, ist das Gericht der Ehesache auch zuständig für Kindschaftssachen (§ 152 Abs. 1 FamFG). Subsidiär ist das Familiengericht örtlich zuständig,

255 Schramm, in: MüKo-BGB, § 181 Rn. 15.

256 Ivo, ZEV 2005, S. 193 ff. (S. 194).

257 Siehe oben unter Zweiter Teil: B. I.

258 Schilken, in: Staudinger, BGB 2009, § 181 Rn. 8; Schramm, in: MüKo-BGB, § 181 Rn. 12.

259 Veit, in: Staudinger, BGB 2014, § 1795 Rn. 17.

260 Schramm, in: MüKo-BGB, § 181 Rn. 12.

261 Peschel-Gutzeit, in: Staudinger, BGB 2007, § 1629 Rn. 243; Schilken, in: Staudinger, BGB 2009, § 181 Rn. 22; Veit, in: Staudinger, BGB 2014, § 1795 Rn. 17; Wagenitz, in: MüKo-BGB, § 1795 Rn. 7.

262 Zuvor war für die Bestellung eines Ergänzungspflegers stets das Vormundschaftsgericht zuständig. Das hat sich durch das Kindschaftsreformgesetz (KindRG) vom 16.12.1997 (BGBl. I, 2292) geändert.

263 Gesetz zur Reform des Verfahrens in Familiensachen und in den Angelegenheiten der freiwilligen Gerichtsbarkeit vom 17. Dezember 2008 (BGBl I 2008, 2586).

in dessen Bezirk das Kind seinen gewöhnlichen Aufenthalt hat (§ 152 Abs. 2 FamFG)[264].

Die funktionelle Zuständigkeit obliegt nach §§ 3 Nr. 2a, 14 RPflG dem Rechtspfleger.

2. *Beteiligung nur eines Elternteils*

Bei Familiengesellschaften stellt sich die Frage, ob schon die Beteiligung allein eines Elternteils an der Gesellschaft zum Ausschluss beider Elternteile von der Vertretung gemäß § 181 BGB ausreicht. Hierbei ist danach zu unterscheiden, ob der Minderjährige von seinen Eltern gemeinschaftlich vertreten wird oder ob einem Elternteil das alleinige Vertretungsrecht zusteht.

a) Gemeinschaftliche Vertretung

Wird der Minderjährige durch beide Elternteile gemeinschaftlich vertreten, gilt der Ausschluss nach allgemeiner Meinung in Literatur[265] und dem *BGH*[266] für beide, auch wenn nur ein Elternteil von der Vertretung des Kindes ausgeschlossen ist. Diese Auslegung ergibt sich zwar nicht unmittelbar aus dem Wortlaut des § 1629 Abs. 2 BGB. Sie wird aber mit dem Sinn und Zweck der Vorschrift sowie mit einem systematischen Vergleich zu § 1678 Abs. 1 BGB begründet[267]. § 181 BGB ist bereits dann anzuwenden, wenn auch nur ein Elternteil Gesellschafter ist oder werden soll (sog. eheliche Befangenheit)[268]. Dabei ist es unerheblich, ob die Eltern miteinander verheiratet sind. Der Normzweck der Vorschrift entfällt auch durch eine Scheidung nicht[269]. Dies gilt zumindest dann, wenn die gemeinsame elterliche Sorge fortbesteht.

---

264 Früher richtete sich die örtliche Zuständigkeit gemäß §§ 37, 36 FGG nach dem Wohnsitz des Minderjährigen.

265 Berger/Mansel, in: Jauernig, BGB, § 1629 Rn. 6; Gernhuber/Coester-Waltjen, § 58 III 6 Rn. 37-39; Huber, in: MüKo-BGB, § 1629 Rn. 42; Peschel-Gutzeit, in: Staudinger, BGB 2007, § 1629 Rn. 188; Veit, in: Bamberger/Roth, BGB, § 1629 Rn. 20.

266 BGH, Urteil vom 14.6.1972 - IV ZR 53/71 = NJW 1972, S. 1708 ff.

267 Huber, in: MüKo-BGB, § 1629 Rn. 42.

268 Peschel-Gutzeit, in: Staudinger, BGB 2007, § 1629 Rn. 322.

269 Gernhuber/Coester-Waltjen, § 58 III 6 Rn. 37-39; Huber, in: MüKo-BGB, § 1629 Rn. 41; Peschel-Gutzeit, in: Staudinger, BGB 2007, § 1629 Rn. 186; Veit, in: Bamberger/Roth, BGB, § 1629 Rn. 20.

b) *Alleinige Vertretung*

Obliegt die Vertretungsmacht einem Elternteil allein und ist nur der andere Elternteil an der Gesellschaft beteiligt, zeichnet sich auf die Frage, ob § 181 BGB zur Anwendung gelangen sollte, eine andere Antwort ab. In der Literatur wird diese Fragestellung vernachlässigt. Manche Autoren[270] sind der Meinung, das Vertretungsverbot gelte nur für den sorgeberechtigten Elternteil. Sei dieser nicht Gesellschafter, komme eine Anwendung des § 181 BGB nicht in Betracht. In dieser Konstellation dürfe es dem vertretenden, nicht selbst beteiligten Elternteil leichter fallen, die Interessen des Minderjährigen gegenüber dem anderen Elternteil zu wahren[271]. Eine Konfliktsituation sei typischerweise nicht vorhanden, sodass sich eine teleologische Reduktion des § 181 BGB anbiete.

Dem ist zuzustimmen. Zwar kann es nicht ausgeschlossen werden, dass sich der vertretende Elternteil im Einzelfall möglicherweise von dem Kindeswohl zuwiderlaufenden Motiven leiten lässt. Mittels Versagung der Zustimmung könnte ein entscheidungsbefugter Elternteil Rechtsgeschäfte zwischen seinem Kind und dem geschiedenen Ehepartner zum Beispiel aus purem Affektionsinteresse verhindern. Eine solche Beeinträchtigung wird vom Schutzzweck des § 181 jedoch nicht BGB erfasst. Freilich wird der Tatbestand nicht mehr formal ausgelegt. Die Untersuchung eines Interessenkonflikts erfolgt dennoch abstrakt. Auf das Vorliegen eines tatsächlichen Interessenkonflikts kommt es im Interesse der Rechtssicherheit nicht an[272]. Obliegt die Vertretungsmacht einem Elternteil allein und ist nur der andere Elternteil an der Gesellschaft beteiligt, besteht kein Interessenkonflikt. Der Bestellung eines Ergänzungspflegers bedarf es nicht.

3. *Beteiligung mehrerer Kinder: Mehrfachvertretung*

Dem Verbot des § 181 BGB unterliegen nicht nur Eltern, sondern unterliegt auch ein Ergänzungspfleger. Sind an der Gründung einer Gesellschaft mehrere Kinder beteiligt, kann der Ergänzungspfleger diese nicht gleichzeitig vertreten. Die Bestellung weiterer Ergänzungspfleger könnte trotz Personenidentität dann nicht erforderlich sein, wenn das Handeln des gesetzlichen Vertreters gestattet werden kann[273]. Es ist umstritten, ob dem Familiengericht die Befugnis zukommt, den gesetzlichen Vertreter von dem Verbot des Selbstkontrahierens zu befreien.

---

270 Büchel, Familiengesellschaften, S. 34; Veit, in: Bamberger/Roth, BGB, § 1629 Rn. 20.

271 Büchel, Familiengesellschaften, S. 34.

272 Siehe oben unter Zweiter Teil: B. II. 1. b).

273 Vgl. Mansel, in: Jauernig, BGB, § 181 Rn. 9 ff. für die verschiedenen Möglichkeiten der Gestattung.

a) *Die vertretenen Ansichten*

Einige Autoren[274] sind der Ansicht, das Familiengericht könne eine Befreiung gestatten. Dann genüge ein Ergänzungspfleger zur Vertretung aller Kinder. Die Fürsorgepflicht des Familiengerichts mache eine Bestellung weiterer Pfleger im Sinne des § 1909 BGB überflüssig. Sofern ein Vormund noch nicht bestellt ist, habe das Familiengericht nach § 1846 BGB die im Interesse des Minderjährigen erforderlichen Maßregeln zu treffen. Die familiengerichtliche Kompetenz stehe aber unter der Prämisse, dass eine Mehrfachvertretung den Interessen aller Kinder gleichermaßen entspricht.

Die herrschende Meinung in der Literatur[275] sowie der *BGH*[276] verneinen die Möglichkeit einer Befreiung. Für jedes zu vertretende Kind sei ein besonderer Ergänzungspfleger zu bestellen[277]. § 1795 BGB lasse – im Gegensatz zu § 1796 BGB – dem Familiengericht gerade keinen Raum zu einer Prüfung[278]. Es könne daher nicht prüfen, ob ein Interessenkonflikt vorliege.

Außerdem mangele es an einer Befugnisnorm[279]. Das Familiengericht sei wegen seiner Kontroll- und Überwachungsfunktion gegenüber dem Vormund nicht als Vertreter des Minderjährigen, sondern als Aufsichtsorgan anzusehen[280]. Entscheidendes Auslegungskriterium sei der Ausnahmecharakter des § 1846 BGB[281]. Würde man der Vorschrift eine eigene Vertretungskompetenz des Familiengerichts entnehmen, dehne man ihren Anwendungsbereich

---

274 Erman/Saar, § 1795 Rn. 8; Veit, in: Bamberger/Roth, BGB, § 1629 Rn. 23.

275 Buchholz, NJW 1993, S. 1161 ff. (S. 1164 f.); Buck, Minderjährige, S. 21 f.; Büchel, Familiengesellschaften, S. 38 f.; Scholz/Emmerich, GmbHG, § 2 Rn. 42; Gernhuber/Coester-Waltjen, § 61 II 1 Rn. 18; Mansel, in: Jauernig, BGB, § 181 Rn. 13; J. Mayer, in: MüKo-GmbHG, § 2 Rn. 88; Michalski, in: Michalski, GmbHG, § 2 Rn. 90; Neuner, § 49 IV 4 Rn. 116; Peschel-Gutzeit, in: Staudinger, BGB 2007, § 1629 Rn. 194; Schäfer, in: Bork/Schäfer, GmbHG, § 2 Rn. 63; Schäfer, in: Staub, HGB, § 105 Rn. 86; Schmidt-Leithoff, in: Rowedder/Schmidt-Leithoff, GmbHG, § 2 Rn. 14; Schramm, in: MüKo-BGB, § 181 Rn. 36; Ulmer/Löbbe, in: Ulmer/Habersack/Löbbe, GmbHG, § 2 Rn. 84 für die GmbH; Veit, in: Staudinger, BGB 2014, § 1795 Rn. 25; Wagenitz, in: MüKo-BGB, § 1795 Rn. 18.

276 BGH, Beschluss vom 9.7.1956 – V BLw 11/56 = NJW 1956, S. 1433 ff.

277 Scholz/Emmerich, GmbHG, § 2 Rn. 42; Ulmer/Löbbe, in: Ulmer/Habersack/Löbbe, GmbHG, § 2 Rn. 84.

278 Wagenitz, in: MüKo-BGB, § 1795 Rn. 18.

279 Buchholz, NJW 1993, S. 1161 ff. (S. 1164 f.); Büchel, Familiengesellschaften, S. 38 f.; Veit, in: Staudinger, BGB 2014, § 1795 Rn. 25.

280 Veit, in: Staudinger, BGB 2014, § 1795 Rn. 25.

281 Buchholz, NJW 1993, S. 1161 ff. (S. 1164 f.).

normzweckwidrig aus. Darüber hinaus sei die Vorschrift des § 1909 Abs. 1 Satz 1 BGB heranzuziehen[282]. Diese weise allein dem Ergänzungspfleger eine Vertretungsbefugnis zu. Daraus sei im Umkehrschluss abzuleiten, das Familiengericht habe gerade keine Berechtigung zur Vertretung des Minderjährigen. Zu einer Gestattung im Sinne von § 181 BGB sei es folglich nicht befugt.

Von einer solchen Erlaubnis könne selbst dann nicht ausgegangen werden, wenn die Kinder dem Rechtsgeschäftsgegner (hier: den Eltern) als interessenshomogene Gruppe gegenüberstehen[283]. Denn es mache einen Unterschied, ob mit einem oder mehreren Ergänzungspflegern verhandelt werden müsse. Es liege auf der Hand, dass der Schutz der Kinder im Falle mehrerer Ergänzungspfleger besser gewährleistet sei, selbst wenn der Rechtsverkehr dadurch erschwert werde.

b) Stellungnahme

Aus dem Gesetz ergibt sich keine Rechtsgrundlage für eine Gestattung durch das Familiengericht. Zur Abgabe einer rechtsgeschäftlichen Gestattungserklärung ist nur der Vertretene selbst fähig. Das Familiengericht ist aber nicht Vertretener. Im Rahmen des § 1846 BGB ist es nur zu einstweiligen Maßnahmen berechtigt, ansonsten lediglich zur Bestellung eines Ergänzungspflegers. Auch für das Familiengericht gilt der „Grundsatz der Gewaltentrennung"[284]. Das Aufsichtsrecht des Gerichts erlaubt grundsätzlich kein Eingreifen in die Verwaltung. Der herrschenden Ansicht ist daher zu folgen.

Im Übrigen begründet der Gesellschaftsvertrag auch Rechtsbeziehungen der Minderjährigen untereinander. Das macht es notwendig, auch gegenüber seinen Geschwistern jedem Kind eine individuelle Interessenvertretung zuzugestehen. Der Ergänzungspfleger kann daher nicht von den Beschränkungen des § 181 Alt. 2 BGB (Verbot der Mehrfachvertretung) befreit werden. Für jeden Minderjährigen ist ein eigener Ergänzungspfleger zu bestellen.

4. Besonderheiten bei der stillen Gesellschaft

Umstritten ist das Erfordernis mehrerer Ergänzungspfleger bei Gründung einer stillen Gesellschaft. Sachentscheidend ist die Bewertung des Rechtsverhältnisses der stillen Gesellschafter untereinander.

---

282 Büchel, Familiengesellschaften, S. 38 f.

283 Peschel-Gutzeit, in: Staudinger, BGB 2007, § 1629 Rn. 194.

284 Siehe RG, Beschluss vom 13.5.1909 – IV/248/08 = RGZ 71, S. 162 ff. (S. 167).

a) *Zwei- oder mehrgliedrige stille Gesellschaft*

Früher herrschte in Literatur[285] und Rechtsprechung[286] die Ansicht vor, aus Sicht eines Unternehmens könne ein Gesellschaftsvertrag zur Gründung einer stillen Gesellschaft nur mit jeweils einem stillen Gesellschafter geschlossen werden. Als reine Innengesellschaft sei die stille Gesellschaft ihrer Natur nach ausschließlich zweigliedrig. Die Anzahl stiller Gesellschafter sei unerheblich. Die jeweiligen Rechtsverhältnisse seien stets rechtlich selbständig und ausschließlich durch schuldrechtliche Beziehungen zwischen dem Inhaber des Handelsgeschäfts und dem einzelnen stillen Gesellschafter geprägt. Ein solches Rechtsverständnis macht nur einen Ergänzungspfleger nötig. Zu einem Interessenkonflikt der stillen Gesellschafter kann es im Regelfall nicht kommen.

Nach neuerer Auffassung von Literatur[287] und des *BGH*[288] besteht hinsichtlich des Innenverhältnisses Gestaltungsfreiheit. Es wird auf den Grundsatz der Privatautonomie verwiesen[289]. Dabei sei zwischen dem schuldrechtlichen Einlageverhältnis auf der einen Seite und dem Gesellschaftsverhältnis auf der anderen Seite zu unterscheiden[290]. Während das Einlageverhältnis stets zweigliedrig sei, könne das Gesellschaftsverhältnis beliebig ausgestaltet werden. Letzteres könne sich zwar auch in einem Zusammenschluss von zwei Personen – dem stillen Gesellschafter und dem Inhaber des Handelsgeschäfts – erschöpfen. Möglich sei aber auch ein Zusammenschluss mehrerer stiller Gesellschafter zu einem Verband. In diesem Fall werde ein gemeinschaftlicher Vertrag mit einer Mehrzahl von stillen Gesellschaftern geschlossen, der nicht mehr rein schuldrechtlich, sondern nunmehr auch organisationsrechtliche Prägungen aufweise. Werde der Gesellschaftsvertrag in dieser Form vereinbart, seien verschiedene Ergänzungspfleger notwendig.

b) *Stellungnahme*

Dass eine stille Gesellschaft im Einzelfall mehrgliedrig ausgestaltet werden kann, lässt sich im Hinblick auf den Grundsatz der Vertragsfreiheit (Art. 2 Abs. 1 GG) nicht leugnen.

---

285 Bilsdorfer, NJW 1980, S. 2785 ff. (S. 2788); Flechtheim, in: Düringer/Hachenburg, HGB, § 335 Bem. 37; RGRK/Weipert, HGB, § 335 Bem.72.

286 RG, Urteil vom 1.2.1890 – I 304/89 = RGZ 25, S. 41 ff. (S. 45).

287 Bezzenberger/Keul, in: MüHdb-GesR, Bd. 2, § 73 Rn. 40; Buck, Minderjährige, S. 31 f.; Büchel, Familiengesellschaften, S. 41; Gehrlein, in: Ebenroth/Boujong/Joost/Strohn, HGB, § 230 Rn. 84; K Schmidt, in MüKo-HGB, § 230 Rn. 83.

288 BGH, Urteil vom 07.2.1994 – II ZR 191/92 = NJW 1994, S. 1156 ff.

289 Büchel, Familiengesellschaften, S. 41.

290 K. Schmidt, in MüKo-HGB, § 230 Rn. 83.

Zwar herrscht im Personenhandelsgesellschaftsrecht Rechtsformzwang. Es besteht ein *numerus clausus* der gesellschaftsrechtlichen Rechtsformen[291]. Dieser dient dem Schutz des Rechtsverkehrs[292]. Davon zu unterscheiden ist die gesellschaftsrechtliche Typenfreiheit: Auf der rein schuldrechtlichen Ebene (im Innenverhältnis) können beliebige Rechtsformen entstehen[293]. Der Verkehrsschutz wird nicht tangiert.

Die Gründung einer Gesellschaft unter Beteiligung mehrerer stiller Gesellschafter löst keine rechtlichen Bedenken aus. Es bedarf immer dann mehrerer Ergänzungspfleger, wenn die stillen Gesellschafter zugleich auch untereinander in Rechtsbeziehungen stehen. Sind die Rechtsverhältnisse zwischen dem Inhaber des Handelsgeschäfts und den stillen Gesellschaftern jeweils rechtlich selbständig, genügt ein Ergänzungspfleger.

5. *Ergebnis*

Ist an der Gesellschaftsgründung ein Elternteil beteiligt, bedarf es in der Regel der Bestellung eines Ergänzungspflegers. Ausnahmsweise kann das Rechtsgeschäft von den Eltern vorgenommen werden, wenn der Gesellschaftsvertrag für den Minderjährigen lediglich rechtlich vorteilhaft ist. Sollen mehrere Kinder gleichzeitig Gesellschafter werden, bedarf es wegen drohenden Interessenkonflikts auch mehrerer Ergänzungspfleger. Bei einer stillen Gesellschaft besteht die Besonderheit, dass *mehrere* Kinder von *einem* Ergänzungspfleger vertreten werden können, wenn die Gesellschaft zweigliedrig ausgestaltet ist. In diesem Fall besteht keine Kollisionsgefahr.

III. Gerichtliche Genehmigung

Hat der Minderjährige keine eigene wirksame Willenserklärung abgeben, bedarf es neben der Vertretung durch seinen gesetzlichen Vertreter oder durch einen Ergänzungspfleger gegebenenfalls der familiengerichtlichen Genehmigung.

1. *Grundlagen*

Die Genehmigungstatbestände der §§ 1821, 1822 BGB sind unabhängig davon zu beachten, wer für den Minderjährigen handelt, seien es Eltern (§ 1643 BGB), Ergänzungspfleger (§ 1915 BGB) oder Vormund (direkte Anwendung)[294].

---

291 Vgl. K. Schmidt, Gesellschaftsrecht, § 5 II 1 a) S. 96.

292 Vgl. K. Schmidt, Gesellschaftsrecht, § 5 II 1 a) S. 96.

293 Vgl. K. Schmidt, Gesellschaftsrecht, § 5 II 1 a) und b) S. 96 f.

294 Kindler, Grundkurs Handels- und Gesellschaftsrecht, § 14, Rn. 12 f.

Entscheidend ist, dass in Ausübung einer *gesetzlichen Vertretungsmacht* gehandelt wurde[295]. Das ist beispielsweise dann nicht der Fall, wenn der Vormund als Bevollmächtigter des Erblassers aufgrund einer von diesem erteilten, über den Tod hinaus wirkenden (trans- oder postmortalen) Vollmacht auftritt[296]. Hier liegt lediglich ein sog. Drittverwaltergeschäft vor[297]. Die Genehmigung kann entweder vor Abschluss des Rechtsgeschäfts als Einwilligung (§ 183 Satz 1 BGB) oder nachträglich mit Rückwirkung (§§ 1643 Abs. 3, 1829, 184 Abs. 1 BGB) erteilt werden[298]. Um eine Umgehung der Genehmigungserfordernisse auszuschließen, sind die §§ 1821, 1822 BGB zwingender Natur[299].

Die Genehmigung durch das Familiengericht[300] ist eine sog. Außengenehmigung[301]. Die Wirksamkeit des vorgenommenen Rechtsgeschäfts hängt von ihrer Erteilung ab[302]. Die Genehmigung (besser: die Entscheidung über die Genehmigung) ist nach §§ 1828, 1643 Abs. 3, 1915 BGB gegenüber dem gesetzlichen Vertreter zu erklären[303]. Anderen Gesellschaftern gegenüber wirkt sie erst nach Mitteilung durch den gesetzlichen Vertreter (§§ 1829 Abs. 1 Satz 2, 1643 Abs. 3, 1915 BGB). Dem gesetzlichen Vertreter obliegt also die letzte Entscheidung[304]. Es liegt allein in seiner Hand, wann er die übrigen Gesellschafter von einer gerichtlichen Genehmigung in Kenntnis setzt, um die Wirksamkeit des Gesellschaftsvertrages herbeizuführen[305]. Zur Vermeidung von Willkür können sich der gesetzliche Vertreter und die Vertragspartner durch einen gemeinsamen Bevollmächtigten vertreten lassen (sog. Doppelvollmacht)[306].

---

295 Veit, in: Staudinger, BGB 2014, Vorbemerkungen zu §§ 1821, 1822 Rn. 19.

296 Veit, in: Staudinger, BGB 2014, Vorbemerkungen zu §§ 1821, 1822 Rn. 19.

297 Wagenitz, in: MüKo-BGB, § 1821 Rn. 13.

298 Bilsdorfer, NJW 1980, S. 2785 ff. (S. 2788).

299 Veit, in: Staudinger, BGB 2014, Vorbemerkungen zu §§ 1821, 1822 Rn. 1: Bei den §§ 1810, 1823 BGB handelt es sich hingegen um Soll-Vorschriften.

300 Für die Zuständigkeit des Familiengerichts gilt bei der gerichtlichen Genehmigung dasselbe wie bei der Bestellung eines Ergänzungspflegers, siehe oben unter Zweiter Teil: B. II. 1. c).

301 Veit, in: Staudinger, BGB 2014, § 1812 Rn. 72.

302 Veit, in: Staudinger, BGB 2014, § 1812 Rn. 72.

303 Veit, in: Staudinger, BGB 2014, § 1828 Rn. 1.

304 Nicht dem (durch das Gericht repräsentierten) Staat, vgl. Meyer-Stolte, Rpfleger 1967, S. 294 ff. (S. 298).

305 Meyer-Stolte, Rpfleger 1967, S. 294 ff. (S. 297).

306 Winkler, ZGR 1973, S. 177 ff. (S. 217); ausführlich Meyer-Stolte, Rpfleger 1967, S. 294 ff. (S. 300): Diese bevollmächtigt sowohl zur Entgegennahme der Genehmigung als auch zur Bekanntgabe und Entgegennahme der Bekanntgabe.

Mit dem Erfordernis einer gerichtlichen Genehmigung geht eine nicht unwesentliche Beschränkung von Entscheidungsfreiheit und Vertretungsmacht des gesetzlichen Vertreters einher[307]. Derartige Beeinträchtigungen müssen durch Sinn und Zweck einer Genehmigung gerechtfertigt sein. Eine Genehmigung wird für besonders wichtige Rechtsgeschäfte verlangt, welche die Grenzen einer gewöhnlichen Vermögensverwaltung übersteigen[308]. Solche Rechtsgeschäfte weisen typischerweise eine besondere Vermögensrelevanz auf oder ziehen eine lange rechtsgeschäftliche Bindung des Minderjährigen nach sich[309]. In der Regel handelt es sich um Verträge, die für den gesetzlichen Vertreter ein schwieriges und kompliziertes Geschäft darstellen[310]. Es soll sichergestellt werden, dass das vorhandene Vermögen des Minderjährigen und dessen wirtschaftliche Nutzung erhalten bleiben[311].

Der Gesetzgeber hat sich für ein Enumerationsprinzip entschieden[312]. Es wurde keine allgemeine prinzipielle Vorschrift im Sinne einer Generalklausel geschaffen, die alle besonders wichtigen Rechtsgeschäfte in ihrem rechtlichen Bestand von der familiengerichtlichen Genehmigung abhängig macht[313]. Vielmehr wird die Vertretungsmacht durch die Aufstellung einzelner bestimmter und greifbarer Kategorien beschränkt[314]. Hierfür wurde ein vielfältiger Katalog entwickelt. Gesellschaftsrechtliche Relevanz weisen insbesondere § 1822 Nr. 3 und Nr. 10 BGB auf. Hierauf wird der Schwerpunkt der folgenden Untersuchung gelegt.

Die Tatbestände sind von unterschiedlichen Normzwecken geprägt: § 1822 Nr. 3 BGB beschäftigt sich mit der Gründung und dem Erwerb eines sog. Erwerbsgeschäfts[315]. Die Vorschrift erfasst die besonderen Risiken, die sich aus der Dauer einer gesellschaftsrechtlichen Bindung von Person und Vermögen des Minderjährigen ergeben[316]. Beim Erwerb von Gesellschaftsanteilen kommt dieser Vorschrift eine herausragende Bedeutung zu. § 1822 Nr. 10 BGB regelt

307 Palandt/Götz, § 1821 Rn. 4; Lohse/Triebel, ZEV 2000, S. 337 ff. (S. 340); Veit, in: Staudinger, BGB 2014, Vorbemerkungen zu §§ 1821, 1822 Rn. 1.

308 Motive zum Bürgerlichen Gesetzbuch, Band IV, S. 1136 und 1085 ff.

309 Veit, in: Staudinger, BGB 2014, Vorbemerkungen zu §§ 1821, 1822 Rn. 1.

310 Motive zum Bürgerlichen Gesetzbuch, Band IV, S. 1142.

311 Motive zum Bürgerlichen Gesetzbuch, Band IV, S. 1009.

312 Motive zum Bürgerlichen Gesetzbuch, Band IV, S. 1136 und 1085 ff.

313 Veit, in: Staudinger, BGB 2014, Vorbemerkungen zu §§ 1821, 1822 Rn. 3.

314 Motive zum Bürgerlichen Gesetzbuch, Band IV, S. 1136.

315 Zur Auslegung dieses Tatbestandsmerkmals, siehe unten unter Zweiter Teil: B. III. 2.

316 Veit, in: Staudinger, BGB 2014, § 1822 Rn. 72.

die Übernahme fremder Verbindlichkeiten. Sie soll vor Gefahren schützen, die dann bestehen, wenn der Minderjährige eine Verbindlichkeit eines Dritten als wirtschaftlich fremde übernimmt[317]. Es wird sich zeigen, dass diese Norm im Rahmen eines Anteilserwerbs durch Minderjährige ihre Bedeutung dort erfährt, wo § 1822 Nr. 3 BGB tatbestandlich nicht einschlägig ist.

2. § 1822 Nr. 3 Alt. 2 BGB

Bei der Gründung einer Gesellschaft ist § 1822 Nr. 3 Alt. 2[318] BGB zu beachten. Die Norm unterwirft einen Gesellschaftsvertrag, der zum Betrieb eines Erwerbsgeschäfts eingegangen wird, einer familiengerichtlichen Genehmigungspflicht[319]. Zentrales Tatbestandsmerkmal ist der *Betrieb eines Erwerbsgeschäfts*. Welche Gegebenheiten ein Erwerbsgeschäft ausmachen, ist unklar. Zudem wird die Frage, wer Betreiber eines solchen Erwerbsgeschäfts ist, unterschiedlich beantwortet. Unter Zugrundelegung einer formalen Betrachtungsweise gehen manche Autoren davon aus, die Gesellschaft selbst sei Betreiber. Andere verfolgen dagegen einen wirtschaftlichen Ansatz und vertreten die Auffassung, das Erwerbsgeschäft werde von den Gesellschaftern betrieben.

a) Betrieb eines Erwerbsgeschäfts

Im Folgenden wird der Tatbestand des § 1822 Nr. 3 Alt. 2 BGB beleuchtet. Die Ausführungen gelten für Personengesellschaften und Kapitalgesellschaften gleichermaßen.

aa) Ausgangspunkt

Der historische Gesetzgeber hat versucht, ein Erwerbsgeschäft mit folgender Definition zu beschreiben: „*Erwerbsgeschäft ist jede regelmäßig ausgeübte, auf selbständigen Erwerb gerichtete Tätigkeit, gleichgültig ob es sich um Handel, Fabrikation, Handwerk, Landwirtschaft, wissenschaftliche, künstlerische oder sonstige*

---

317 Veit, in: Staudinger, BGB 2014, § 1822 Rn. 167.

318 Die Passage „Gesellschaftsvertrag, der zum Betrieb eines Erwerbsgeschäft eingegangen wird" bezeichnen Literatur und Rechtsprechung in der Regel als 2. Alternative, obwohl die Nr. 3 streng genommen drei Varianten enthält: Vertrag zum Erwerb, Vertrag zur Veräußerung und Gesellschaftsvertrag.

319 Dies gilt nach Winkler, ZGR 1973, S. 177 ff. (S. 179) auch dann, wenn der Minderjährige ein Einzelunternehmen, das nach § 112 Abs. 1 BGB genehmigt wurde, in die Rechtsform einer Gesellschaft überleiten soll, da sich die Genehmigung durch die Eltern nicht auf Gesellschaftsverträge erstreckt; dazu auch Riedlinger, Familienkommanditgesellschaft, S. 192 ff.

Tätigkeit handelt“[320]. Diese Definition fasst den Begriff Erwerbsgeschäft inhaltlich weiter als den des Handelsgewerbes (§ 1 Abs. 2 HGB). Objekt eines Erwerbsgeschäfts können nicht nur gewerbliche, sondern auch nichtkaufmännische und nichtwirtschaftliche Tätigkeiten sein. Trotz dieses weiten Verständnisses kann sich die Handhabung des Tatbestandsmerkmals im Einzelfall als schwierig erweisen.

Bei den Personenhandelsgesellschaften war der Tatbestand des § 1822 Nr. 3 BGB ursprünglich ohne weiteres zu bejahen. Ein Erwerbsgeschäft lag bereits dann vor, wenn die Rechtsform einer Personenhandelsgesellschaft gewählt wurde[321]. Seit der Handelsrechtsreform 1998[322] können auch solche Gesellschaften die Rechtform der OHG oder KG wählen, die kein Handelsgewerbe betreiben (vgl. §§ 105 Abs. 2, 161 Abs. 2 HGB). Für Personenhandelsgesellschaften gelten nunmehr dieselben Regeln wie für die übrigen Gesellschaften.

bb) Abgrenzung zur reinen Vermögensverwaltung

Die herrschende Meinung in Literatur[323] und Rechtsprechung[324] geht davon aus, dass die Gründung einer Gesellschaft, die lediglich eigenes Vermögen verwaltet, nicht unter den Tatbestand falle.

Rein vermögensverwaltende Gesellschaften würden zu ihrer Gründung keiner Genehmigung nach § 1822 Nr. 3 Alt. 2 BGB bedürfen. Aus diesem Grund sei

---

320 Motive zum Bürgerlichen Gesetzbuch, Band I, S. 142; RG, Urteil vom 12.5.1931 – II 294/30 = RGZ 133, S. 7 ff. (S. 11).

321 Winkler, ZGR 1973, S. 177 ff. (S. 178); so sogar noch die Vorinstanzen zu OLG München, Beschluss vom 6.11.2008 – 31 Wx 76/08 = GmbHR 2008, S. 1264 ff. (S. 1265); auch Werner, GmbHR 2006, S. 737 ff. (S. 740) argumentiert damit, dass die Handelsgesellschaften per se einen gewerblichen Charakter haben.

322 Gesetz zur Neuregelung des Kaufmanns- und Firmenrechts und zur Änderung anderer handels- und gesellschaftsrechtlicher Vorschriften (HRefG) vom 22. Juni 1998 (BGBl I, 1474).

323 Bettin, in: Bamberger/Roth, BGB, § 1822 Rn. 12; Buck, Minderjährige, S. 36 f.; Büchel, Familiengesellschaften, S. 54 f.; Palandt/Götz, § 1822 Rn. 10; Ivo, in: Wachter, FA Handels- und Gesellschaftsrecht, Teil 2, Kapitel 11, Rn. 16 f.; Erman/Saar, § 1822 Rn. 7, 14; Veit, in: Staudinger, BGB 2014, § 1822 Rn. 76; Wagenitz, in: MüKo-BGB, § 1822 Rn. 21; Soergel/Zimmermann, BGB, § 1822 Rn. 12.

324 BayObLG, Beschluss vom 5.3.1997 – 1 Z BR 210/96 = FamRZ 1997, S. 842 ff. (S. 844); BayObLG, Beschluss vom 6.7.1995 – 1Z BR 157/94 = DNotZ 1995, S. 941 ff. (S. 943); LG Münster, Beschluss vom 18.7.1996 – 5 T 383/96 = FamRZ 1997, S. 842; OLG Zweibrücken, Beschluss vom 14.1.1999 – 3 W 253/98 = FamRZ 2000, S. 117 ff. (S. 119).

zwischen Erwerbsgeschäft und reiner Vermögensverwaltung zu differenzieren. Die Abgrenzung stellt darauf ab, ob eine geschäftsmäßige, gleichsam berufliche Tätigkeit erforderlich sei[325]. Indizien können eine lange Dauer der Gesellschaft, Umfang und Wert des zu verwaltenden Vermögens und der Grad unternehmerischen Risikos sein, aber auch das Ziel, künftig weiteren Grundbesitz hinzuzuerwerben[326]. Ob es sich um reine Vermögensverwaltung handelt, wenn das Gesellschaftsvermögen aus Mietgrundstücken von nicht unerheblichem Wert besteht und ein Minderjähriger im Verhältnis seines Anteils an Gewinn und Verlust beteiligt werden soll, ist im Einzelnen umstritten.

Das *BayObLG*[327] hat in einem derartigen Sachverhalt das Vorliegen eines Erwerbsgeschäfts mit der Begründung bejaht, § 1822 Nr. 3 Alt. 2 BGB wolle Gesellschaftsverträge erfassen, die dem Minderjährigen ein unternehmerisches Risiko aufbürden. Eine gesamtschuldnerische Haftung zähle dazu.

Das *LG Münster*[328] hat in einem solchen Fall die Existenz eines Erwerbsgeschäfts indes verneint. Eine berufsmäßig ausgeübte, auf selbständigen Erwerb gerichtete Tätigkeit liege nicht vor. Es mache keinen Unterschied, ob die Vermögensverwaltung durch eine Privatperson oder durch eine Gesellschaft wahrgenommen werde.

cc) Abgrenzung nach dem Schutzzweck

Die Gegenansicht[329] verzichtet auf eine Abgrenzung zwischen Erwerbsgeschäft und Vermögensverwaltung. Sie stellt auf den Schutzzweck des § 1822 Nr. 3 Alt. 2 BGB ab. Es müsse das *Telos* der Norm, Minderjährige vor der aus einer Gesellschafterstellung herrührenden persönlichen Haftung zu schützen, herangezogen werden[330]. Haftungsrisiken träfen den Minderjährigen für alle Gesellschaftsschulden, unabhängig vom jeweiligen Gesellschaftszweck. Bei der Frage der Genehmigungspflicht könne es daher auf den Gesellschaftszweck nicht ankommen.

Das Tatbestandsmerkmal müsse in der Weise ausgelegt werden, dass der Betrieb eines Erwerbsgeschäfts immer dann anzunehmen sei, wenn die Gesellschaft

---

325 Wagenitz, in: MüKo-BGB, § 1822 Rn. 21.

326 Ivo, in: Wachter, FA Handels- und Gesellschaftsrecht, Teil 2, Kapitel 11, Rn. 16.

327 BayObLG, Beschluss vom 5.3.1997 – 1 Z BR 210/96 = FamRZ 1997, S. 842 ff. (S. 844); BayObLG, Beschluss vom 6.7.1995 – 1Z BR 157/94 = DNotZ 1995, S. 941 ff. (S. 943).

328 LG Münster, Beschluss vom 18.7.1996 – 5 T 383/96 = FamRZ 1997, S. 842; dieser Entscheidung wird von Büchel, Familiengesellschaften, S. 54 f. gefolgt.

329 Bultmann, WiB 1995, S. 119 f. (S. 120); Wertenbruch, FamRZ 2003, S. 1714 ff. (S. 1715).

330 Wertenbruch, FamRZ 2003, S. 1714 ff. (S. 1715).

synallagmatische Verträge abschließe und dadurch nach außen hin in Erscheinung trete. Denn dann erwerbe die Gesellschaft einen Anspruch auf Leistung, mit dem eine Verpflichtung korrespondiere, die eine persönliche Haftung des Minderjährigen nach sich ziehen kann. Bei einer rein vermögensverwaltenden GbR sei das bereits dann der Fall, wenn Mietverträge abgeschlossen werden. Sachentscheidend sei nicht, ob die Gesellschaft eigenes Vermögen verwalte, sondern ob Immobilien fremdvermietet oder ausschließlich durch die GbR selbst genutzt werden. Nur im zweiten Falle könne hinsichtlich des Schutzzwecks eine Genehmigungspflicht entbehrlich sein.

dd) Stellungnahme

Nach allgemeiner Auffassung knüpft der Genehmigungstatbestand nicht an die Rechtsform einer Gesellschaft an[331]. Auch der Gesellschaftszweck ist grundsätzlich unerheblich. Dieser kann gewerblich, auf einen freien Beruf gerichtet oder ideell ausgestaltet sein. Allerdings ergibt sich aus dem Wortlaut des § 1822 Nr. 3 Alt. 2 BGB das Erfordernis, die Begriffe Erwerbsgeschäft und reine Vermögensverwaltung voneinander abzugrenzen. Denn wiederholter Erwerb und Veräußerung von Vermögensgegenständen unterscheiden sich im Kern von einem Vermögensbestand, den es lediglich zu verwalten gilt. Deshalb ist es folgerichtig, die Gründung vermögensverwaltender Gesellschaften von einer Subsumtion unter den Tatbestand auszunehmen. Besteht ein Gesellschaftsvermögen aus ausschließlich eigenen Wohnzwecken dienenden Grundstücken, bedarf es keiner Genehmigung.

Problematisch ist die Genehmigungsfreiheit bei Gesellschaften, deren Vermögen aus Mietgrundstücken besteht. Zwar könnte die Eingehung von Mietverträgen als bloßer Bestandteil einer Eigentumsverwaltung angesehen werden. Allerdings ist die Vermietung von Grundstücken vom Erwerbszweck bestimmt. Insofern hilft die grammatikalische Auslegung des Tatbestandes nicht weiter.

Die aus dem Abschluss synallagmatischer Verträge resultierende gesellschaftsrechtliche Haftung führt aus teleologischen Gründen zur Annahme eines Erwerbsgeschäfts. Zwar werden auch bei selbstgenutzten Immobilien regelmäßig Gegenseitigkeitsverträge[332] abgeschlossen. Diese dienen jedoch nicht dem Erwerb, sondern lediglich dem Vermögenserhalt und der Grundstücksnutzung. Darüber hinaus stellen sie in der Regel keine Gefahr für das Vermögen des Minderjährigen dar. § 1822 Nr. 3 Alt. 2 BGB will den

331 Wagenitz, in: MüKo-BGB, § 1822 Rn. 12.

332 Zu denken ist an Dienst- und Werkverträge sowie an Wasser- und Stromlieferungsverträge.

Minderjährigen vor wirtschaftlichen Risiken bewahren, die über das gewöhnliche Maß hinausgehen[333].

Diese Auslegung wird auch durch einen systematischen Vergleich mit § 1821 Nr. 5 BGB gestützt. Die Bestimmung verlangt die Genehmigung für einen Vertrag, der auf den entgeltlichen Erwerb eines Grundstücks gerichtet ist. Indem das zu übertragende Eigentum als Gesellschaftsvermögen in eine GbR eingebracht wird, könnte man eine Genehmigungspflicht unter Umständen umgehen. Fraglich ist, ob der unentgeltliche Erwerb im Einklang mit § 1821 Nr. 5 BGB genehmigungsfrei ist. Schließlich kann dem Minderjährigen auch ohne familiengerichtliche Genehmigung ein Grundstück, das er mit Zustimmung seiner Eltern anschließend vermietet, zuvor im Wege der Schenkung zugewendet werden. Wird der Minderjährige Mitglied einer Gesellschaft, deren Vermögen aus Mietgrundstücken besteht, sind die Rechtsfolgen aber anders zu beurteilen. Zum einen ist das Rechtsverhältnis komplexer. Ein Anteilserwerb könnte in der irrigen Annahme erfolgen, allein die Gesellschaft habe für etwaige Verbindlichkeiten einzustehen. Zum anderen wird nicht der Minderjährige, sondern die Gesellschaft Vertragspartner. Die Mitwirkungsrechte sind daher abweichend zu beurteilen. Die Beteiligung eines Minderjährigen an einer GbR, deren Gesellschaftszweck in der Vermietung von Grundstücken besteht, ist genehmigungspflichtig.

Auch auf den Umfang der Verwaltungstätigkeit kann es nicht ankommen. Zwar hat der BFH[334] in einer steuerrechtlichen Entscheidung zur Abgrenzung von gewerblicher und nichtgewerblicher Tätigkeit bei der Vermietung von Ferienwohnungen auf dieses Kriterium abgestellt. Der Genehmigungstatbestand des § 1822 Nr. 3 Alt. 2 BGB dient jedoch nicht fiskalpolitischer Regulierung von Gewerbebetrieben, sondern dem Minderjährigenschutz.

Im Ergebnis kommt es für die Bestimmung des Tatbestandsmerkmals *Betrieb eines Erwerbsgeschäfts* auf das unternehmerische Risiko (mit anderen Worten: das Haftungsrisiko) an. Eine bloße Vermögensverwaltung im Sinne des § 1822 Nr. 3 Alt. 2 BGB liegt nicht vor, wenn die Gesellschaft in Erfüllung ihres Erwerbszwecks synallagmatische Verträge abschließt. Aus dieser wirtschaftlichen Tätigkeit entspringen Verbindlichkeiten, für die der Minderjährige in Anspruch genommen werden kann. Des Kriteriums geschäftsmäßiger, gleichsam beruflicher Tätigkeit bedarf es nicht.

---

333 Siehe oben unter Zweiter Teil: B. III. 1.

334 BFH, Urteil vom 14.1.2004 - X R 7/02 = BFH/NV 2004, S. 845.

b) Kommanditgesellschaft

Wird der Minderjährige durch einen Gesellschaftsvertrag als persönlich haftender Gesellschafter einer GbR, OHG oder KG (Komplementär) beteiligt, bedarf es mit Ausnahme der vermögensverwaltenden Gesellschaft[335] einer Genehmigung nach § 1822 Nr. 3 Alt. 2 BGB[336]. Das ist unstreitig. Aus der Möglichkeit einer beschränkbaren Haftung resultieren bei einer Kommanditgesellschaft im Rahmen der Tatbestandsauslegung des § 1822 Nr. 3 Alt. 2 BGB (*Betrieb eines Erwerbsgeschäfts*) Besonderheiten.

aa) Ausgangspunkt

Wird die Haftung des Minderjährigen auf eine bestimmte Vermögenseinlage beschränkt (Kommanditist), ist das Erfordernis einer Genehmigung nicht eindeutig. Gegenstand der Diskussion sind die Betreibereigenschaft des Kommanditisten, die teleologische Reduktion des Tatbestandes bei Unentgeltlichkeit des Gesellschaftsvertrages sowie fehlendes unternehmerisches Risiko des Kommanditisten einer vermögensverwaltenden KG.

bb) Betreibereigenschaft des Kommanditisten

Früher wurde die Tatbestandsmäßigkeit des § 1822 Nr. 3 Alt. 2 BGB zum Teil mit dem Hinweis verneint, der Kommanditist betreibe das Erwerbsgeschäft nicht selbst, insbesondere übernehme er das mit einem solchen Betrieb einhergehende Risiko nicht selbst[337]. Er lasse lediglich sein Kapital mitarbeiten[338]. Dem wurde zwar insoweit zugestimmt, als sich die Stellung eines Kommanditisten wirtschaftlich meist nur geringfügig von der eines stillen Gesellschafters oder Aktionärs unterscheide[339]. Aber im Gegensatz zu einem stillen Gesellschafter oder Aktionär schließe der Kommanditist einen Gesellschaftsvertrag ab und betreibe als Mitinhaber des Unternehmens im Außenverhältnis das Erwerbsgeschäft rechtlich mit[340].

---

335 Siehe oben unter Zweiter Teil: B. III. 2. a) dd).

336 Bettin, in: Bamberger/Roth, BGB, § 1822 Rn. 12; Palandt/Götz, § 1822 Rn. 9; Erman/Saar, § 1822 Rn. 8; Schöne, in: Bamberger/Roth, BGB, § 705 Rn. 53 für die GbR; Wagenitz, in: MüKo-BGB, § 1822 Rn. 21; Soergel/Zimmermann, BGB, § 1822 Rn. 22 f.

337 RGRK/Weipert, HGB, § 161 Bem. 22.

338 Flechtheim, in: Düringer/Hachenburg, HGB, § 161 Bem. 9.

339 Winkler, ZGR 1973, S. 177 ff. (S. 179).

340 Ritter, HGB, § 161 Bem. 2.

Mit Urteil vom 30. April 1955 hatte der *BGH*[341] entschieden, auch der Kommanditist betreibe ein Erwerbsgeschäft. Daher bedürfe es einer Genehmigung nach § 1822 Nr. 3 Alt. 2 BGB. Der Kommanditist beteilige sich schon deshalb nicht bloß mit einer Kapitaleinlage, weil er aufgrund des § 176 Abs. 1 HGB bis zur Eintragung das volle Risiko für das gemeinsame Unternehmen trage. Zwar könne man die Haftung unter Umständen vermeiden, indem die Zustimmung zum Geschäftsbeginn von der Eintragung im Handelsregister abhängig gemacht werde. Allerdings müsse bei der Anwendung und Auslegung des § 1822 BGB entscheidendes Gewicht auf eine für den Rechtsverkehr praktische, klare Handhabung gelegt werden. Aus diesem Grunde könne die Beantwortung der Frage des Genehmigungserfordernisses nicht davon abhängig sein, ob im Einzelfall eine Eintragung vorgenommen wurde. Komplementär und Kommanditist seien gleichermaßen Betreiber der Kommanditgesellschaft.

cc) „Unentgeltlicher" Gesellschaftsvertrag

Im Gegensatz zur Regelung in § 1822 Nr. 3 Alt. 1 BGB unterscheidet die Vorschrift des § 1822 Nr. 3 Alt. 2 BGB nicht zwischen Entgeltlichkeit und Unentgeltlichkeit.

Brox[342] sieht im Falle der Gründungsbeteiligung eines Kommanditisten in fehlender Differenzierung einen Wertungswiderspruch. Die Meinung, ein Minderjähriger dürfe zwar bei der Schenkung einer Kommanditeinlage den Gesellschaftsvertrag selbst abschließen (§ 107 BGB), bei einer gesetzlichen Vertretung sei aber das Familiengericht hinzuzuziehen, sei nicht nachvollziehbar. Darüber hinaus sei es auch verwunderlich, dass ein unentgeltlicher Erwerb unter Lebenden einer Genehmigung bedürfen solle, ein Erwerb einer Gesellschafterstellung im Wege erbrechtlicher Gesamtrechtsnachfolge hingegen nicht. Zwar sei der Schutz des Rechtsverkehrs zu beachten. Allerdings hafte der Minderjährige ohnehin nicht mit seinem persönlichen Vermögen. Im Rahmen einer fehlerhaften Gesellschaft hafte er gar nicht, bei wirksamem Vertragsschluss nur mit seiner Einlage.

Im Ergebnis müsse der Wertungswiderspruch mithilfe einer einschränkenden Auslegung des Wortlauts aufgelöst werden. Werde einem Minderjährigen eine Kommanditeinlage geschenkt, sei der Gesellschaftsvertrag zum Betrieb eines Erwerbsgeschäfts genehmigungsfrei. Bei einem persönlich haftenden Gesellschafter hingegen könne es keine Unentgeltlichkeit geben. Der Tatbestand des § 1822 Nr. 3 Alt. 2 BGB sei hier erfüllt.

---

341 BGH, Urteil vom 30.4.1955 – II ZR 202/53, NJW 1955, S. 1067 ff.

342 Brox, in: Festschrift für F. W. Bosch, 1976, S. 75 ff. (S. 81 ff.).

Nach herrschender Ansicht[343] hingegen konterkariere eine teleologische Reduktion den Wortlaut. Der Schutzzweck ergebe sich aus der Bedeutung und der Dauer einer gesellschaftsrechtlichen Bindung von Person und Vermögen des Minderjährigen, dem Haftungsrisiko und in der Dritten gegenüber unbeschränkten Vertretungsmacht der vertretungsberechtigten Gesellschafter[344].

Es könne keinen Unterschied machen, ob dem Minderjährigen das „Eintrittsgeld" geschenkt werde[345]. Der Begriff der Entgeltlichkeit setze stets ein Verhältnis von Leistung und Gegenleistung voraus. Dieses Zusammenspiel widerspreche aber dem Wesen des Gesellschaftsvertrages. Für die Genehmigungspflicht nach § 1822 Nr. 3 Alt. 2 BGB sei es ohne Bedeutung, ob der Gesellschaftsvertrag entgeltlich oder unentgeltlich abgeschlossen werde.

Der Vorschlag zur teleologischen Reduktion kranke daran, dass er nicht genügend zwischen dem Erwerbsakt als solchem und dem Gesellschaftsvertrag trenne[346]. Der auf den Erwerb gerichtete Vertrag könne unentgeltlich sein, liege aber logisch vor dessen Vollzug. Der vollzogene Gesellschaftsvertrag könne schon deshalb nicht unentgeltlich sein, weil die anderen Gesellschafter dem Minderjährigen nichts „schenken" würden. Dem stehe bereits die persönliche Haftung aus §§ 128, 161 Abs. 2 HGB entgegen.

dd) Vermögensverwaltende Kommanditgesellschaft

Hohaus/Eickmann[347] vertreten die Auffassung, zumindest der Kommanditist einer vermögensverwaltenden KG sei aufgrund der beschränkten Haftung keinem unternehmerischen Risiko ausgesetzt. Die im Rahmen der GbR-Gründung zitierten gerichtlichen Entscheidungen *(BayObLG, LG Münster, OLG Zweibrücken)*[348] könnten nicht herangezogen werden. Die an den Rechtsfäl-

343 Brüggemann, FamRZ 1990, S. 124 ff. (129); von Gerkan/Haas, in: Röhricht/Graf von Westphalen, HGB, § 161 Rn. 8; Veit, in: Staudinger, BGB 2014, § 1822 Rn. 74; Haarländer, § 1822 Nr. 3 Alt. 2 BGB, S. 80 f.; Klüsener, Rpfleger 1990, S. 321 ff. (S. 325).

344 Vgl. BayObLG, Beschluss vom 4.11.1976 – BReg. 1 Z 119/7 = BayObLGZ 1976, S. 281 ff. (S. 286).

345 Veit, in: Staudinger, BGB 2014, § 1822 Rn. 74

346 Brüggemann, FamRZ 1990, S. 124 ff. (129).

347 Hohaus/Eickmann, BB 2004, S. 1707 ff. (S. 1709).

348 BayObLG, Beschluss vom 5.3.1997 – 1 Z BR 210/96 = FamRZ 1997, S. 842 ff. (S. 844); BayObLG, Beschluss vom 6.7.1995 – 1Z BR 157/94 = DNotZ 1995, S. 941 ff. (S. 943); LG Münster, Beschluss vom 18.7.1996 – 5 T 383/96 = FamRZ 1997, S. 842; OLG Zweibrücken, Beschluss vom 14.1.1999 – 3 W 253/98 = FamRZ 2000, S. 117 ff. (S. 119).

len beteiligten Gesellschaften seien in der Rechtsform einer GbR organisiert gewesen. Insofern würde das durchgreifende Indiz des unternehmerischen Risikos, welches der Abgrenzung zugrunde gelegt wurde, ohnehin entfallen. Die Beteiligung eines Minderjährigen als Kommanditist sei demnach nicht genehmigungspflichtig.

ee) Stellungnahme

Die vorgenannten Ansichten gehen von unterschiedlichen Gesichtspunkten aus. Die Argumente laufen konträr. Bei dem Begriff *Betrieb eines Erwerbsgeschäfts* handelt es sich um ein einheitliches Tatbestandsmerkmal. Es ist nicht möglich, die Betreibereigenschaft von dem Merkmal des Erwerbsgeschäfts zu trennen. Wie oben[349] bereits herausgestellt, ist für das Vorliegen des Tatbestandsmerkmals das unternehmerische Risiko bestimmend. Bei einem persönlich haftenden Gesellschafter ist dieses Kriterium beispielsweise bereits dann erfüllt, wenn das Gesellschaftsvermögen nicht lediglich aus selbstgenutzten Immobilien besteht.

Aber auch der Kommanditist haftet, wenn auch summenmäßig beschränkbar (§ 171 Abs. 1 Halbsatz 1 HGB). Fraglich ist, ob ihm, trotz Beschränkung der Haftsumme, ein unternehmerisches Risiko verbleibt. Der Genehmigungsvorbehalt des § 1822 BGB soll den Minderjährigen davor bewahren, dass seine Eltern einen Vertrag mit unabsehbaren wirtschaftlichen Folgen zu seinen Lasten abschließen. Das ist bei einer Kommanditistenhaftung nach § 171 Abs. 1 Halbsatz 1 HGB aber gerade nicht der Fall. Denn die Gefahr, bis zu einer bestimmten Höhe zu haften, ist kalkulierbar. Sie geht nicht über das hinaus, was vom Schutzzweck des § 107 BGB ohnehin erfasst wird. Der Kommanditist unterliegt jedoch der Gründerhaftung (§ 176 Abs. 1 HGB). Diese führt, im Gegensatz zur Haftung nach § 171 Abs. 1 Halbsatz 1 HGB, zu wirtschaftlichem Risiko. Sie kann unbeschränkte Haftung zur Folge haben. Aus diesem Grund ist das Tatbestandsmerkmal grundsätzlich in dieselben Weise wie bei der GbR auszulegen[350].

Bei der Beteiligung als Kommanditist ist allerdings auf die jeweilige Ausgestaltung des Gesellschaftsvertrages zu achten. Ist der Minderjährige der Gründerhaftung (ausnahmsweise) nicht ausgesetzt, besteht keine Notwendigkeit einer familiengerichtlichen Genehmigung. Zwar ist damit eine notwendige Einzelfallbetrachtung verbunden, die von der Rechtsprechung einst abgelehnt

349 Siehe oben unter Zweiter Teil: B. III. 2. a) dd).

350 Siehe oben unter Zweiter Teil: B. III. 2. a) dd).

wurde. Mittlerweile hat aber auch der BGH[351] anerkannt, dass eine formale Betrachtungsweise dem Normzweck nicht gerecht wird. Es ist ein Gleichlauf mit § 107 BGB herzustellen. Kann der Minderjährige einen Gesellschaftsvertrag selbst wirksam abschließen, dann muss dies erst recht seinem gesetzlichen Vertreter gestattet sein (*argumentum a fortiori*). Es wäre nicht einleuchtend, die Vertretungsmacht des gesetzlichen Vertreters unter den Vorbehalt einer familiengerichtlichen Genehmigung zu stellen.

Wird die Zustimmung zum Geschäftsbeginn von der vorherigen Eintragung im Handelsregister abhängig gemacht, scheidet eine Haftung aus § 176 Abs. 1 BGB aus. Mangels unternehmerischen Risikos liegt kein Betrieb eines Erwerbsgeschäfts vor. In diesem Fall ist der Tatbestand des § 1822 Nr. 3 Alt. 2 BGB nicht erfüllt.

c) Stille Gesellschaft

Außerordentlich strittig ist das Erfordernis der gerichtlichen Genehmigung bei der Gründung einer stillen Gesellschaft. Dabei ist – im Gegensatz zur Prüfung im Rahmen des § 107 BGB – unbeachtlich, ob der Minderjährige seine Einlage schenkungsweise erlangt oder ob er sie aus vorhandenem Vermögen leisten zu leisten hat[352].

aa) Formale Betrachtungsweise

Betrachtet man, wie manche Autoren[353], die Vorschrift des § 1822 Nr. 3 Alt. 2 BGB rein formal, wäre bei der Gründung einer stillen Gesellschaft die Tatbestandsmäßigkeit zu verneinen. Das Erwerbsgeschäft wird nämlich nicht von der stillen Gesellschaft betrieben, sondern gemäß § 230 Abs. 1 HGB von dem Inhaber des Handelsgeschäfts, an dem die stille Beteiligung besteht.

Der gemeinsame Zweck der Innengesellschaft nach § 705 BGB sei gerade nicht auf den Betrieb eines Erwerbsgeschäfts gerichtet, sondern lediglich auf gemeinschaftliche Gewinnerzielung[354]. Der Betrieb des Erwerbsgeschäfts sei nur als Beitrag des Geschäftsinhabers und Mittel zur Erreichung des gemeinsamen Zwecks zu sehen. Eine teleologische Auslegung habe sich an den konkreten Verhältnissen des Einzelfalles zu orientieren. Individuelle Lösungen seien aber mit

351 BGH, Urteil vom 20.2.1989 – II ZR 148/88 = NJW 1989, S. 1926 ff., in dem der Senat konkrete Anhaltspunkte für eine Haftung fordert, um die Genehmigungspflicht nach § 1822 Nr. 10 BGB zu bejahen.

352 Klüsener, Rpfleger 1993, S. 133 ff. (S. 136).

353 Gernhuber/Coester-Waltjen, § 60 VI 6 Rn. 110 m. w. N. zum Streitstand; Nagel, Familiengesellschaft, S. 72 ff.

354 Nagel, Familiengesellschaft, S. 72 ff.

dem Erfordernis nach Rechtssicherheit nicht zu vereinbaren. An der formalen Lösung sei deshalb festzuhalten.

bb) Differenzierende Betrachtungsweise

Die überwiegende Meinung[355] sieht die Ausgestaltung des Innenverhältnisses als entscheidend an. Es bedürfe keiner Genehmigung, wenn der Minderjährige nur eine einmalige Einlage leiste, am Verlust und am Geschäftsbetrieb nicht teilnehme und an der Betriebsführung nicht mitwirke[356]. In solchen Fällen ähnele die Stellung des Stillen der eines partiarischen Darlehensgebers, und der Gesellschaftsvertrag könne daher nicht als unternehmerisches Geschäft nach § 1822 Nr. 3 BGB angesehen werden[357]. Beschränke sich die Beteiligung auf eine bloße Kapitalüberlassung, sei der Gesellschaftsvertrag genehmigungsfrei[358]. Bei gewöhnlichem Verlauf werde das Vermögen des Minderjährigen gemehrt, nicht geschmälert[359]. Das Risiko, die Einlage zu verlieren, könne für sich allein keine Genehmigungspflicht begründen.

Werde dem Minderjährigen hingegen ein unternehmerisches Risiko aufgebürdet, müsse der Gesellschaftsvertrag wie ein Vertrag behandelt werden, der zum Betrieb eines Erwerbsgeschäfts eingegangen wird[360]. Das sei der Fall, wenn eine Verlustbeteiligung (oder eine Verlustbeteiligung auf den Betrag der Einlage)[361]

---

355 BGH, Urteil vom 28.1.1957 – III ZR 155/55, NJW 1957, S. 672 ff.; BFH, Urteil vom 28.11.1973 – I R 101/72, DB 1974, S. 365; Bezzenberger/Keul, in: MüHdb-GesR, Bd. 2, § 76 Rn. 54; Biddermann, Der minderjährige Gesellschafter, S. 30 ff.; Bilsdorfer, NJW 1980, S. 2785 ff. (S. 2788) für die Unterbeteiligung; Buck, Minderjährige, S. 40; Büchel, Familiengesellschaften, S. 61 ff.; Gehrlein, in: Ebenroth/Boujong/Joost/Strohn, HGB, § 230 Rn. 27; von Gerkan/Haas, in: Röhricht/Graf von Westphalen, HGB, § 230 Rn. 20; Reimann, DNotZ 1999, S. 179 ff. (S. 186); Roth, in: Baumbach/Hopt, HGB, § 230 Rn. 8; K. Schmidt, in MüKo-HGB, § 230 Rn. 106; Schubert, in: Oetker, HGB, § 230 Rn. 45.

356 BGH, Urteil vom 28.1.1957 – III ZR 155/55, NJW 1957, S. 672 ff.

357 K. Schmidt, in MüKo-HGB, § 230 Rn. 106; BFH, Urteil vom 28.11.1973 – I R 101/72, DB 1974, S. 365.

358 Bezzenberger/Keul, in: MüHdb-GesR, Bd. 2, § 76 Rn. 54; Reimann, DNotZ 1999, S. 179 ff. (S. 186).

359 Büchel, Familiengesellschaften, S. 61 ff.

360 Bezzenberger/Keul, in: MüHdb-GesR, Bd. 2, § 76 Rn. 54; Reimann, DNotZ 1999, S. 179 ff. (S. 186).

361 Bilsdorfer, NJW 1980, S. 2785 ff. (S. 2788) für die Unterbeteiligung: Bei einer auf den Betrag der Einlage beschränkten Verlustbeteiligung bestehe keine unternehmerisches Risiko. Eine Genehmigung sei nicht erforderlich.

nicht ausgeschlossen ist[362]. Hier bestehe insbesondere die Gefahr, dass die Einlage für Jahre keinen Nutzen bringe und dass der Stille sie schließlich verliere[363]. Bei einem Darlehen würde der Minderjährige zumindest feste Zinsen erhalten. Im Übrigen könne bei einer relativ hohen Kapitalbeteiligung des stillen Gesellschafters dessen Schaden sogar größer sein als der Verlust des Geschäftsinhabers.

cc) Teleologische Betrachtungsweise

Weitere Meinungen in der Literatur[364] sowie das *LG München*[365] bejahen die Genehmigungsbedürftigkeit generell und ohne Rücksicht auf die konkrete Ausgestaltung. Dies sei aus Gründen der Rechtssicherheit und im Interesse eines effektiven Minderjährigenschutzes erforderlich.

Infolge der vielfältigen Gestaltungsmöglichkeiten des Innenverhältnisses könne die Aufgabe der familiengerichtlichen Genehmigung darin bestehen, die konkreten Risiken der Beteiligung zu überprüfen[366]. Daher sei nicht auf die konkrete Ausgestaltung, sondern auf die abstrakte Gefahr abzustellen[367].

Im Übrigen bringe die Einbindung in eine Gesellschaft stets das Risiko einer späteren Pflichtenmehrung mit sich[368]. Während der Minderjährige vor einer nachträglichen Übernahme einer Verlustbeteiligung durch andere Genehmigungstatbestände, zum Beispiel § 1822 Nr. 10 BGB, geschützt sei, unterfalle die nachträgliche Verpflichtung zu Dienstleistungen oder anderen Mitwirkungspflichten keinem Genehmigungstatbestand. Aus diesem Grund habe die familiengerichtliche Kontrolle stets bei Beginn der Gesellschaft und der Einbindung des Minderjährigen in Mitgliedspflichten anzusetzen.

dd) Stellungnahme

Das Argument der Rechtssicherheit wird sowohl im Rahmen der formalen als auch der telelogischen Betrachtung herangezogen. Gleichwohl vermag es nicht

---

362 Biddermann, Der minderjährige Gesellschafter, S. 30 ff.

363 Biddermann, Der minderjährige Gesellschafter, S. 30 ff.

364 Ivo, in: Wachter, FA Handels- und Gesellschaftsrecht, Teil 2, Kapitel 11, Rn. 38; Rust, DStR 2005, S. 1942 ff. (S. 1945); Stahl, Minderjährigenschutz, S. 94 f.; Veit, in: Staudinger, BGB 2014, § 1822 Rn. 90 f.; Wagenitz, in MüKo-BGB, § 1822 Rn. 26; Soergel/Zimmermann, BGB, § 1822 Rn. 25.

365 LG München II, Urteil vom 6.11.1998 – 1 O 4221–98 = NJW-RR 1999, S. 1018 f.

366 Wagenitz, in MüKo-BGB, § 1822 Rn. 26; LG München II, Urteil vom 6.11.1998 – 1 O 4221–98 = NJW-RR 1999, S. 1018 f. (S. 1018).

367 Rust, DStR 2005, S. 1942 ff. (S. 1945).

368 Stahl, Minderjährigenschutz, S. 94 f.

zu überzeugen. Die formale Betrachtungsweise ist schon deshalb abzulehnen, weil das Erwerbsgeschäfts stets von der Gesellschaft selbst (als Rechtssubjekt) betrieben wird. Neben der Gesellschaft, an der die stille Gesellschaft besteht, gilt das für jede rechtsfähige Gesellschaft.

Das Auslegungsproblem ist allein anhand des gesetzlichen Normzwecks zu lösen. Normzweck ist der Schutz des Minderjährigen vor wirtschaftlichen Gefahren. Bei einer Einlagenbeschränkung besteht diese Gefahr nicht. Die Untersuchung des lediglich rechtlichen Vorteils gemäß § 107 BGB hat bereits[369] ergeben, dass der Minderjährige einen Gesellschaftsvertrag zur Begründung einer stillen Beteiligung selbst abschließen kann. Das Risiko, die schenkweise zugewandte Einlage wieder zu verlieren, wird nicht vom *Telos* des Genehmigungstatbestandes erfasst. Nach einem Erst-Recht-Schluss unterliegt auch der gesetzliche Vertreter keiner Beschränkung.

d) Unterbeteiligung

Der Meinungsstreit setzt sich bei der Unterbeteiligung fort. Ein Teil der Literatur[370] legt dar, § 1822 Nr. 3 Alt. 2 BGB sei auf die Unterbeteiligung unanwendbar. Die Unterbeteiligung bestehe an einem Gesellschaftsanteil, nicht an einem Erwerbsgeschäft.

Die Gegenansicht[371] erachtet die Ausgestaltung des Innenverhältnisses der Gesellschaft als entscheidend an. Aufgrund des wirtschaftlichen Risikos eines Unterbeteiligten sei eine Genehmigung grundsätzlich einzuholen. Es bedürfe ausnahmsweise keiner Genehmigung, wenn der minderjährige Unterbeteiligte von jeder Leistungspflicht und jeder Verlusttragungspflicht frei sei.

Schließlich wird unter Zugrundlegung einer am Sinn und Zweck des § 1822 Nr. 3 Alt. 2 BGB orientierten Auffassung[372] vertreten, der Minderjährigenschutz verlange bei jeder Unterbeteiligung eine Genehmigung.

Eine familiengerichtliche Genehmigung ist entbehrlich, wenn die Hauptgesellschaft kein Erwerbsgeschäft betreibt[373]. Das ist der Fall, wenn der Gesellschaftszweck in der Verwaltung selbstgenutzter Immobilien liegt. Im Übrigen

---

369 Siehe oben unter Zweiter Teil: B. I. 2. c) ff).

370 Gehrlein, in: Ebenroth/Boujong/Joost/Strohn, HGB, § 230 Rn. 93; Schubert, in: Oetker, HGB, § 230 Rn. 115.

371 Bilsdorfer, NJW 1980, S. 2785 ff. (S. 2788); Buck, Minderjährige, S. 40; Gayk, in: MüHdb-GesR, Bd. 1, § 30 Rn. 23; K. Schmidt, in MüKo-HGB, § 230 Rn. 228.

372 Ivo, in: Wachter, FA Handels- und Gesellschaftsrecht, Teil 2, Kapitel 11, Rn. 41; Soergel/Zimmermann, BGB, § 1822 Rn. 25.

373 Siehe oben unter Zweiter Teil: B. I. 2. a) dd).

kann auf die obigen Ausführungen zur stillen Gesellschaft verwiesen werden[374]. Das wirtschaftliche Risiko für den Minderjährigen ist durch die gesetzliche Beschränkung der Verlustbeteiligung beseitigt. Auch hier hilft ein *argumentum a fortiori*. Ist der jeweilige Gesellschaftsvertrag lediglich rechtlich vorteilhaft im Sinne von § 107 BGB, kann er kein vom Genehmigungstatbestand erfasstes Rechtsgeschäft sein.

e) *Kapitalgesellschaften*

Ob der Gründungsvertrag einer GmbH oder einer AG unter Beteiligung eines Minderjährigen durch das Familiengericht genehmigt werden muss, ist umstritten. Eine Genehmigung ist nach § 1822 Nr. 3 Alt. 2 BGB einzuholen, wenn das Tatbestandsmerkmal *Betrieb eines Erwerbsgeschäfts* erfüllt ist.

aa) Ausgangspunkt

Wie bereits[375] gesehen, wird der Genehmigungstatbestand nicht rechtsformspezifisch verstanden[376]. Deshalb kann grundsätzlich jede Personenvereinigung, deren Zweck auf den Betrieb eines Erwerbsgeschäfts gerichtet ist, unter den Tatbestand des § 1822 Nr. 3 Alt. 2 BGB subsumiert werden. Unternehmensgegenstand einer Personenhandelsgesellschaft ist in der Regel[377] der Betrieb eines Handelsgeschäfts. Insoweit ist die Voraussetzung des Erwerbsgeschäfts erfüllt.

GmbH und AG gelten unabhängig von ihrem Gesellschaftszweck als Handelsgesellschaften (vgl. §§ 3, 278 Abs. 3 AktG, § 13 Abs. 3 GmbHG)[378]. Bei der Errichtung einer Kapitalgesellschaft kommt es nicht darauf an, ob sie ein Handelsgewerbe betreibt. Die Gesellschaft braucht weder einen gewerblichen noch einen wirtschaftlichen Zweck zu verfolgen. Sie kann auch rein ideell ausgerichtet sein, zum Beispiel als gemeinnützige Gesellschaft (gGmbH)[379].

Für die Anwendbarkeit des § 1822 Nr. 3 BGB wird entscheidend sein, ob die Kapitalgesellschaft ein Erwerbsgeschäft betreibt. Im Hinblick auf vermögensverwaltende Kapitalgesellschaften gelten die im Rahmen der Gründung einer

---

374 Siehe oben unter Zweiter Teil: B. I. 2. c) dd).

375 Siehe oben unter Zweiter Teil: B. III. 2. a) dd).

376 Wagenitz, in: MüKo-BGB, § 1822 Rn. 12.

377 Nach §§ 105 Abs. 2, 161 Abs. 2 HGB können OHG und KG auch eine nichtgewerbliche Tätigkeit ausüben.

378 Winkler, ZGR 1973, S. 177 ff. (S. 180 f.); ders., ZGR 1990, S. 131 ff. (S. 134).

379 Zu dieser sog. Stiftungs-GmbH, vgl. Fleischer, in: MüKo-GmbHG, § 1 Rn. 30.

Personengesellschaft formulierten Ausführungen[380] entsprechend. Darüber hinaus besteht bei Kapitalgesellschaften Uneinigkeit, ob bei einer Gründungsbeteiligung Minderjähriger überhaupt eine Genehmigung eingeholt werden muss.

bb) Betrieb eines Erwerbsgeschäfts

Manche Schriftsteller verneinen bei einer Kapitalgesellschaft aus formalen Gründen das Vorliegen des Tatbestandsmerkmals. Andere sehen aufgrund wirtschaftlicher Betrachtung den Tatbestand als erfüllt an.

(1) Formale Betrachtungsweise

Ein Teil der Literatur[381] vertritt den Standpunkt, das Erwerbsgeschäft werde von der juristischen Person betrieben. Während die Gesellschafter einer Personengesellschaft ihr Unternehmen selbst leiten (Selbstorganschaft), gehe es bei Kapitalgesellschaften in erster Linie um Kapitalbeteiligung (Fremdorganschaft). Weder GmbH-Gesellschafter noch Aktionäre seien Träger des Unternehmens. *„Die Unpersönlichkeit des Kapitals hat die Unmaßgeblichkeit der Person der einzelnen - meist zahlreichen - Gesellschafter zur Folge"*[382]. Wenn also nicht der Minderjährige als Unternehmer, sondern die Gesellschaft als juristische Person selbst auftrete, werde der Gesellschaftsvertrag nicht zum Betrieb eines Erwerbsgeschäfts eingegangen. Aus diesem Grund sei § 1822 Nr. 3 Alt. 2 BGB nicht auf die Gründung von Kapitalgesellschaften anwendbar.

Außerdem sei eine wirtschaftliche Gleichstellung der Beteiligung an einer juristischen Person, die ein Erwerbsgeschäft betreibt, mit der Führung eines Erwerbsgeschäfts nicht gerechtfertigt[383]. Bei der Teilnahme an Kapitalgesellschaften drohe keine gefahrträchtige Haftung. Prüfung und Genehmigung durch das Familiengericht seien entbehrlich.

(2) Wirtschaftliche Betrachtungsweise

Die herrschende Meinung[384] sieht die Gesellschafter als Betreiber des Erwerbsgeschäfts an.

---

380 Siehe oben unter Zweiter Teil: B. III. 2. a) dd).

381 Winkler, ZGR 1973, S. 177 ff. (S. 181); ders., ZGR 1990, S. 131 ff. (S. 132); Zelz, GmbHR 1959, S. 91 ff. (S. 91 f.).

382 Winkler, ZGR 1973, S. 177 ff. (S. 181); ders., ZGR 1990, S. 131 ff. (S. 132).

383 Zelz, GmbHR 1959, S. 91 ff. (S. 92).

384 Bayer, in: Lutter/Hommelhoff, GmbHG, § 2 Rn. 5; Buck, Minderjährige, S. 40; Bürger, RNotZ 2006, S. 156 ff. (S. 160); Scholz/Emmerich, GmbHG, § 2 Rn. 43; Fastrich, in: Baumbach/Hueck, GmbHG, § 2 Rn. 26; Gernhuber/Coester-Waltjen, § 60 VI 6 Rn.

Auch die rechtsfähige GbR oder die OHG – bei denen die Genehmigungsbedürftigkeit unstreitig ist – betreiben ein Erwerbsgeschäft[385]. Die Gegenauffassung sei zu formal und nicht überzeugend. In der Regel könne zwar auf § 1822 Nr. 10 BGB zurückgegriffen werden. Dieser Tatbestand versage aber bei Gründung einer Einpersonengesellschaft mit ideellem Gesellschaftszweck. Um Schutzlücken zu vermeiden, solle eine Erstreckung des § 1822 Nr. 3 BGB[386] auf alle „Formkaufleute" unabhängig vom Gesellschaftszweck erwägt werden.

Darüber hinaus treffe das Argument, das Erwerbsgeschäft werde von der rechtlich selbständigen GmbH betrieben, zumindest in den Fällen nicht zu, in denen die Geschäfte der GmbH bereits vor Eintragung im Handelsregister begonnen werden sollen[387]. Der Tatbestand des § 1822 Nr. 3 BGB unterscheide nicht zwischen rechtlich selbständigen und unselbständigen Gesellschaften[388].

Der Wortlaut des § 1822 Nr. 3 BGB lasse zudem zwei Auslegungen zu[389]: Es könne gemeint sein ein Vertrag zur Eingehung einer Gesellschaft, mit der ein Erwerbsgeschäft betrieben werde, oder ein Vertrag zur Eingehung einer Gesellschaft, die selbst ein Erwerbsgeschäft betreiben solle. Die letzte Auslegung erfasse auch den Gründungsvertrag einer Kapitalgesellschaft. Der Zweck der Vorschrift, nämlich der Schutz des Mündelvermögens, fordere eine weite Auslegung des Tatbestandes.

Die Genehmigungsbedürftigkeit sei hinsichtlich der Vorgesellschaft auch wertungsmäßig angezeigt[390]. Die persönliche Haftungsgefahr sei insbesondere in der Gründungsphase erhöht (vgl. § 11 Abs. 2 GmbHG, § 41 Abs. 1 AktG). Im

---

105; J. Mayer, in: MüKo-GmbHG, § 2 Rn. 89; Kurz, NJW 1992, S. 1798 ff. (S. 1800); Michalski, in: Michalski, GmbHG, § 2 Rn. 89; Schäfer, in: Bork/Schäfer, GmbHG, § 2 Rn. 65; Schmidt-Leithoff, in: Rowedder/Schmidt-Leithoff, GmbHG, § 2 Rn. 15; Ulmer/Löbbe, in: Ulmer/Habersack/Löbbe, GmbHG, § 2 Rn. 85; Veit, in: Staudinger, BGB 2014, § 1822 Rn. 85; Wagenitz, in MüKo-BGB, § 1822 Rn. 25; Wiedemann, Mitgliedschaftsrechte, S. 252; Soergel/Zimmermann, BGB, § 1822 Rn. 24.

385 Bayer, in: Lutter/Hommelhoff, GmbHG, § 2 Rn. 5.

386 Schmidt-Leithoff, in: Rowedder/Schmidt-Leithoff, GmbHG, § 2 Rn. 15 will § 1822 Nr. 3 BGB (mangels Vertragsschlusses) analog anwenden.

387 Ulmer/Löbbe, in: Ulmer/Habersack/Löbbe, GmbHG, § 2 Rn. 85.

388 Michalski, in: Michalski, GmbHG, § 2 Rn. 89.

389 Wiedemann, Mitgliedschaftsrechte, S. 252.

390 Bürger, RNotZ 2006, S. 156 ff. (S. 160); Gernhuber/Coester-Waltjen, § 60 VI 6 Rn. 105; Kurz, NJW 1992, S. 1798 ff. (S. 1800); Veit, in: Staudinger, BGB 2014, § 1822 Rn. 85; Wagenitz, in MüKo-BGB, § 1822 Rn. 25.

Interesse des Minderjährigenschutzes sei es angemessen, GmbH-Gesellschafter und Aktionär wie einen Unternehmer zu behandeln.

(3) Stellungnahme

Der wirtschaftlichen Betrachtung ist der Vorzug einzuräumen. Bei formaler Betrachtung würde die Rechtsfähigkeit einer Gesellschaft die Betreibereigenschaft eines Gesellschafters stets ausschließen. Im Übrigen ist *Wiedemann*[391] zuzustimmen. Der Wortlaut des § 1822 Nr. 3 Alt. 2 BGB ist nicht eindeutig. Der Tatbestand „Gesellschaftsvertrag, der zum Betrieb eines Erwerbsgeschäfts eingegangen wird" regelt nicht ausdrücklich, wer Betreiber des Erwerbsgeschäfts sein muss. Erforderlich ist, dass der Betrieb eines Erwerbsgeschäfts vorliegt. Aus diesem Grund sind *Betrieb* und *Erwerbsgeschäft* nicht voneinander zu trennen. Es handelt sich um ein einheitliches Tatbestandsmerkmal. Der Normzweck verlangt eine Untersuchung des dem Gesellschaftsvertrag zugrunde liegenden wirtschaftlichen Risikos.

Entgegen der Einschätzung von *Zelz*[392] kann die Beteiligung an einer GmbH durchaus ein Risiko in sich bergen. Das haben die obigen[393] Ausführungen belegt. Dem Minderjährigen drohen Ausfall-, Solidar- und Gründerhaftung. Zwar treffen diese Haftungstatbestände nicht jeden Gesellschafter. Erst durch die Realisierung weiterer Umstände kann der Gesellschafter einer solchen Haftung ausgesetzt sein. Die GmbH-Haftung kann jedoch ein beträchtliches Ausmaß annehmen. Das macht es notwendig, sie dem Minderjährigenschutz zu unterstellen. Auch bei einer AG kann der Aktionär der Gründerhaftung ausgesetzt sein[394]. Aus diesem Grund ist bei der Beteiligung eines Minderjährigen an der Gründung einer Kapitalgesellschaft eine familiengerichtliche Genehmigung nach § 1822 Nr. 3 Alt. 2 BGB einzuholen.

cc) Einpersonengesellschaft

Eine Kapitalgesellschaft kann auch nur einen Gesellschafter haben[395]. Wird eine Einpersonen-GmbH (§ 1 GmbHG) oder eine Einpersonen-AG (§ 2 AktG) durch Gründungsakt gegründet, liegt in der Regel kein Vertrag vor, sondern eine

---

391 Wiedemann, Mitgliedschaftsrechte, S. 252.

392 Zelz, GmbHR 1959, S. 91 ff. (S. 92).

393 Siehe oben unter Zweiter Teil: B. I. 3. a) dd).

394 Siehe oben unter Zweiter Teil: B. I. 3. b).

395 Fleischer, in: MüKo-GmbHG, § 1 Rn. 61 für die GmbH; Heider, in: MüKo-AktG, § 2 Rn. 7.

nichtempfangsbedürftige Willenserklärung (einseitiges Rechtsgeschäft)[396]. Eine direkte Anwendung des § 1822 Nr. 3 Alt. 2 BGB scheidet daher aus.

Allerdings wird von der herrschenden Meinung[397] eine analoge Anwendung des Genehmigungstatbestandes befürwortet. Zum einen bestehe eine vergleichbare Interessenlage[398]. Bei Einpersonengründungen sei zwar die Ausfallhaftung nicht relevant[399]. Die Haftung aufgrund anderer Gründungssachverhalte sei aber möglich. Zum anderen könne die Einpersonengesellschaft jederzeit in eine mehrgliedrige Gesellschaft umgewandelt werden, sodass aus Gründen der Rechtssicherheit eine Genehmigungspflicht erforderlich sei[400].

Ob es für die Gründung einer Einpersonengesellschaft der Genehmigung des Familiengerichts bedarf, hängt von der gesellschaftsrechtlichen Haftung des Minderjährigen ab. Den minderjährigen Gesellschafter einer Einpersonen-GmbH treffen mangels Mitgesellschafter weder Ausfall- (§ 24 GmbHG) noch Solidarhaftung (§ 31 Abs. 3 GmbHG). Es entspricht aber allgemeiner Meinung[401], dass der Einpersonengesellschafter einer GmbH der persönlichen Haftung im Gründungsstadium unterliegen kann. Dies gilt für Vorbelastungshaftung[402] und Verlustdeckungshaftung[403] gleichermaßen.

Obwohl die Gesellschafterhaftung im Gründungsstadium bei AG und GmbH im Einzelnen unterschiedlich ausfällt, ist sie doch strukturell identisch[404]. Darüber hinaus treffen den Minderjährigen bei Einpersonen-GmbH (§ 11 Abs. 2 GmbHG) und Einpersonen-AG (§ 41 Abs. 1 Satz 2 AktG) die sog. Handelndenhaftung[405]. Im

396 Busche, in: MüKo-BGB, § 133 Rn. 11.
397 Scholz/Emmerich, GmbHG, § 2 Rn. 43a; Fastrich, in: Baumbach/Hueck, GmbHG, § 2, Rn. 28; Klüsener, Rpfleger 1990, S. 321 ff. (S. 328); Reimann, DNotZ 1999, S. 179 ff. (S. 187); Schäfer, in: Bork/Schäfer, GmbHG, § 2 Rn. 67; Schmidt-Leithoff, in: Rowedder/Schmidt-Leithoff, GmbHG, § 2 Rn. 15.
398 Fastrich, in: Baumbach/Hueck, GmbHG, § 2, Rn. 28; Reimann, DNotZ 1999, S. 179 ff. (S. 187).
399 Schmidt-Leithoff, in: Rowedder/Schmidt-Leithoff, GmbHG, § 2 Rn. 15.
400 Klüsener, Rpfleger 1990, S. 321 ff. (S. 328).
401 Bayer, in: Lutter/Hommelhoff, GmbHG, § 11 Rn. 31; Fastrich, in: Baumbach/Hueck, GmbHG, § 11, Rn. 44; Merkt, in MüKo-GmbHG, § 11 Rn. 198; Schäfer, in: Henssler/Strohn, GmbHG, § 1 Rn. 41; Schmidt-Leithoff, in: Rowedder/Schmidt-Leithoff, GmbHG, § 11 Rn. 150.
402 BGH, Urteil vom 24.10.2005 – II ZR 129/04 = NJW-RR 2006, S. 254 ff.
403 BGH, Urteil vom 27.1.1997 – II ZR 123/94 = NJW 1997, S. 1507 ff. (S. 1510): Bei Einpersonengründung sogar als Außenhaftung.
404 Schüppen, in: Schüppen/Schaub, § 2 Rn. 8.
405 Schüppen, in: Schüppen/Schaub, § 2 Rn. 8.

Ergebnis unterliegt ein Minderjähriger, der eine Einpersonengesellschaft gründet, einem nicht unerheblichen Haftungsrisiko. Der Tatbestand des § 1822 Nr. 3 Alt. 2 BGB ist erfüllt. Eine familiengerichtliche Genehmigung ist erforderlich.

3. *§ 1822 Nr. 10 BGB*

Darüber hinaus kann sich das Erfordernis einer Genehmigung aus § 1822 Nr. 10 BGB ergeben, der die Übernahme fremder Verbindlichkeiten an eine Genehmigungspflicht knüpft.

a) Grundlagen

Der Tatbestand enthält ein ausdrückliches Tatbestandsmerkmal (*fremde Verbindlichkeit*). Im Hinblick auf seinen Gesetzeszweck muss er teils restriktiv, teils extensiv ausgelegt werden[406].

Der Tatbestand erklärt nicht sämtliche riskanten Geschäfte für genehmigungspflichtig[407]. Vom Wortlaut des § 1822 Nr. 10 BGB werden solche Verbindlichkeiten nicht erfasst, die der Minderjährige vertraglich bereits als *eigene* übernimmt. Denn bei eigenen Verbindlichkeiten hat der Minderjährige Klarheit darüber, dass er selbst die Schuld zu erfüllen hat[408]. Insoweit wird der Minderjährige gemäß §§ 106 ff. BGB schon im Vorfeld hinreichend geschützt. Die gesteigerte Gefahr besteht vielmehr darin, dass bei einer fremden Schuld die eigenen Erwartungen an eine spätere (Nicht-)Inanspruchnahme enttäuscht werden[409]. Daher bezieht sich die Vorschrift nur auf fremde Verbindlichkeiten, bei denen der Minderjährige die trügerische Erwartung haben könnte, nicht in Anspruch oder in Regress genommen zu werden[410].

Eine familiengerichtliche Genehmigungspflicht besteht nur dann, wenn sich der Minderjährige bei Mitgesellschaftern schadlos halten könnte. In solchen Fällen sei seine Bereitschaft zur Übernahme fremder Verbindlichkeiten erhöht[411].

---

406 Wagenitz, in: MüKo-BGB, § 1822 Rn. 61.

407 BGH, Urteil vom 11.2.1964 – VI ZR 271/62, BGHZ 41, S. 79 ff. = NJW 1964, S. 860 ff.

408 Winkler, ZGR 1990, S. 131 ff. (S. 136).

409 BGH, Urteil vom 20.2.1989 – II ZR 148/88 = NJW 1989, S. 1926 ff. (S. 1926) für die GmbH.

410 BGH, Urteil vom 20.2.1989 – II ZR 148/88 = NJW 1989, S. 1926 ff. (S. 1926); Gernhuber/Coester-Waltjen, § 60 VI 10 Rn. 116; Erman/Saar, § 1822 Rn. 29; Wagenitz, in: MüKo-BGB, § 1822 Rn. 61; Veit, in: Staudinger, BGB 2014, § 1822 Rn. 167; Soergel/Zimmermann, BGB, § 1822 Rn. 39.

411 Brüggemann, FamRZ 1990, S. 124 ff. (125).

Davor soll der Minderjährige bewahrt werden. Von dem Schutzzweck der Norm ist somit nicht jede Übernahme einer fremden Verbindlichkeit gedeckt. Entscheidend ist, dass der minderjährige Gesellschafter bei den anderen Gesellschaftern eine Regressmöglichkeit hat[412]. Andernfalls greift die Vorschrift nicht; der Wortlaut ist einschränkend auszulegen[413]. Der Aspekt, dass für den Minderjährigen wirtschaftlich erheblich riskantere Geschäfte, wie zum Beispiel eine Schuldübernahme ohne Ersatzanspruch, nicht dem Genehmigungstatbestand des § 1822 Nr. 10 BGB unterworfen sind, bietet keine Argumentationsgrundlage[414]. Hat der Minderjährige nämlich keinen Regressanspruch, ist die Verbindlichkeit wirtschaftlich wie eine eigene zu betrachten[415]. In diesem Fall handelt es sich nicht mehr um eine fremde Verbindlichkeit im Sinne der Vorschrift.

Zwar wurde die Bestimmung im Hinblick auf Pfandrecht und Bürgschaft geschaffen. Sie wird nunmehr aber auch in allen Fällen angewendet, in denen eine Haftung nicht unmittelbar aus einer vertraglichen Übernahme resultiert, sondern *ipso iure* als Folge eines Rechtsgeschäfts entsteht[416]. Denn eine „Übernahme" erfordert lediglich einen rechtsgeschäftlichen Ursprung[417]. Insoweit ist auch eine ausdehnende Interpretation des Wortlauts geboten[418].

b) Personengesellschaften

Im Folgenden wird untersucht, ob die Gründung einer Personengesellschaft dem Genehmigungstatbestand des § 1822 Nr. 10 BGB unterfällt. Erstaunlicherweise wird diese Frage in Literatur und Rechtsprechung nur selten behandelt. Sie ist insbesondere in Fällen von Bedeutung, in denen eine Genehmigungspflicht nicht bereits nach § 1822 Nr. 3 Alt. 2 BGB gegeben ist.

Nach vereinzelter Auffassung[419] stellt die den persönlich haftenden Gesellschafter treffende Haftung aus §§ 128, 161 Abs. 2 HGB eine fremde Verbindlichkeit

412 Winkler, ZGR 1990, S. 131 ff. (S. 136).

413 Wagenitz, in: MüKo-BGB, § 1822 Rn. 62.

414 Winkler, ZGR 1990, S. 131 ff. (S. 136).

415 Klüsener, Rpfleger 1993, S. 133 ff. (S. 138); BGH, Urteil vom 20.2.1989 - II ZR 148/88 = NJW 1989, S. 1926 ff. (S. 1927).

416 BGH, Urteil vom 20.2.1989 – II ZR 148/88 = NJW 1989, S. 1926 ff. (S. 1926); Palandt/Götz, § 1822 Rn. 21; Wagenitz, in: MüKo-BGB, § 1822 Rn. 65; hiergegen Winkler, ZGR 1990, S. 131 ff. (S. 136/138), der nur auf vertragliche Übernahmen abstellt.

417 Riedlinger, Familienkommanditgesellschaft, S. 209.

418 Wagenitz, in: MüKo-BGB, § 1822 Rn. 63.

419 Czeguhn/Dickmann, FamRZ 2004, S. 1534 ff. (S. 1535); Ruppel, Handelsgesellschaften, S. 24; Rust, DStR 2005, S. 1942 ff. (S. 1943 f.); Schöne, in: Bamberger/Roth, BGB, § 705 Rn. 53.

im Sinne des § 1822 Nr. 10 BGB dar. Auch bei einem Kommanditisten, dessen Haftung nach geleisteter Einlage gemäß § 171 Abs. 1 Halbsatz 2 HGB ausgeschlossen ist, komme eine Genehmigungspflicht nach § 1822 Nr. 10 BGB in Betracht[420].

Die Gegenansicht argumentiert, eine ausdehnende Anwendung des § 1822 Nr. 10 BGB widerspreche der gesetzgeberischen Intention und dem sonst anerkannten Normzweck[421]. Eine Haftung aus §§ 128, 161 Abs. 2 HGB komme bei einer Gründungsbeteiligung schon deshalb nicht in Betracht, weil im Zeitpunkt des Vertragsabschlusses Gesellschaftsschulden noch nicht entstanden seien[422].

Die persönliche Haftung aus §§ 128, 161 Abs. 2 HGB wird nicht vom Tatbestand des § 1822 Nr. 10 BGB erfasst. Zwar es handelt sich bei ihr um eine gesamtschuldnerische Haftung, sodass es weder an der Fremdheit der Schuld noch an der Regressmöglichkeit des Minderjährigen mangelt. Allerdings stellt *Wertenbruch*[423] richtigerweise fest, dass die Verbindlichkeit mit Abschluss des Vertrages auch tatsächlich entstanden sein muss. Im Gegensatz zu der Prüfung im Rahmen des § 107 BGB kann die persönliche Haftung keine Berücksichtigung finden. Bei dem vorliegenden Genehmigungstatbestand geht es nicht um rechtliche Nachteile, die sich aus einem Gesellschaftsvertrag ergeben können.

§ 1822 Nr. 10 BGB erfasst ausdrücklich nur die *Übernahme* bestehender Verbindlichkeiten. Aus einer Haftung drohende Verbindlichkeiten sind im Zeitpunkt des Rechtsgeschäfts aber noch nicht entstanden[424]. Ein weites Verständnis der Norm würde zwar dem Minderjährigenschutz dienen, aber den Schutzzweck überbeanspruchen. Im Zeitpunkt des Gründungsvertrages liegen noch keine Verbindlichkeiten der Gesellschaft vor, für die der Minderjährige in Anspruch genommen werden könnte. Aus diesem Grund sind die Tatbestandsvoraussetzungen des § 1822 Nr. 10 BGB nicht erfüllt.

Für die summenmäßig begrenzte Kommanditistenhaftung gemäß § 171 Abs. 1 Halbsatz 1 HGB sowie für die Gründerhaftung nach § 176 Abs. 1 HGB

---

420 So im Ergebnis wohl Rust, DStR 2005, S. 1942 ff. (S. 1943 f.).

421 Ivo, in: Wachter, FA Handels- und Gesellschaftsrecht, Teil 2, Kapitel 11, Rn. 19.

422 Wertenbruch, FamRZ 2003, S. 1714 ff. (S. 1716).

423 Wertenbruch, FamRZ 2003, S. 1714 ff. (S. 1716).

424 Zwar gibt es in der Praxis durchaus Vereinbarungen, nach denen die Gesellschaft die mit der Gründung verbundenen Kosten zu tragen hat. Allerdings dürften solche Kosten in der Regel überschaubar sein und keine Verbindlichkeit im Sinne von § 1822 Nr. 10 BGB darstellen.

gilt dasselbe. Die Haftungstatbestände führen zwar zu fremden Verbindlichkeiten im Sinne des § 1822 Nr. 10 BGB. Ferner steht auch dem Kommanditisten ein Binnenregress zu. Allerdings sind solche Verbindlichkeiten im Zeitpunkt des Vertragsschlusses gleichfalls noch nicht entstanden. Aus diesem Grund ist es – im Gegensatz zur Prüfung des rechtlichen Vorteils – unerheblich, ob die Einlage von einem Dritten übernommen oder ob die Zustimmung des Minderjährigen zum Geschäftsbeginn im Gesellschaftsvertrag von der Eintragung im Handelsregister abhängig gemacht wird. Auch eine Beteiligung als Kommanditist ist nicht nach § 1822 Nr. 10 BGB genehmigungspflichtig.

c) *Kapitalgesellschaften*

Hinsichtlich der Kapitalgesellschaften wird das Genehmigungsbedürfnis bei der Gründung von GmbH und AG unter Beteiligung eines Minderjährigen erörtert.

aa) GmbH

Bei der Gründung einer GmbH ist das Erfordernis einer Genehmigung nach § 1822 Nr. 10 BGB umstritten. Praktische Relevanz erfährt die Prüfung der Normanwendung vor allem, wenn der Gesellschaftszweck nicht auf den Betrieb eines Erwerbsgeschäfts gerichtet ist und die Gesellschaftsgründung daher nicht schon unter das Genehmigungserfordernis des § 1822 Nr. 3 Alt. 2 BGB fällt.

(1) Anwendbarkeit

Ein Teil der Literatur[425] will § 1822 Nr. 10 BGB bei der Gründung einer GmbH stets anwenden. Dies gelte unabhängig davon, wie wahrscheinlich eine Inanspruchnahme des Minderjährigen im Einzelfall sei. Eine Einzelfallbetrachtung sei unzulässig[426]. Auch bei vollständiger Erbringung der Einlagen könne den Minderjährigen eine Haftung treffen. Ein drohendes Haftungsrisiko sei als Übernahme fremder Verbindlichkeiten anzusehen.

Welche gesellschaftsrechtliche Haftung ein unternehmerisches Risiko für den minderjährigen Gesellschafter darstellt, wird unterschiedlich aufgefasst. Zum Teil wird auf die dem Minderjährigen abstrakt begegnende Ausfallhaftung (§ 24

---

425 Biddermann, Der minderjährige Gesellschafter, S. 54 ff.; Brüggemann, FamRZ 1990, S. 124 ff. (125); Buck, Minderjährige, S. 42; Scholz/Emmerich, GmbHG, § 2 Rn. 43a; Fastrich, in: Baumbach/Hueck, GmbHG, § 2 Rn. 27; Michalski, in: Michalski, GmbHG, § 2 Rn. 89; Rust, DStR 2005, S. 1942 ff. (S. 1944); Schmidt-Leithoff, in: Rowedder/Schmidt-Leithoff, GmbHG, § 2 Rn. 15.

426 Brüggemann, FamRZ 1990, S. 124 ff. (125).

GmbHG) und Solidarhaftung (§ 31 Abs. 3 GmbHG) Bezug genommen[427]. Manche Meinungen erachten die Haftung nach § 31 Abs. 3 GmbHG als zu ungewiss, um ein tatsächliches Haftungsrisiko zu begründen[428]. Stattdessen sei das Haftungsrisiko aus Ausfallhaftung (§ 24 GmbHG), Differenzhaftung (§ 9 GmbHG) sowie Gründerhaftung zu berücksichtigen. Andere Auffassungen weisen lediglich auf die gesamtschuldnerische Gründerhaftung hin[429]. Mit ihr sei eine Innenregressmöglichkeit der Gesellschafter verbunden.

Schließlich wird auch darauf hingewiesen, dass § 1822 Nr. 10 BGB fremde Verbindlichkeiten nach Art der Bürgschaft erfassen wolle[430]. Eine Bürgschaft könne gemäß § 765 Abs. 2 Alt. 1 BGB auch für künftige Forderungen übernommen werden. Aus diesem Grund müsse die Wahrscheinlichkeit einer Haftungsgefahr außer Betracht bleiben.

(2) Differenzierende Betrachtungsweise

Die wohl herrschende Meinung[431] orientiert sich an der Entscheidung des BGH[432] zur Übertragung von GmbH-Geschäftsanteilen. Hiernach solle der Erwerb nur dann gemäß § 1822 Nr. 10 BGB genehmigungspflichtig sein, wenn die Einlagen durch die übrigen Gesellschafter noch nicht voll eingezahlt sind und daher die Möglichkeit einer Inanspruchnahme aus § 24 GmbHG drohe. Die potentielle Haftung aus § 31 Abs. 3 GmbHG solle hingegen unbeachtlich sein. Zum Zeitpunkt der Handelsregistereintragung lägen dem Familiengericht noch keine Anhaltspunkte für die Frage vor, ob § 30 GmbHG widersprechende Auszahlungen an die Gesellschafter vorgenommen werden.

Außerdem werde der Tatsache, dass die Vorschrift nur bei Übernahme von *fremden* Verbindlichkeiten eine Genehmigung verlangt, zu wenig Beachtung

---

427 Brüggemann, FamRZ 1990, S. 124 ff. (125); Ivo, in: Wachter, FA Handels- und Gesellschaftsrecht, Teil 2, Kapitel 11, Rn. 43.

428 Fastrich, in: Baumbach/Hueck, GmbHG, § 2 Rn. 27.

429 Rust, DStR 2005, S. 1942 ff. (S. 1944); nach Bürger, RNotZ 2006, S. 156 ff. (S. 160) handelt es sich dabei eigentlich um eigene Verbindlichkeiten der Gesellschafter gegenüber der Gesellschaft, daher § 24 GmbHG analog.

430 Biddermann, Der minderjährige Gesellschafter, S. 56.

431 Büchel, Familiengesellschaften, S. 70 ff., der ausführlich zu den anderen Ansichten Stellung bezieht; Gernhuber/Coester-Waltjen, § 60 VI 10 Rn. 118; Palandt/Götz, § 1822 Rn. 21; Schäfer, in: Bork/Schäfer, GmbHG, § 2 Rn. 65; Stahl, Minderjährigenschutz, S. 153 ff.; Ulmer/Löbbe, in: Ulmer/Habersack/Löbbe, GmbHG, § 2 Rn. 86; Veit, in: Staudinger, BGB 2014, § 1822 Rn. 183; Wagenitz, in: MüKo-BGB, § 1822 Rn. 65; Soergel/Zimmermann, BGB, § 1822 Rn. 42.

432 BGH, Urteil vom 20.2.1989 – II ZR 148/88 = NJW 1989, S. 1926 ff. (S. 1927).

geschenkt[433]. Die Differenzhaftung (§ 9 Abs. 1 GmbHG) ordne an, der Minderjährige habe für seinen eigenen Fehlbetrag einzustehen. Nur er allein sei als Primärschuldner zur Leistung seiner Stammeinlage verpflichet. Auch die Gründerhaftung werde von § 1822 Nr. 10 BGB mangels Regressmöglichkeit nicht erfasst. Es bestehe kein Ersatzanspruch gegen den Primärschuldner.

Bei der Ausdehnung des § 1822 Nr. 10 BGB auf gesetzliche Haftungstatbestände empfehle sich eine Mäßigung auf das, was im Interesse des Minderjährigen erforderlich ist[434]. Aus diesem Grund sei eine differenzierende Betrachtungsweise angebracht. Würde man nicht nach dem Ausfallhaftungsrisiko unterscheiden, stünde man nur vor der Wahl, die Beteiligung des Minderjährigen in die GmbH stets für genehmigungspflichtig oder „ins Blaue hinein" stets für genehmigungsfrei zu erachten[435]. Diese Herangehensweise entferne sich jedoch zu weit von dem maßgebenden Grundgedanken des § 1822 Nr. 10 BGB.

(3) Keine Anwendbarkeit

Schließlich wird in der Literatur[436] auch vertreten, aus § 1822 Nr. 10 BGB könne keine Genehmigungspflicht hergeleitet werden.

Die Möglichkeit einer subsidiären Mithaftung nach § 24 GmbHG könne nicht als Übernahme einer fremden Verbindlichkeit angesehen werden[437]. Rechtsgeschäfte zur Übernahme fremder Verbindlichkeiten seien nur deshalb in den Katalog des § 1822 BGB aufgenommen worden, weil es sich um den Umsatz von Vermögensobjekten handele, die einer gerichtlichen Kontrolle bedürften[438]. Die Haftung aus §§ 24, 31 Abs. 3 GmbHG sei aber lediglich die – im Übrigen ungewisse – Rechtsfolge aus einem Umsatzgeschäft. Ein bloß wirtschaftliches Risiko genüge für die Anwendbarkeit des § 1822 Nr. 10 BGB nicht.

Die Tatbestände genehmigungspflichtiger Rechtsgeschäfte seien – wie vom BGH einst gefordert – formal auszulegen[439]. Aufgrund der Unsicherheit der Einzahlungsfrage sei eine differenzierende Betrachtungsweise nicht praktikabel. Die Genehmigungsfreiheit dürfe nicht dadurch umgangen werden, indem man ein Rechtsgeschäft rechtsgrundlos dem Tatbestand des § 1822 Nr. 10 BGB unterwerfe.

---

433 Büchel, Familiengesellschaften, S. 71 f.

434 Wagenitz, in: MüKo-BGB, § 1822 Rn. 65.

435 Veit, in: Staudinger, BGB 2014, § 1822 Rn. 184.

436 Pluskat, FamRZ 2004, S. 677 ff. (S. 682); Wiedemann, Mitgliedschaftsrechte, S. 248 f.; Winkler, ZGR 1990, S. 131 ff. (S. 138 ff.); Zelz, GmbHR 1959, S. 91 ff. (S. 92).

437 Zelz, GmbHR 1959, S. 91 ff. (S. 92).

438 Wiedemann, Mitgliedschaftsrechte, S. 248 f.

439 Winkler, ZGR 1990, S. 131 ff. (S. 138 ff.).

Die Tatbestände der gesellschaftsvertraglichen Gründung seien in § 1822 Nr. 3 BGB abschließend geregelt.

(4) Stellungnahme

Das Argument, es bedürfe einer formalen Auslegung, um der Gefahr unzulässiger Einzelfallbetrachtungen zu begegnen, ist nicht hilfreich. Zwar müssen Strukturen geschaffen werden, die eine Handhabung der Genehmigungstatbestände erleichtern. Dies muss aber vor dem Hintergrund des Wortlauts und des Schutzzwecks der Vorschrift erfolgen.

Der Tatbestand des § 1822 Nr. 10 BGB erfasst *fremde* Verbindlichkeiten. Werden Sacheinlagen geleistet und sind diese überbewertet, ist der betreffende Gesellschafter nach § 9 Abs. 1 GmbHG dazu verpflichtet, den Fehlbetrag seiner Einlage zu leisten. *Büchel*[440] ist darin zuzustimmen, dass es sich bei der Differenzhaftung um *eigene* Verbindlichkeiten des Minderjährigen handelt. Diese werden vom Wortlaut des § 1822 Nr. 10 BGB nicht erfasst. Dasselbe gilt für die Gründerhaftung. Verlustdeckungs- und Unterbilanzhaftung treffen den minderjährigen Gesellschafter unbeschränkt, aber anteilig entsprechend seiner Beteiligung. Eine solche quotale Haftung stellt keine Übernahme fremder Verbindlichkeiten dar.

Bei der Ausfall- und Solidarhaftung steht der Gesellschafter für andere Gesellschafter ein. Es handelt sich um eine fremde Verbindlichkeit. Nach dem *Telos* des § 1822 Nr. 10 BGB wird der Tatbestand extensiv ausgelegt. Die Vorschrift erfasst nicht nur Verbindlichkeiten, die aus einer vertraglichen Übernahme resultieren, sondern auch solche, die *ipso iure* als Folge eines Rechtsgeschäfts entstehen. Das würde dafür sprechen, Ausfall- und Solidarhaftung zum Anlass einer Genehmigungspflicht zu nehmen. Im Zeitpunkt des Vertragsschlusses ist allerdings ungewiss, ob der Gesellschafter für die Mitgesellschafter einzustehen hat. Der Tatbestand des § 1822 Nr. 10 BGB verlangt die *Übernahme* fremder Verbindlichkeiten. Der Wortlaut spricht gegen eine Erstreckung auf Ausfall- und Solidarhaftung.

Ein systematischer Vergleich zu § 1822 Nr. 3 BGB untermauert diese Lösung. Der Tatbestand, der den Gesellschaftsvertrag zum Betrieb eines Erwerbsgeschäfts unter Genehmigungsvorbehalt stellt, bezweckt den Schutz vor wirtschaftlichem Risiko. Die Norm des § 1822 Nr. 10 BGB will vor der trügerischen Erwartung schützen, für eine fremde Verbindlichkeit nicht in Regress genommen zu werden. Für die Anwendbarkeit bedarf es einer tatsächlichen Schuldübernahme. Eine solche liegt bei der Ausfall- und Solidarhaftung nicht vor. Eine Genehmigungspflicht kommt nicht in Betracht.

440 Büchel, Familiengesellschaften, S. 71.

bb) AG

Beteiligt sich der Minderjährige an der Gründung einer AG, geht ein Teil der Literatur[441] von einer Genehmigungsfreiheit aus. Der Tatbestand des § 46 Abs. 4 AktG a. F. setze für eine Haftung ein eigenes vorsätzliches Verhalten voraus[442]. Dieser Vorgang falle nicht unter den Tatbestand des § 1822 Nr. 10 BGB. Eine § 24 GmbHG vergleichbare Regelung gebe es im AktG nicht. Zudem sei eine formale Anwendung angezeigt. Eine differenzierende Betrachtung liefe der Rechtssicherheit zuwider. Insoweit gelten die bei der GmbH-Gründung vorgebrachten Argumente entsprechend[443].

Bei § 46 AktG handelt es sich um eine gesamtschuldnerische Haftungsnorm. Die Gründer einer Aktiengesellschaft haften unter anderem für etwaige Fehlbeträge im Gesellschaftsvermögen. Indem sie für Mitgesellschafter einstehen, haften sie für fremde Verbindlichkeiten. Allerdings ist diese Haftung verschuldensabhängig, nicht garantieähnlich ausgestaltet (§ 46 Abs. 3 und 4 AktG)[444]. Außerdem sind die Verbindlichkeiten im Zeitpunkt des Gründungsvertrages noch nicht entstanden. Es mangelt an einer Übernahme im Sinne von § 1822 Nr. 10 BGB. Richtigerweise unterfällt auch die Gründerhaftung eines Aktionärs nicht dem Tatbestand, der vor der Übernahme fremdverantworteter Verbindlichkeiten schützt.

cc) Einpersonengesellschaft

Auf die Gründung einer Einpersonengesellschaft wird § 1822 Nr. 10 BGB – im Gegensatz zu § 1822 Nr. 3 Alt. 2 BGB – nach herrschender Ansicht[445] nicht analog angewendet. Ist der Minderjährige alleiniger Gesellschafter, komme eine Haftung für *fremde* Verbindlichkeiten nicht in Betracht. Der Tatbestand sei somit nicht einschlägig.

Roth[446] wirft dieser Auffassung vor, sie stelle den Wortlaut des Gesetzes über die risikoadäquate Verwirklichung des Schutzzwecks. Auch im Rahmen des § 1822 Nr. 10 BGB sei eine analoge Anwendung erforderlich.

Der Tatbestand des § 1822 Nr. 10 BGB wird im Rahmen einer Gesellschaftsgründung relevant, wenn die Gesellschaft kein Erwerbsgeschäft betreibt. In

---

441 Stahl, Minderjährigenschutz, S. 189; Winkler, ZGR 1973, S. 177 ff. (S. 182 f.).

442 Stahl, Minderjährigenschutz, S. 189.

443 Winkler, ZGR 1973, S. 177 ff. (S. 182 f.).

444 Pentz, in: MüKo-AktG, § 46 Rn. 12.

445 Scholz/Emmerich, GmbHG, § 2 Rn. 43a; Fastrich, in: Baumbach/Hueck, GmbHG, § 2 Rn. 28; Ivo, in: Wachter, FA Handels- und Gesellschaftsrecht, Teil 2, Kapitel 11, Rn. 43; Schäfer, in: Bork/Schäfer, GmbHG, § 2 Rn. 67.

446 Roth, in: Roth/Altmeppen, GmbHG, § 2 Rn. 12.

diesem Fall ist § 1822 Nr. 3 Alt. 2 BGB nicht anwendbar. Der Minderjährige ist einem vermeintlichen Haftungsrisiko ausgesetzt. Wie bereits[447] erläutert, korreliert die Frage nach dem Genehmigungserfordernis gemäß § 1822 Nr. 3 Alt. 2 BGB mit dem Umfang der gesellschaftsrechtlichen Haftung. Eine Gesellschaft betreibt ein Erwerbsgeschäft, wenn die Gesellschafter (hier: der Minderjährige) einem wirtschaftlichen Risiko ausgesetzt sind. Der (analogen) Anwendung des § 1822 Nr. 10 BGB bedarf es nicht. Eine Analogie, die dem Tatbestand auch *eigene* Verbindlichkeiten unterstellt, überstrapaziert den Wortlaut und ist wertungsmäßig nicht angezeigt. Der herrschenden Ansicht ist daher zu folgen.

4. Ergebnis

Ist Gesellschaftszweck die Verwaltung lediglich eigenen Vermögens und schließt die Gesellschaft keine Gegenseitigkeitsverträge zu Erwerbszwecken ab, bedarf die Mitwirkung eines Minderjährigen bei der Gründung keiner familiengerichtlichen Genehmigung. Besteht der Gesellschaftszweck im Betrieb eines Erwerbsgeschäfts, bedarf die Gründung nach § 1822 Nr. 3 Alt. 2 BGB familiengerichtlicher Genehmigung. Das gilt (sofern der Minderjährige gesellschaftsvertraglich vor der Gründerhaftung geschützt wird) nicht für die Kommanditgesellschaft, für die stille Gesellschaft und für die Unterbeteiligung. Eine Genehmigungspflicht nach § 1822 Nr. 10 BGB scheidet bei Gründung einer Gesellschaft mangels Übernahme einer fremden Verbindlichkeit generell aus.

447 Siehe oben unter Zweiter Teil: B. III. 2. dd).

Dritter Teil: Erwerb durch Eintritt in eine bestehende Gesellschaft

Neben dem Anteilserwerb durch Gründungsbeteiligung bestehen für einen Minderjährigen drei weitere Möglichkeiten, Mitglied einer Gesellschaft zu werden. Der Minderjährige kann erstens als weiterer Gesellschafter aufgenommen werden (originärer Erwerb). Zweitens können ihm Gesellschaftsanteile übertragen werden (derivativer Erwerb). Hierbei bedarf es stets einer Unterscheidung zwischen entgeltlichem und unentgeltlichem (schenkweisem) Erwerb. Neben dem rechtsgeschäftlichen Eintritt unter Lebenden kommt drittens eine Nachfolge durch Erwerb von Todes wegen in Betracht.

A. Aufnahme

Der Minderjährige kann Gesellschaftsanteile durch Aufnahme in eine Gesellschaft erwerben[448].

I. Grundlagen

Bei Personengesellschaften vollzieht sich die Aufnahme in der Regel durch Bildung eines neuen Gesellschaftsanteils[449]. Der Minderjährige wird bei dieser „gesetzestypischen Form der Mitgliedschaftsänderung"[450] als weiterer Gesellschafter aufgenommen[451]. Darüber hinaus kann die Aufnahme des Minderjährigen unter gleichzeitigem Ausscheiden eines Gesellschafters erfolgen. In diesem Fall erfolgt der Gesellschafterwechsel durch einen sog. Doppelvertrag[452]. Unabhängig davon, welche Art der Aufnahme gewählt wird, bedarf es jedenfalls eines Aufnahmevertrages, also eines Gesellschaftsvertrages zwischen dem Beitretenden und

448 K. Schmidt, Gesellschaftsrecht, § 19 II 1 a) S. 551.

449 Bei Innengesellschaften kommt eine Aufnahme nur insofern in Betracht, als man der Ansicht folgt, dass eine mehrgliedrige stille Gesellschaft möglich ist.

450 K. Schmidt, Gesellschaftsrecht, § 19 II 1 b) S. 551.

451 Piehler/Schulte, in: MüHdb-GesR, Bd. 1, § 10 Rn. 1 für die GbR; Piehler/Schulte, in: MüHdb-GesR, Bd. 1, § 72 Rn. 1 für die OHG; Piehler/Schulte, in: MüHdb-GesR, Bd. 2, § 34 Rn. 1 für die KG.

452 Schäfer, in: Müko-BGB, § 719 Rn. 17; die Aufnahme wird dann durch Abschmelzung der Beteiligung des bisherigen Gesellschafters und Anwachsen dessen Beteiligung am Vermögen der Gesellschaft beim Eintretenden erreicht (§ 738 BGB), vgl. Rust, DStR 2005, S. 1942 ff. (S. 1945).

allen bisherigen Gesellschaftern[453]. Durch den Aufnahmevertrag wird der frühere Gesellschaftsvertrag geändert[454].

In eine Kapitalgesellschaft kann der Minderjährige eintreten, indem das Stammkapital gemäß §§ 55 ff. GmbHG bzw. das Grundkapital im Sinne des § 182 AktG erhöht und dem Minderjährigen ein Übernahmerecht eingeräumt wird[455]. Die Rechtsnatur des Übernahmevertrages[456] bzw. des Zeichnungsvertrages[457] ist bisher noch nicht eindeutig geklärt, kann aber an dieser Stelle dahinstehen. Die rechtsgeschäftlichen Regeln sind ohne weiteres anwendbar[458].

II. Kein lediglich rechtlicher Vorteil

Verpflichtet sich der Minderjährige in dem Aufnahmevertrag, für den Gesellschaftsanteil ein Entgelt zu zahlen, liegt in der Zahlungspflicht ein rechtlicher Nachteil[459]. Erhält der Minderjährige den Gesellschaftsanteil unentgeltlich zugewandt, ist zu differenzieren.

1. Personengesellschaften

Bei der Aufnahme als persönlich haftender Gesellschafter einer GbR, OHG oder KG bedarf der Vertrag der Mitwirkung des gesetzlichen Vertreters[460]. Der Minderjährige wird den Haftungstatbeständen der §§ 130, 128 HGB ausgesetzt. Es gilt dasselbe wie bei der Gründungsbeteiligung[461].

Wird der Minderjährige als stiller Gesellschafter oder Unterbeteiligter aufgenommen, ist seine Verlustbeteiligung auf die ihm eingeräumte Einlage beschränkt. Der Vertrag ist als lediglich rechtlich vorteilhaft einzustufen[462]. Der Minderjährige kann den Aufnahmevertrag ohne Zustimmung seiner Eltern abschließen.

---

453 Piehler/Schulte, in: MüHdb-GesR, Bd. 1, § 72 Rn. 2.

454 Roth, in: Baumbach/Hopt, HGB, § 105 Rn. 67.

455 Für einen Rechtsvergleich zwischen der Aufnahme in eine GmbH mit der in eine AG, vgl. Lieder, in: MüKo-GmbHG, § 55 Rn. 9 f.

456 Hermanns, in: Michalski, GmbHG, § 55 Rn. 66: Der Übernahmevertrag wird gemeinhin als Vertrag mit körperschaftlichem Charakter bezeichnet.

457 Pfeifer, in: MüKo-AktG, § 185 Rn. 32: Der Zeichnungsvertrag ist nach herrschender Ansicht ein unvollkommen zweiseitig verpflichtender Vertrag.

458 Büchel, Familiengesellschaften, S. 84.

459 Siehe oben unter Zweiter Teil: B. I. 1.

460 Vgl. nur Piehler/Schulte, in: MüHdb-GesR, Bd. 1, § 72 Rn. 9 für die OHG.

461 Siehe oben unter Zweiter Teil: B. I. 2. a).

462 Siehe oben unter Zweiter Teil: B. I. 2. c) und d).

Bei einem Kommanditisten ist die rechtliche Einordnung unklar. Nur selten finden sich in der Literatur Stimmen zu der Frage, ob die Aufnahme eines Minderjährigen einen rechtlichen Nachteil in sich birgt. Manche Autoren[463] argumentieren, die Aufnahme in eine Kommanditgesellschaft als Kommanditist könne dem Minderjährigen nicht ausschließlich rechtliche Vorteile bringen.

Richtigerweise ist auf die Eintrittshaftung des Kommanditisten abzustellen. Eintritt im Sinne von § 176 Abs. 2 HGB ist die rechtsgeschäftliche Aufnahme eines der Gesellschaft noch nicht angehörenden Dritten als Kommanditist unter Bildung eines neuen Kommanditanteils[464]. Aus diesem Grund haftet ein aufgenommener Kommanditist grundsätzlich für die zwischen Eintritt und Eintragung begründeten Verbindlichkeiten wie ein persönlich haftender Gesellschafter. Darin ist ein rechtlicher Nachteil zu sehen. Die Haftung kann vermieden werden, indem der Eintritt unter die aufschiebende Bedingung (§ 158 Abs. 1 BGB) der Handelsregistereintragung gestellt wird. Wird in dem Aufnahmevertrag von dieser Bedingung Gebrauch gemacht, ist der Minderjährigen keinen rechtlichen Nachteile ausgesetzt. Der Zustimmung des gesetzlichen Vertreters bedarf es in diesem Fall nicht.

2. *Kapitalgesellschaften*

Wird eine Kapitalgesellschaft gegründet, sind weder der GmbH- noch der AG-Gründungsvertrag rechtlich vorteilhaft. Erfolgt der Erwerb im Wege der Aufnahme, ist wie folgt zu unterscheiden:

Bei der Aufnahme in eine GmbH wird der Minderjährige nach allgemeiner Meinung[465] durch seine Eltern vertreten. Dem ist zuzustimmen. Es kann im Rahmen des § 107 BGB nicht von Bedeutung sein, ob der Minderjährige den Gesellschaftsanteil durch Gründungsbeteiligung oder durch Aufnahme erwirbt. Es gelten die oben bereits entwickelten Ergebnisse zur GmbH-Gründung[466]. Entscheidend ist die dem Erwerb nachfolgende Gesellschafterstellung, die auch bei der GmbH Haftungsgefahren nach sich ziehen kann. Der Übernahmevertrag ist schon deshalb rechtlich nachteilig, weil die Gefahr einer Ausfallhaftung (§ 24 GmbHG) und einer Solidarhaftung (§ 31 Abs. 3 GmbHG) besteht. Erfolgt die

---

463 Buck, Minderjährige, S. 65; Piehler/Schulte, in: MüHdb-GesR, Bd. 2, § 34 Rn. 4.

464 Strohn, in: Ebenroth/Boujong/Joost/Strohn, HGB, § 176 Rn. 24.

465 Buck, Minderjährige, S. 67; Hermanns, in: Michalski, GmbHG, § 55 Rn. 77; Lieder, in: MüKo-GmbHG, § 55 Rn. 114; Lutter/Bayer, in: Lutter/Hommelhoff, GmbHG, § 55 Rn. 35; Scholz/Priester, GmbHG, § 55 Rn. 106.

466 Siehe oben unter Zweiter Teil: B. I. 3. a) cc).

Aufnahme des Minderjährigen unter gleichzeitigem Ausscheiden eines Gesellschafters (Doppelvertrag) – findet also ein Gesellschafterwechsel statt – droht zudem eine Haftung aus § 16 Abs. 2 GmbHG. Diese Vorschrift erfasst nämlich jede Veränderung in der Person des Gesellschafters, also jede Änderung der dinglichen Gesellschafterstellung, unabhängig davon, auf welcher materiellrechtlichen Grundlage diese erfolgt[467].

Die Aufnahme in eine AG durch Erhöhung des Grundkapitals und Einräumung eines Übernahmerechts ist hingegen anders zu beurteilen als die Gründungsbeteiligung an einer AG. In der Literatur wird diese Problematik nur vereinzelt erörtert. Manche Autoren[468] weisen darauf hin, dass der Minderjährige durch den Zeichnungsvertrag verpflichtet werde, die Einlage in festgelegtem Umfange zu bewirken. Darin sei ein rechtlicher Nachteil zu erkennen.

Dieser Argumentation ist Folgendes entgegenzuhalten: Die Verpflichtung zur Einlageleistung entspricht nicht der Schenkungsauflage im Sinne von § 525 BGB[469]. Die Einlage ist allein aus dem Schenkungsgegenstand zu erbringen. Zu einer Gefährdung des sonstigen Vermögens des Minderjährigen führt die Verpflichtung nicht. Sie ist lediglich als eine Beschränkung der Leistung zu betrachten. Ein rechtlicher Nachteil ist darin nicht zu erkennen. Darüber hinaus besteht die Gefahr der Gründerhaftung auch dann nicht, wenn der Minderjährige nachträglich in eine AG einrückt. Die Vorschrift des § 46 AktG ist nicht auf die Kapitalerhöhung anwendbar[470].

Im Ergebnis ist kein Haftungsrisiko zu erkennen, das einen rechtlichen Nachteil begründen könnte. Der Minderjährige kann daher eine eigene wirksame Willenserklärung zur (unentgeltlichen) Aufnahme in eine AG abgeben, ohne dass es der Mitwirkung seines gesetzlichen Vertreters bedarf.

3. *Ergebnis*

Im Rahmen des § 107 BGB ist die Aufnahme in eine Gesellschaft grundsätzlich nicht von der Gründungsbeteiligung[471] zu unterscheiden. Auch einen minderjährigen Kommanditisten kann eine Haftung aus § 176 HGB treffen. Diese kann

---

467 Vgl. Heidinger, in: MüKo-GmbHG, § 16 Rn. 85.

468 Büchel, Familiengesellschaften, S. 84; Ivo, in: Wachter, FA Handels- und Gesellschaftsrecht, Teil 2, Kapitel 11, Rn. 53, 56.

469 Vgl. die parallele Argumentation im Rahmen der Gründung einer stillen Gesellschaft unter Zweiter Teil: B. I. 2. c) ee).

470 Vgl. Pentz, in: MüKo-AktG, § 46 Rn. 6.

471 Siehe oben unter Zweiter Teil: B. I. 4.

durch rechtssichernde Gestaltung des Gesellschaftsvertrages vermieden werden. Die unentgeltliche Aufnahme in eine AG ist jedoch, im Gegensatz zum AG-Gründungsvertrag, rechtlich vorteilhaft.

III. Verbot des Selbstkontrahierens

Bei der Aufnahme in eine Gesellschaft ist § 181 BGB zu beachten. Hinsichtlich der Aufnahme in eine Personengesellschaft kann nach oben[472] verwiesen werden. Die Ausführungen zur Gründung einer Gesellschaft gelten hier entsprechend. Wird der Minderjährige hingegen in eine Kapitalgesellschaft aufgenommen, sei Folgendes ergänzt:

1. GmbH

Ein Beschluss, das Kapital zu erhöhen, wird von den Gesellschaftern ohne Beteiligung des künftigen Gesellschafters vorgenommen[473]. Aus diesem Grund kommt eine Anwendbarkeit des § 181 BGB nicht in Betracht. Zur Aufnahme in die Gesellschaft bedarf es zudem eines Übernahmevertrages. Dieser ist – entgegen des Wortlauts des § 55 Abs. 1 GmbHG („Erklärung des Übernehmers") – als Vertrag zwischen der GmbH und dem Minderjährigen zu qualifizieren[474]. Übernimmt der gesetzliche Vertreter einen Geschäftsanteil *neben* dem Minderjährigen, ist § 181 BGB mangels Mehrfachvertretung ebenfalls nicht anwendbar[475]. Die Übernahmeverträge werden jeweils zwischen der GmbH und dem Übernehmer abgeschlossen. Eine Interessenkollision besteht nicht. Ist der gesetzliche Vertreter dagegen Gesellschafter der GmbH und gibt er die Übernahmeerklärung stellvertretend für den Minderjährigen ab, ist umstritten, ob das Verbot des Selbstkontrahierens greift. Fraglich ist, ob die GmbH in ihrer Gesamtheit oder die GmbH, vertreten durch den Geschäftsführer, als Empfänger der Übernahmeerklärung anzusehen ist.

a) Vertretung durch Geschäftsführer

Ein Teil der Literatur[476] sieht zur Vertretung der Gesellschaft den Geschäftsführer als berufen an. Der gesetzliche Vertreter sei an der Vereinbarung daher selbst

472 Siehe oben unter Zweiter Teil: B. II. 5.

473 Pluskat, FamRZ 2004, S. 677 ff. (S. 678).

474 Roth, in: Roth/Altmeppen, GmbHG, § 55 Rn. 12.

475 Lieder, in: MüKo-GmbHG, § 55 Rn. 114, 140; Scholz/Priester, GmbHG, § 55 Rn. 106.

476 Bürger, RNotZ 2006, S. 156 ff. (S. 167); Pluskat, FamRZ 2004, S. 677 ff. (S. 678); Reimann, DNotZ 1999, S. 179 ff. (S. 191); Rust, DStR 2005, S. 1942 ff. (S. 1947).

dann nicht unmittelbar beteiligt, wenn er Gesellschafter der GmbH wäre. Da in diesem Fall kein Insichgeschäft gemäß § 181 BGB vorliege, müsse kein Ergänzungspfleger bestellt werden. Etwas anderes würde sich nur dann ergeben, wenn der gesetzliche Vertreter gleichzeitig als Organ der GmbH handelt (zum Beispiel als Geschäftsführer)[477].

Die GmbH sei als juristische Person von ihren Gesellschaftern in höherem Maße abstrahiert als eine Personengesellschaft[478]. Ferner handele es sich bei der Übernahme um einen körperschaftlichen Akt, von dem die einzelnen Gesellschafter zwar allesamt betroffen seien, aber nicht einzeln unmittelbar. Schließlich werde die GmbH, dem Grundsatz der Fremdorganschaft folgend, in der Regel gerade nicht durch einen ihrer Gesellschafter vertreten.

b) *Vertretung durch Gesellschafterversammlung*

Nach der herrschenden Ansicht in der Literatur[479] und dem *BGH*[480] wird die Gesellschaft bei Abschluss des Übernahmevertrages durch die Gesellschafterversammlung vertreten.

Bei der Aufnahme eines neuen Gesellschafters gehe es nicht um eine rechtsgeschäftliche Betätigung nach außen, sondern um die Gestaltung des Gesellschaftsverhältnisses[481]. Die Aufnahme betreffe mithin nicht das Außenverhältnis, sondern wirke sich vielmehr auf das Innenverhältnis der Gesellschaft aus[482]. Mangels Außenwirkung sei der Übernahmevertrag als mitgliedschaftsrechtliches Rechtsgeschäft anzusehen[483].

Der Kompetenzumfang eines Geschäftsführers richte sich nach §§ 35 ff. GmbHG[484]. Eine Zuständigkeit des Geschäftsführers zur Aufnahme ergebe sich daraus nicht. Sie gehe über dessen Aufgabenbereich hinaus. Das habe die

---

477 Bürger, RNotZ 2006, S. 156 ff. (S. 167); Reimann, DNotZ 1999, S. 179 ff. (S. 191).

478 Pluskat, FamRZ 2004, S. 677 ff. (S. 678).

479 Buck, Minderjährige, S. 67; Büchel, Familiengesellschaften, S. 89; Hermanns, in: Michalski, GmbHG, § 55 Rn. 77; Lieder, in: MüKo-GmbHG, § 55 Rn. 137; Lutter/Bayer, in: Lutter/Hommelhoff, GmbHG, § 55 Rn. 36; Scholz/Priester, GmbHG, § 55 Rn. 75; Roth, in: Roth/Altmeppen, GmbHG, § 55 Rn. 12; Schnorbus, in: Rowedder/Schmidt-Leithoff, GmbHG, § 55 Rn. 53; Wegmann, in: MüHdb-GesR, Bd. 3, § 53 Rn. 29; Werner, GmbHR 2006, S. 737 ff. (S. 738).

480 BGH, Urteil vom 30.11.1967 – II ZR 68/65 = NJW 1968, S. 398 ff.

481 Scholz/Priester, GmbHG, § 55 Rn. 75.

482 Büchel, Familiengesellschaften, S. 89.

483 Ob die Übernahme ein rein körperschaftlicher Vertrag ist oder auch schuldrechtliche Elemente beinhaltet, kann hier dahinstehen.

484 Büchel, Familiengesellschaften, S. 89.

Nichtanwendbarkeit des § 35 GmbHG zur Folge. Nur Gesellschafter seien insoweit entscheidungsbefugt. Aus diesem Grund werde die Gesellschaft bei Vertragsschluss nicht durch ihren Geschäftsführer, sondern durch ihre Gesellschafter in ihrer Gesamtheit vertreten. Das Auftreten des gesetzlichen Vertreters – einerseits als Vertreter des Minderjährigen, einerseits als Vertreter der Gesellschaft – stelle demnach eine unzulässige Doppelvertretung nach § 181 Alt. 2 BGB dar.

Umstritten ist, ob von dem Doppelvertretungsverbot befreit werden kann. Ein Teil der Literatur[485] geht davon aus, die Gesellschafterversammlung könne einzelne Gesellschafter oder einen Dritten (zum Beispiel den Geschäftsführer) zur Abgabe einer Übernahmeerklärung ermächtigen. Werde die Gesellschaft bei Abschluss des Übernahmevertrages mit dem Minderjährigen nicht von einem von der Vertretung ausgeschlossenen Gesellschafter vertreten, bedürfe es nicht der Willenserklärung des gesetzlichen Vertreters. In diesem Fall bestehe nicht die Gefahr einer Interessenkollision. § 181 BGB sei nicht anwendbar. Ein Ergänzungspfleger müsse nicht bestellt werden. Die Gegenansicht[486] vertritt die Meinung, eine Befreiung vom Selbstkontrahierungsverbot sei nicht möglich. Nach § 1909 BGB müsse ein Ergänzungspfleger bestellt werden.

c) Stellungnahme

Pluskat[487] beruft sich auf das körperschaftliche Prinzip der Kapitalgesellschaft. Dieses wird aber gerade dort durchbrochen, wo das Innenverhältnis der Gesellschaft tangiert wird (sog. Grundlagengeschäft). Das ist der Fall, wenn ein weiterer Gesellschafter im Wege einer Kapitalerhöhung aufgenommen wird. Hierzu bedarf es eines Gesellschafterbeschlusses. Der Geschäftsführer ist im Rahmen des Übernahmevertrages von der Vertretung der Gesellschaft ausgeschlossen. Mithin ist der gesetzliche Vertreter als Gesellschafter an der Aufnahme unmittelbar beteiligt. Seinen minderjährigen Abkömmling kann er nicht selbst vertreten. Bei der Aufnahme eines neuen Gesellschafters wird die Gesellschaft durch die Gesellschafterversammlung vertreten. Grundsätzlich bedarf es einer Pflegerbestellung.

---

485 Lieder, in: MüKo-GmbHG, § 55 Rn. 137; Lutter/Bayer, in: Lutter/Hommelhoff, GmbHG, § 55 Rn. 36; Scholz/Priester, GmbHG, § 55 Rn. 76; Roth, in: Roth/Altmeppen, GmbHG, § 55 Rn. 12; Schnorbus, in: Rowedder/Schmidt-Leithoff, GmbHG, § 55 Rn. 53 f.

486 Büchel, Familiengesellschaften, S. 89; Hermanns, in: Michalski, GmbHG, § 55 Rn. 77 und Zöllner/Fastrich, in: Baumbach/Hueck, GmbHG, § 55 Rn. 36 weisen allerdings darauf hin, dass ein Ergänzungspleger lediglich vorsorglich bestellt werden solle, solange es an höchstrichterlicher Klärung mangele und die Rechtslage nicht eindeutig geklärt sei.

487 Pluskat, FamRZ 2004, S. 677 ff. (S. 678).

Es stellt sich die Frage, ob von dem Doppelvertretungsverbot befreit werden kann, indem die Gesellschafterversammlung einzelne Gesellschafter zur Abgabe einer Übernahmeerklärung ermächtigt. Diese Lösung erscheint als eine Konstruktion, die das Verbot des Selbstkontrahierens zu umgehen versucht. Man könnte argumentieren, die Interessen des Minderjährigen würden ausgeklammert, der Minderjährigenschutz würde unterlaufen. An einem Verstoß gegen § 181 BGB könnte eine solche Ermächtigung nichts ändern. Allerdings hat der BGH[488] die Auslegung des § 181 BGB als formale Ordnungsvorschrift aufgegeben[489]. Eine unzulässige Doppelvertretung ist demnach zu verneinen, wenn eine Interessenkollision nach der Natur des Rechtsgeschäfts generell-abstrakt ausgeschlossen werden kann. Auf Motive des von der Vertretung ausgeschlossenen Gesellschafters kann es im Einzelfall nicht ankommen[490]. Es genügt, wenn der gesetzliche Vertreter nicht auf beiden Seiten des Rechtsgeschäfts steht. Sofern im Gesellschaftsvertrag vereinbart ist, dass die Gesellschaft beim Abschluss des Übernahmevertrages durch die übrigen Gesellschafter oder den Geschäftsführer vertreten werden kann, liegt kein Fall des § 181 BGB vor.

2. *AG*

Ist der gesetzliche Vertreter des Minderjährigen an der AG beteiligt, in die der Minderjährige im Wege einer Kapitalerhöhung aufgenommen werden soll, tritt, anders als bei der GmbH, das Problem des Doppelvertretungsverbots nicht auf.

Ist die Aufnahme unentgeltlich, ergibt sich der fehlende Verstoß gegen das Verbot des Selbstkontrahierens bereits aus dem lediglich rechtlichen Vorteil des Rechtsgeschäfts[491]. In diesem Fall ist § 181 BGB nicht anzuwenden[492].

Bei einer entgeltlichen Aufnahme muss Folgendes berücksichtigt werden: Der Zeichnungsvertrag kommt zwischen der AG (vertreten durch den Vorstand) und dem neuen Anteilseigner (hier: dem Minderjährigen) zustande[493]. Die übrigen Aktionäre geben keine Willenserklärung ab. Es mangelt daher an der Gefahr einer Interessenkollision. Einer Konstruktion zur Ermächtigung der Übernahmeerklärung, wie bei der GmbH, bedarf es nicht.

---

488 BGH, Urteil vom 19.4.1971 – II ZR 98/68 = NJW 1971, S. 1355 ff. (S. 1357).

489 Siehe oben unter Zweiter Teil: B. II. 1. b).

490 Die Grenze dürfte da liegen, wo ein von § 181 BGB befreiter Vertreter seine Vertretungsmacht zum Nachteil des Vertretenen missbraucht, vgl. Schramm, in: MüKo-BGB, § 181 Rn. 35.

491 Siehe oben unter Dritter Teil: A. II. 2.

492 Siehe oben unter Zweiter Teil: B. II. 1. b).

493 Peifer, in: MüKo-AktG, § 185 Rn. 1.

3. *Ergebnis*

Ist der gesetzliche Vertreter des Minderjährigen Gesellschafter einer Kapitalgesellschaft, so kann nur bei der Aufnahme in eine GmbH ein Insichgeschäft vorliegen, nicht bei der Aufnahme in eine AG. Wird der Minderjährige in eine GmbH aufgenommen, ist folglich ein Ergänzungspfleger zu bestellen.

IV. Gerichtliche Genehmigung

Es gilt zu untersuchen, ob bei der Aufnahme eines Minderjährigen in eine Personen- oder Kapitalgesellschaft einer der Genehmigungstatbestände des § 1822 BGB[494] greift.

1. *§ 1822 Nr. 3 Alt. 2 BGB*

Bei der Aufnahme eines Minderjährigen in eine GbR, OHG oder KG wird ein Aufnahmevertrag, also ein Gesellschaftsvertrag im Sinne von § 1822 Nr. 3 Alt. 2 BGB, geschlossen[495]. Wie im Rahmen der Gründung bereits erörtert wurde, besteht grundsätzlich eine Genehmigungspflicht. Hinsichtlich der bei einer vermögensverwaltenden Gesellschaft sowie bei der Beteiligung als Kommanditist zu beachtenden Besonderheiten sei nach oben[496] verwiesen.

Fraglich ist, ob die Aufnahme in eine Kapitalgesellschaft unter den Genehmigungstatbestand des § 1822 Nr. 3 Alt. 2 BGB subsumiert werden kann. Dazu müsste der Aufnahmevertrag einem Gesellschaftsvertrag gleichkommen. Es handelt sich bei Übernahme- und Zeichnungsvertrag um primär korporationsrechtliche (mitgliedschaftliche) Verträge[497]. Gegenstand des Aufnahmevertrages ist der Erwerb einer Mitgliedschaft und damit die Erweiterung der Kapitalgesellschaft[498]. Insoweit ist er mit einem Gesellschaftsvertrag vergleichbar. Allerdings mangelt es dem Aufnahmevertrag, der zwischen dem Eintretenden und der Gesellschaft geschlossen wird, an einem Gesamtwillensakt. Im Übrigen kommt es bei einer Kapitalerhöhung, im Gegensatz zur Gründung, nicht zur Errichtung

---

494 Die Genehmigungstatbestände finden nur beim Handeln eines Vormunds direkte Anwendung. Für die Eltern gelten sie über § 1643 BGB, für den Ergänzungspfleger über § 1915 BGB.

495 Siehe oben unter Dritter Teil: A. I.

496 Siehe oben unter Zweiter Teil: B. III. 2. a) aa) und bb).

497 Zöllner/Fastrich, in: Baumbach/Hueck, GmbHG, § 55 Rn. 31 und Scholz/Priester, GmbHG, § 55 Rn. 73 für die GmbH; Peifer, in: MüKo-AktG, § 185 Rn. 32 für die AG.

498 Scholz/Priester, GmbHG, § 55 Rn. 73 für die GmbH.

einer neuen juristischen Person[499]. Insoweit steht der Aufnahmevertrag einem Gesellschaftsvertrag nicht gleich[500].

Eine analoge Anwendung des § 1822 Nr. 3 Alt. 2 BGB auf Übernahme- und Zeichnungsvertrag kommt nicht in Betracht. Es mangelt an einer planwidrigen Regelungslücke. Ein Vergleich zwischen den beiden Tatbestandsmerkmalen *Erwerb* (§ 1822 Nr. 3 Alt. 1 BGB) und *Gesellschaftsvertrag* (§ 1822 Nr. 3 Alt. 2 BGB) indiziert, dass der Gesetzgeber zwischen originärer und derivativer Beteiligung unterscheidet. § 1822 Nr. 3 Alt. 2 BGB erfasst hauptsächlich Gesellschaftsgründungen. Bei der Aufnahme in eine Kapitalgesellschaft tritt der Minderjährige in eine bereits bestehende Gesellschaft ein. Zudem bedarf es keines Gesamtwillensaktes der Gesellschafter. Die Vorschrift des § 1822 Nr. 3 Alt. 2 BGB ist daher nicht anwendbar, wenn der Minderjährige in eine Kapitalgesellschaft aufgenommen wird.

2. *§ 1822 Nr. 3 Alt. 1 BGB*

Die Frage, ob § 1822 Nr. 3 Alt. 1 BGB für die Aufnahme in eine Kapitalgesellschaft tatbestandlich einschlägig ist, wird in der Literatur uneinheitlich beantwortet. Nach einer Ansicht[501] bestehe eine Genehmigungspflicht, sofern der Minderjährige eine wesentliche Beteiligung, insbesondere eine Mehrheitsbeteiligung, erwerbe. Die Abgrenzung trage dem Minderjährigenschutz in ausreichender Weise Rechnung, ohne den streng formalen Charakter des § 1822 BGB zu missachten.

Die Gegenansicht[502] erachtet die Aufnahme eines Minderjährigen in eine Kapitalgesellschaft nicht als nach § 1822 Nr. 3 Alt. 1 BGB genehmigungspflichtig. Das Erwerbsgeschäft werde nicht von dem Minderjährigen selbst, sondern von der Gesellschaft betrieben[503]. Die Vorschrift verfolge den Zweck, den Minderjährigen vor solchen Risiken zu bewahren, die über eine schlichte Kapitalbeteiligung hinausgingen. Wegen der Haftungsbeschränkung (§ 13 Abs. 2 GmbHG) bestehe aber kein solches Risiko. Rechtspolitisch spreche gegen die Genehmigungspflicht nach § 1822 Nr. 3 BGB, dass haftungsrelevante Erwerbstatbestände von § 1822 Nr. 10 BGB gesondert erfasst würden.

---

499 Lieder, in: MüKo-GmbHG, § 55 Rn. 110 für die GmbH.

500 Lieder, in: MüKo-GmbHG, § 55 Rn. 110 für die GmbH.

501 Bürger, RNotZ 2006, S. 156 ff. (S. 166 f.).

502 Buck, Minderjährige, S. 71; Büchel, Familiengesellschaften, S. 109; Hermanns, in: Michalski, GmbHG, § 55 Rn. 78; Lieder, in: MüKo-GmbHG, § 55 Rn. 116; Scholz/Priester, GmbHG, § 55 Rn. 107.

503 Lieder, in: MüKo-GmbHG, § 55 Rn. 116.

Für die Anwendbarkeit des § 1822 Nr. 3 Alt. 1 BGB ist entscheidend, ob der Minderjährige ein Erwerbsgeschäft erwirbt. Erforderlich ist, dass mit der Unternehmensbeteiligung ein wirtschaftliches Risiko einhergeht[504]. Zwar besteht bei der Aufnahme nicht die Gefahr, einer Gründerhaftung ausgesetzt zu sein. Trotzdem unterliegt der minderjährige Gesellschafter einer GmbH einem beträchtlichen Haftungsrisiko (§§ 24, 31 Abs. 3, 16 Abs. 2 GmbHG)[505]. Darüber hinaus erfasst § 1822 Nr. 10 BGB nicht die Haftung *per se*, sondern die Übernahme fremder Verbindlichkeiten. Zwar bestehen durchaus Überschneidungen. In der Regel ist aber zwischen der Haftung für eigene und der Übernahme fremder Verbindlichkeiten zu unterscheiden. Der Tatbestand des § 1822 Nr. 3 Alt. 1 BGB ist erfüllt, wenn der Minderjährige in eine GmbH aufgenommen wird. Wird der Minderjährige in eine AG aufgenommen, kommt eine Gründerhaftung nicht in Betracht[506]. Mangels wirtschaftlichen Risikos bedarf es keiner familiengerichtlichen Genehmigung nach § 1822 Nr. 3 Alt. 1 BGB.

3. § 1822 Nr. 10 BGB

Umstritten ist, ob sich eine Genehmigungsbedürftigkeit auch aus § 1822 Nr. 10 BGB ergeben kann. Die Haftungsrisiken werden auch insoweit unterschiedlich eingeschätzt.

Manche Autoren[507] gehen wegen des bürgschaftsähnlichen Charakters der §§ 24, 31 Abs. 3 GmbHG davon aus, es bedürfe stets einer Genehmigung. Andere[508] verlangen das tatsächliche Bestehen einer Zahlungspflicht. Das bloß potentielle Risiko einer künftigen Haftung reiche nicht aus. Weitere Autoren[509] argumentieren, im Gegensatz zur Anteilsübertragung könne es im Rahmen einer Kapitalerhöhung nicht zu einer Haftung aus §§ 31 Abs. 3, 9 Abs. 1 GmbHG kommen, sodass nur die Gefahr einer Ausfallhaftung nach § 24 GmbHG in Betracht komme. Schließlich wird auch wie folgt differenziert[510]: Handelt sich um Sacheinlagen, müsse wegen der potentiellen Haftung aus § 9 GmbHG (in Verbindung mit § 56 Abs. 2 GmbHG) eine Genehmigung eingeholt werden. Bei Bareinlagen bestehe das Erfordernis im Hinblick auf § 24 GmbHG nur, wenn die Gesellschafter ihre Einlagen noch nicht vollständig bezahlt haben.

---

504 Siehe oben unter Zweiter Teil: B. III. 2. a) dd).

505 Siehe oben unter Zweiter Teil: B. III. 2. e) bb) (3).

506 Siehe oben unter Dritter Teil: A. II. 2.

507 Lutter/Bayer, in: Lutter/Hommelhoff, GmbHG, § 55 Rn. 35.

508 Buck, Minderjährige, S. 73; Hermanns, in: Michalski, GmbHG, § 55 Rn. 78.

509 Büchel, Familiengesellschaften, S. 110; Bürger, RNotZ 2006, S. 156 ff. (S. 168).

510 Lieder, in: MüKo-GmbHG, § 55 Rn. 115; Scholz/Priester, GmbHG, § 55 Rn. 108.

§ 1822 Nr. 10 BGB knüpft an die tatsächliche Übernahme einer Verbindlichkeit an. Die Solidarhaftung ist im Zeitpunkt des Aufnahmevertrages noch ungewiss. Mangels *Übernahme* kann sie nicht vom Genehmigungstatbestand erfasst sein. Die Differenzhaftung rührt aus einer eigenen Verpflichtung des Gesellschafters zur Erbringung seiner Einlage. Sie führt nicht zu der Übernahme einer *fremden* Verbindlichkeit. Es gelten die Ausführungen zur Gründung einer Gesellschaft entsprechend[511].

Hinsichtlich der Ausfallhaftung ist die Rechtslage anders zu beurteilen. Im Gegensatz zur Gründung lässt sich bereits beim Vertragsschluss zur Aufnahme feststellen, ob Fehlbeträge im Stammkapital bestehen. Ist der Minderjährige nach § 24 GmbHG zur Aufbringung von Fehlbeträgen verpflichtet, führt das zur Übernahme einer fremden Verbindlichkeit. Bestehen konkrete Anhaltspunkte für eine Haftung des Minderjährigen, wird dessen Aufnahme in die Gesellschaft vom Genehmigungstatbestand des § 1822 Nr. 10 BGB erfasst.

4. Ergebnis

Die Aufnahme in eine Personengesellschaft als persönlich haftender Gesellschafter – unabhängig davon, ob sie entgeltlich oder unentgeltlich erfolgt – ist wegen § 1822 Nr. 3 Alt. 2 BGB genehmigungspflichtig. Für die Aufnahme eines minderjährigen Kommanditisten kommt eine Genehmigung nicht in Betracht, sofern eine Eintrittshaftung nach § 176 Abs. 2 HGB durch entsprechende Vereinbarung im Gesellschaftsvertrag ausscheidet. Die Aufnahme in eine GmbH ist stets nach § 1822 Nr. 3 Alt. 1 BGB genehmigungsbedürftig. Der Tatbestand des § 1822 Nr. 10 BGB ist dagegen nur einschlägig, wenn konkrete Anhaltspunkte für eine Ausfallhaftung bestehen. Die Aufnahme eines Minderjährigen in eine AG im Wege der Kapitalerhöhung bedarf keiner Genehmigung.

B. Übertragung

Der Minderjährige kann Gesellschaftsanteile auch durch Übertragung erwerben[512]. Bei Kommanditgesellschaften liegt der Zweck einer Sonderrechtsnachfolge insbesondere darin, die Forthaftung des ausscheidenden Kommanditisten für alle bis zu seinem Ausscheiden begründeten Gesellschaftsschulden zu vermeiden[513].

---

511 Siehe oben unter Zweiter Teil: B. III. 3 c) aa) (4).

512 K. Schmidt, Gesellschaftsrecht, § 19 II 1 a) S. 551.

513 Weipert, in: Ebenroth/Boujong/Joost/Strohn, HGB, § 162 Rn. 37: Bei Eintritt/Austritt kommt es hingegen zu einer doppelten Haftung. Der eintretende Kommanditist übernimmt als Rechtsnachfolger des Ausscheidenden dessen haftungsrechtliche Position,

I. Grundlagen

Beim derivativen Erwerb überträgt ein bisheriger Gesellschafter (Altgesellschafter) seinen Gesellschaftsanteil ganz oder teilweise auf den eintretenden Gesellschafter (Erwerber) im Rahmen eines Verfügungsgeschäfts gemäß §§ 398, 413 BGB[514].

1. Trennungsprinzip beim Erwerb

In der Literatur über den Erwerb[515] von Gesellschaftsanteilen durch Minderjährige wird im Rahmen der Übertragung häufig nicht zwischen *causa* und Verfügung unterschieden. Vielmehr wird schlicht von entgeltlichem und unentgeltlichem „Erwerb" gesprochen. Die terminologische Unschärfe führt zu dogmatischer Ungenauigkeit, wenn nicht zugleich ein Hinweis darauf erfolgt, dass eigentlich eine Differenzierung vorgenommen werden müsste. Ob der Übertragung des Gesellschaftsanteils ein Schenkungs- oder Kaufvertrag zugrunde liegt, ist wegen des Prinzips der Trennung von Verfügungs- und Verpflichtungsgeschäft für die Wirksamkeit des derivativen Erwerbs unerheblich[516]. Unrichtig wäre es insbesondere, im Rahmen des § 107 BGB eine Gesamtbetrachtung anzustellen[517].

Der Erwerb von Gesellschaftsanteilen im Wege der Anteilsübertragung ist zustimmungsfrei, selbst wenn das Kausalgeschäft eine Zahlungsverpflichtung vorsieht[518]. Auch bei der Prüfung einer familiengerichtlichen Genehmigung müssen die Genehmigung des Verpflichtungsgeschäfts und die des Verfügungsgeschäfts richtigerweise auseinandergehalten werden. Aus Gründen der Vereinfachung wird in Wissenschaft und Praxis jedoch von einem einheitlichen Erwerbsvorgang ausgegangen. Die folgenden Ausführungen orientieren sich an dieser Begrifflichkeit. Ist im Rahmen der Prüfung des § 107 BGB und des § 1822 BGB von „Erwerb" oder „Übertragung" die Rede, so erfolgt dies in dem Bewusstsein, dass damit zwei unabhängig voneinander zu beurteilende Rechtsgeschäfte gemeint sind.

---

während es für den ausscheidenden Kommanditisten haftungsrechtlich bei dem bleibt, was er infolge der Einlagenleistung vor seinem Ausscheiden bewirkt hat.

514 Busche, in: Staudinger, BGB 2012, § 398 Rn. 1; ders., in: Staudinger, BGB 2012, § 413 Rn. 3.

515 Siehe oben unter Erster Teil: B. I.

516 Oechsler, in: MüKo-BGB, § 929 Rn. 5.

517 Häufig wird hier ungenau argumentiert, weil das Tatbestandsmerkmal des lediglich rechtlichen Vorteils in der Regel nur im Rahmen des § 181 BGB angesprochen wird.

518 Vgl. Knothe, in: Staudinger, BGB 2011, § 107 Rn. 11.

2. Übertragbarkeit von Gesellschaftsanteilen

Die Zulässigkeit der Übertragung von Personengesellschaftsanteilen ist nicht selbstverständlich[519]. Nach § 719 Abs. 1 BGB kann ein Gesellschafter nicht über seinen Anteil an dem Gesellschaftsvermögen und an den einzelnen dazu gehörenden Gegenständen verfügen[520]. Zunächst wurde aus der personalistischen Struktur von Personengesellschaften[521] geschlossen, dass das Mitgliedschaftsrecht an einer Personengesellschaft nicht übertragbar sei[522]. Denn die Kontinuität der Mitgliedschaft gelte als wesentliches Prinzip[523]. Allerdings will § 719 Abs. 1 BGB nicht die Gesellschafterstellung als solche regeln, sondern lediglich verhindern, dass Gesellschafterstellung und Gesellschaftsanteil voneinander abgespalten werden[524]. Jeden Wechsel im Gesellschafterbestand durch Liquidation und Neugründung vollziehen zu müssen, sei zudem umständlich und führe zu einer steuerlichen Belastung für die Gesellschaft[525].

Aus diesem Grund ist die Übertragbarkeit von Personengesellschaftsanteilen heute allgemein anerkannt[526]. Es gilt jedoch zu berücksichtigen, dass mit der Übertragung des Gesellschaftsanteils auch ein Eingriff in die Rechtssphäre der übrigen Gesellschafter verbunden ist[527]. Aus diesem Grund bedarf es der Zustimmung sämtlicher Mitgesellschafter (§§ 182 ff. BGB)[528]. Diese kann entweder

---

519 Vgl. zur Anerkennung der Übertragung von Mitgliedschaftsrechten Flume, in: Festschrift für K. Larenz, 1973, S. 769 ff.; Riedlinger, Familienkommanditgesellschaft, S. 37 ff., S. 102 ff.

520 Schäfer, in: Müko-BGB, § 719 Rn. 1.

521 Vgl. insbesondere § 719 Abs. 1 Halbsatz 1 BGB: „Ein Gesellschafter kann nicht über seinen Anteil an dem Gesellschaftsvermögen (...) verfügen".

522 Flechtheim, in: Düringer/Hachenburg, HGB, § 130 Bem. 7; vgl. auch Zitat 4 bei Wiedemann, Mitgliedschaftsrechte, S. 58.

523 Stahl, Minderjährigenschutz, S. 113.

524 Schäfer, in: Müko-BGB, § 719 Rn. 2; Wiedemann, Mitgliedschaftsrechte, S. 32; vgl. auch BGH, Urteil vom 28.4.1954 - II ZR 8/53, NJW 1954, S. 1155 ff. (S. 1156): § 719 BGB beinhaltet kein Veräußerungsverbot, sondern stellt klar, dass mit einer Übertragung zugleich ein Eingriff in eine fremde Rechtssphäre verbunden ist, der nach allgemeinen Grundsätzen der Zustimmung der dadurch Betroffenen bedarf.

525 Stahl, Minderjährigenschutz, S. 113.

526 Vgl. nur Schäfer, in: Müko-BGB, § 719 Rn. 2 und K. Schmidt, Gesellschaftsrecht, § 19 IV 2 a) S. 564.

527 Piehler/Schulte, in: MüHdb-GesR, Bd. 2, § 35 Rn. 5.

528 Zustimmungsbedürftig ist freilich nur das Verfügungsgeschäft, vgl. Piehler/Schulte, in: MüHdb-GesR, Bd. 2, § 35 Rn. 5.

durch Zustimmung im Einzelfall oder durch Gestattung der Anteilsübertragung im Gesellschaftsvertrag erfolgen[529].

Bei den Innengesellschaften ist zu differenzieren: Eine stille Beteiligung ist einer Übertragung fähig[530]. Sie beinhaltet nämlich nicht nur ein Rechtsverhältnis zwischen dem stillen Gesellschafter und dem Inhaber des Handelsgeschäfts, sondern zugleich auch eine gesellschaftsrechtliche Mitgliedschaft, die als Rechtsobjekt auf Dritte übertragen werden kann[531]. Bei der Unterbeteiligung ist eine Übertragung nach den gesetzlichen Vorschriften ausgeschlossen[532]. Die Gesellschaft endigt gemäß § 726 BGB, wenn der vereinbarte Zweck erreicht oder dessen Erreichung unmöglich geworden ist[533]. Der Versuch einer Anteilsübertragung stellt eine Zweckvereitelung dar und führt zur Auflösung der Gesellschaft, da die Unterbeteiligung keine dingliche Belastung des Gesellschaftsanteils ist[534]. Die Unterbeteiligung kann jedoch mit Zustimmung des Hauptgesellschafters oder aufgrund entsprechender Klausel im Gesellschaftsvertrag übertragbar gestellt werden[535].

Gesellschaftsanteile von Kapitalgesellschaften sind, vorbehaltlich abweichender gesellschaftsvertraglicher Regelungen, grundsätzlich übertragbar. Geschäftsanteile an einer GmbH sind nach § 15 GmbHG veräußerlich und vererblich[536]. Bei einer AG ist zu unterscheiden: Handelt es sich um eine unverkörperte Mitgliedschaft, erfolgt die rechtsgeschäftliche Übertragung nach §§ 398, 413 BGB[537].

---

529 Schäfer, in: Müko-BGB, § 719 Rn. 27.

530 Bezzenberger/Keul, in: MüHdb-GesR, Bd. 2, § 88 Rn. 1; Gehrlein, in: Ebenroth/Boujong/Joost/Strohn, HGB, § 230 Rn. 71; K. Schmidt, in: MüKo-HGB, § 230 Rn. 175; Schubert, in: Oetker, HGB, § 230 Rn. 88.

531 Bezzenberger/Keul, in: MüHdb-GesR, Bd. 2, § 88 Rn. 1 ff.; differenzierend K. Schmidt, in: MüKo-HGB, § 230 Rn. 174 f.: Erachtet man die stille Beteiligung als ein bloßes Rechtsverhältnis, kann dieses Rechtsverhältnis in seiner Gesamtheit von einem neuen Gesellschafter übernommen werden (Vertragsübernahme).

532 K. Schmidt, in: MüKo-HGB, § 230 Rn. 247.

533 Schäfer, in: Müko-BGB, § 726 Rn. 3 f.

534 Blaurock/Berninger, GmbHR 1990, S. 11 ff. (S. 15); Paulick, ZGR 1974, S. 253 ff. (S. 272 f.).

535 Gehrlein, in: Ebenroth/Boujong/Joost/Strohn, HGB, § 230 Rn. 101; K. Schmidt, in: MüKo-HGB, § 230 Rn. 247; Schubert, in: Oetker, HGB, § 230 Rn. 111.

536 K. Schmidt, Gesellschaftsrecht, § 19 IV 2 a) S. 564; Roth, in: MüKo-BGB, § 413 Rn. 10.

537 Roth, in: MüKo-BGB, § 413 Rn. 10.

Ist das Mitgliedschaftsrecht in einer Aktie verbrieft (§ 214 Abs. 4 AktG), kommt auch eine Übertragung nach §§ 929 ff. BGB in Betracht[538].

II. Kein lediglich rechtlicher Vorteil

Sollen einem Minderjährigen ohne Zustimmung seines gesetzlichen Vertreters Gesellschaftsanteile übertragen werden, ist das Rechtsgeschäft wegen § 107 BGB zunächst schwebend unwirksam, es sei denn, die Willenserklärung bringt dem Minderjährigen einen lediglich rechtlichen Vorteil.

1. Personengesellschaften

Wird der Minderjährige persönlich haftender Gesellschafter einer GbR, einer OHG oder einer KG, mangelt es schon wegen der unbeschränkt persönlichen Haftung an einem lediglich rechtlichen Vorteil[539]. Erwirbt der Minderjährige hingegen eine Kommanditbeteiligung, ist umstritten, ob er rechtliche Nachteile erleidet.

a) Kommanditist

Ein rechtlicher Nachteil besteht dann nicht, wenn dem Minderjährigen ein volleingezahlter Kommanditanteil schenkweise übertragen wird und eine Eintrittshaftung ausgeschlossen ist[540]. Fraglich ist, ob der Eintritt des Minderjährigen unter die aufschiebende Bedingung (§ 158 Abs. 1 BGB) der Handelsregistereintragung gestellt werden muss, um eine Eintrittshaftung nach § 176 Abs. 2 HGB zu vermeiden. Ausschlaggebend ist, ob die Vorschrift auf den derivativen Erwerb Anwendung findet.

Der *BGH*[541] erkennt noch[542] die Zugehörigkeit zu der Gesellschaft, nicht die Art und Weise des Eintritts, als entscheidend an. Ein überwiegender Teil der

---

538 K. Schmidt, Gesellschaftsrecht, § 19 IV 2 a) S. 564; Wiesner/Kraft, in: MüHdb-GesR, Bd. 4, § 14 Rn. 1 ff.

539 Siehe oben unter Zweiter Teil: B. I. 2. a).

540 So auch Grunewald, in: MüKo-HGB, § 161 Rn. 24; a. A. Ivo, ZEV 2005, S. 193 ff. (S. 194).

541 BGH, Urteil vom 21.3.1983 – II ZR 113/82, NJW 1983, S. 2258 ff. (S. 2259).

542 Vgl. aber BGH, Beschluss vom 3.7.1989 – II ZB 1/89, NJW 1989, S. 3152 ff.: Für den Fall des Erwerbs eines Kommanditanteils im Wege der Gesamtrechtsnachfolge, also durch Erbgang, ist er der in der Literatur vertretenen Ansicht, § 176 Abs. 2 BGB nicht anzuwenden, bereits beigetreten.

Literatur[543] sieht dagegen in der Nachfolge in einen eingetragenen Kommanditanteil durch Anteilsübertragung keinen Eintritt im Sinne von § 176 Abs. 2 HGB. Es handele sich nicht um eine Neubegründung der Mitgliedschaft, sondern um eine Einzelrechtsnachfolge in die Mitgliedschaft[544]. Diese Auffassung stehe auch nicht dem Schutzzweck des § 176 HGB entgegen. Werde die Rechtsnachfolge nämlich nicht eingetragen, haftet neben dem Neukommanditisten auch der ausgeschiedene Kommanditist jeweils bis zur Höhe der Haftsumme, sodass Gesellschaftsgläubiger bei Nichteintragung der Rechtsnachfolge ohnehin schon besser gestellt würden[545].

Diese Argumentation überzeugt. § 176 Abs. 2 HGB soll das Vertrauen der Gläubiger in die eingetragene Kommanditbeteiligung schützen. Zum einen ist dieser Schutz auch ohne die Ausdehnung der Haftung auf den (derivativ) eintretenden Kommanditisten gewährleistet. Zum anderen ist die Kommanditbeteiligung des Rechtsvorgängers in das Handelsregister eingetragen, sodass Gläubiger sich lediglich in der Person des Kommanditisten irren können. Nach richtiger Auffassung findet § 176 Abs. 2 HGB also keine Anwendung. Damit ist das Rechtsgeschäft auch ohne die Vereinbarung einer aufschiebenden Bedingung lediglich rechtlich vorteilhaft[546].

b) Innengesellschaften

Unentgeltliche Übertragungen von stiller Beteiligung und Unterbeteiligung sind rechtlich vorteilhaft. Es gilt das oben[547] Erörterte. Die Übertragung ist auch dann lediglich rechtlich vorteilhaft, wenn eine Verlustbeteiligung nicht gänzlich ausgeschlossen, sondern auf die Höhe der Einlage beschränkt ist[548]. Unerheblich ist insbesondere, ob die schenkweise zugewandte Einlage von dem Minderjährigen geleistet oder unmittelbar einem Konto des schenkenden Geschäftsinhabers belastet wird. Im Gegensatz zur Gründungsbeteiligung ist Gegenstand

---

543 Roth, in: Baumbach/Hopt, HGB, § 176 Rn. 11; K. Schmidt, NJW 1983, S. 2260 f.; ders., in MüKo-HGB, § 176 Rn. 26; Strohn, in: Ebenroth/Boujong/Joost/Strohn, HGB, § 176 Rn. 25 ff.

544 K. Schmidt, in MüKo-HGB, § 176 Rn. 26.

545 Strohn, in: Ebenroth/Boujong/Joost/Strohn, HGB, § 176 Rn. 27.

546 Dies gilt indes nicht bei dem Erwerb eines nicht eingetragenen Kommanditanteils, vgl. K. Schmidt, in MüKo-HGB, § 176 Rn. 27.

547 Siehe oben unter Zweiter Teil: B. I. 2. c) cc).

548 A. A. Büchel, Familiengesellschaften, S. 80.

der Zuwendung bei der Übertragung eine bereits bestehende Beteiligung. Einer Handlungspflicht bedarf es nicht[549].

2. *Kapitalgesellschaften*

Bei Kapitalgesellschaften ist wie folgt zu differenzieren:

a) *GmbH*

Den Gesellschafter einer GmbH können eine Ausfallhaftung nach § 24 GmbHG sowie eine Solidarhaftung nach § 31 Abs. 3 GmbHG treffen[550]. Bei der Übertragung von Geschäftsanteilen kommt zwar keine Gründerhaftung in Betracht. Die Vorbelastungshaftung umfasst nur im Zeitpunkt der Handelsregistereintragung bestehende Verbindlichkeiten der Gesellschaft[551]. Durch einen Gesellschafterwechsel kann aber eine (gesamtschuldnerische) Haftung aus § 16 Abs. 2 GmbHG entstehen. Für Einlageverpflichtungen, die in dem Zeitpunkt rückständig sind, ab dem der Erwerber im Verhältnis zur Gesellschaft als Inhaber des Geschäftsanteils gilt, haftet der Erwerber neben dem Veräußerer[552]. Insbesondere kommt es nicht auf die Kenntnis des Erwerbers von den rückständigen Einlageleistungen an[553]. Umstritten ist, ob diese Haftungsgrundlagen einen Erwerb durch Anteilsübertragung zu einem rechtlich nachteiligen Rechtsgeschäft machen.

Ein Teil der Literatur[554] ist der Ansicht, das Haftungsrisiko sei einer *Ex-post*-Beurteilung zugänglich. Im konkreten Fall könne festgestellt werden, dass die Haftung, die der Minderjährige durch den Erwerb übernehme, im Vergleich zum Wert der Geschäftsanteile einen rechtlichen Nachteil darstelle. Dabei könne die Haftung auf verschiedenen Tatbeständen beruhen, sei es auf § 24 GmbHG, § 31 Abs. 3 GmbHG oder auf § 16 Abs. 2 GmbHG. Aus diesem Grund müsse bei dem Erwerb von Geschäftsanteilen durch Übertragung eine Einzelfallbetrachtung vorgenommen werden. Ergebe sich im Verhältnis zum Wert der Anteile nur ein geringes Haftungsrisiko, dürfe davon ausgegangen werden, dass die

---

549 Fichtelmann, ESTB 2000, S. 202 ff. (S. 203).

550 Ekkenga, in: MüKo-GmbHG, § 31 Rn. 52; Schütz, in: MüKo-GmbHG, § 24 Rn. 1.

551 Bayer, in: Lutter/Hommelhoff, GmbHG, § 11 Rn. 32.

552 Heidinger, in: MüKo-GmbHG, § 16 Rn. 21.

553 Heidinger, in: MüKo-GmbHG, § 16 Rn. 164.

554 Büchel, Familiengesellschaften, S. 81 f.; i. E. wohl auch Görner, in: Rowedder/Schmidt-Leithoff, GmbHG, § 15 Rn. 125, der diese Problematik im Rahmen des § 181 BGB erörtert. Da eine solche Betrachtung in der Praxis schwierig ist, rät er aber zu einer vorsorglichen Pflegerbestellung.

Übertragung lediglich rechtlich vorteilhaft ist. In diesem Fall könne der Minderjährige das Verfügungsgeschäft selbst abschließen.

Die Gegenansicht in der Literatur[555] erachtet die Übertragung eines GmbH-Geschäftsanteils als rechtlich nachteiliges Rechtsgeschäft. Der rechtliche Nachteil werde durch die Haftungsgrundlagen begründet. Die Vollständigkeit der Einlageleistung könne nicht in jedem Fall mit hinreichender Sicherheit nachgewiesen werden. Eine konkrete Betrachtungsweise sei geeignet, den Minderjährigenschutz zu unterlaufen. Im Interesse des Minderjährigen sei auf eine abstrakte Gefährdung abzustellen.

Diese Ansicht überzeugt. Das generelle Haftungsrisiko eines Minderjährigen kann nicht allein anhand einer Einzelfallbetrachtung ausgeschlossen werden. Die Gefahr einer Ausfallhaftung gemäß § 24 GmbHG besteht nämlich auch bei volleingezahltem Stammkapital. Zum einen hätte der Minderjährige für jeden Fehlbetrag einer Stammeinlage aufzukommen. Im Gegensatz zu § 172 Abs. 4 HGB belastet die Haftungspflicht nach § 24 GmbHG nicht nur den Gesellschafter, an den Einlagen zurückgezahlt worden sind. Zum anderen können die Gesellschafter mit einer Mehrheit von drei Vierteln der abgegebenen Stimmen nach Eintragung der GmbH eine Kapitalerhöhung nach §§ 53 Abs. 1, 55 GmbHG beschließen[556]. Eine Kapitalerhöhung ist keine Vermehrung der den Gesellschaftern obliegenden Leistungen gemäß § 53 Abs. 3 GmbHG[557]. Der Beschluss unterliegt folglich nicht dem Zustimmungserfordernis sämtlicher beteiligten Gesellschafter. Der Minderjährige könnte eine Beschlussfassung nur dann verhindern, wenn er selbst zumindest eine Sperrminorität hält. Entsteht durch eine Kapitalerhöhung ein Fehlbetrag einer Stammeinlage, so wäre die Differenz durch die Ausfallhaftung des § 24 GmbHG auszugleichen.

Ferner kann eine Solidarhaftung aus § 31 Abs. 3 GmbHG aufgrund einer Erstattung verbotswidriger Rückzahlungen als rechtlicher Nachteil in Betracht kommen. Eine Haftungsgefahr besteht auch, wenn zum Zeitpunkt des Erwerbs keine Rückzahlungen vorgenommen worden sind. Die Gefahr von Rückzahlungen ist stets latent. Hinsichtlich des Haftungsrisikos als rechtlicher Nachteil

---

555 Buck, Minderjährige, S. 92; Rust, DStR 2005, S. 1942 ff. (S. 1947); so im Ergebnis auch Stürner, AcP 1973, S. 402 ff. (S. 436); Reichert/Weller, in: MüKo-GmbHG, § 15 Rn. 497.

556 Vgl. Lieder, in: MüKo-GmbHG, § 55 Rn. 2, der auf den praeter legem gewährleisteten Minderheitenschutz hinweist: Wenn sich das Risiko einer Ausfallhaftung unzumutbar vergrößert, stehe den Altgesellschaftern, die gegen die Kapitalerhöhung gestimmt haben, ein ungeschriebenes Austrittsrecht aus wichtigem Grund zu.

557 Lutter/Bayer, in: Lutter/Hommelhoff, GmbHG, § 55 Rn. 4.

macht es keinen Unterschied, ob der Minderjährige den Geschäftsanteil durch Gründungsbeteiligung oder Anteilsübertragung erworben hat.

b) AG

Schließlich stellt sich die Frage, ob eine Übertragung von Aktien für den Minderjährigen lediglich rechtlich vorteilhaft ist.

Ein Teil der Literatur[558] nimmt eine Differenzierung anhand der Beteiligungsart vor. Die Übertragung von Namensaktien sei zustimmungsbedürftig, da dem Aktionär eine Ausfallhaftung aus § 64 Abs. 4 Satz 2 AktG drohe. Der Inhaber von vinkulierten Namensaktien könne gemäß §§ 55, 68 Abs. 2 AktG zu wiederkehrenden, nicht in Geld bestehenden Leistungen verpflichtet werden. Bei Inhaberaktien bestehe kein Haftungsrisiko, da sie erst nach voller Leistung des Ausgabebetrages ausgegeben werden dürfen (vgl. § 10 Abs. 2 Satz 1 AktG). Eine Inhaberaktie sei zudem nicht mit besonderen Nebenverpflichtungen des Aktionärs verbunden[559]. Eine Treuepflicht sei insoweit wirtschaftlich bedeutungslos.

Andere Autoren[560] gehen hingegen davon aus, dass die volleingezahlten Gesellschaftsanteile an einer AG stets schenkweise übertragen werden können, ohne dass es der Mitwirkung des gesetzlichen Vertreters bedarf. Im Gegensatz zum GmbH-Recht sehe das Aktienrecht keine Ausfallhaftung eines Aktionärs vor[561]. Außerdem müsse jede etwaige Haftung schon deshalb außer Betracht bleiben, weil sie nur einen mittelbaren rechtlichen Nachteil darstelle[562]. Schließlich wird argumentiert, eine Differenzierung sei unangebracht[563]. § 64 Abs. 4 Satz 2 AktG gelte nur für teileingezahlte Aktien. Diese würden im Hinblick auf § 10 Abs. 2 Satz 2 AktG, nach dem der Betrag der Teilleistungen in der Aktie anzugeben ist, als Namensaktien ausgegeben.

Die Ausfallhaftung gemäß § 64 Abs. 4 Satz 2 AktG betrifft nur den ausgeschlossenen Aktionär selbst[564]. Sie kann daher keinen rechtlichen Nachteil zulasten des erwerbenden Minderjährigen begründen. Darüber hinaus ist in

---

558 Stürner, AcP 173 (1973), S. 402 ff. (S. 436 f.); Büchel, Familiengesellschaften, S. 82 f.

559 Stürner, AcP 173 (1973), S. 402 ff. (S. 437).

560 Buck, Minderjährige, S. 92; Palandt/Ellenberger, § 107 Rn. 4; Knothe, in: Staudinger, BGB 2011, § 107 Rn. 29; Maier-Reimer/Marx, NJW 2005, S. 3025 ff. (S. 3025); Ivo, in: Wachter, FA Handels- und Gesellschaftsrecht, Teil 2, Kapitel 11, Rn. 59, 62.

561 Ivo, in: Wachter, FA Handels- und Gesellschaftsrecht, Teil 2, Kapitel 11, Rn. 59.

562 Knothe, in: Staudinger, BGB 2011, § 107 Rn. 29.

563 Maier-Reimer/Marx, NJW 2005, S. 3025 ff. (S. 3025).

564 Vgl. Bayer, in: MüKo-AktG, § 64 Rn. 81 ff.

der Rückgewährpflicht aus § 62 Abs. 1 Satz 1 AktG wegen Empfangs verbotener Leistungen kein rechtlicher Nachteil zu sehen, zumal es sich, im Gegensatz zur Haftung aus § 31 Abs. 3 GmbHG, nicht um den Fall einer Solidarhaftung handelt. Eine analoge Anwendung der GmbH-Vorschriften kommt mangels planwidriger Regelungslücke nicht in Betracht[565]. Andere haftungsrechtliche Gefahren sind nicht zu erkennen, sodass die unentgeltliche Übertragung einer Aktie einen lediglich rechtlichen Vorteil darstellt. Daran ändert auch eine Vereinbarung nichts, dem Minderjährigen ein eingeschränktes oder ein umfassendes (dingliches) Übertragungsverbot aufzuerlegen (Vinkulierungsklausel). Eine Beschränkung der Zuwendung kann den rechtlichen Vorteil nicht nehmen.

3. Ergebnis

Im Ergebnis ist die Willenserklärung nur dann lediglich rechtlich vorteilhaft, wenn dem Minderjährigen ohne Einlagenrückgewähr volleingezahlte Kommanditanteile oder Aktien schenkweise übertragen werden. Im Übrigen gilt für den Anteilserwerb durch Übertragung dasselbe wie bei der Aufnahme in eine Personen- oder Kapitalgesellschaft[566].

III. Verbot des Selbstkontrahierens

Das Verbot des Insichgeschäfts (§ 181 BGB) ist schließlich auch bei der Übertragung von Gesellschaftsanteilen zu berücksichtigen, wenn der gesetzliche Vertreter des Minderjährigen Gesellschafter des Unternehmens ist oder als Veräußerer der Gesellschaftsanteile auftritt.

1. Grundlagen

Besonderheiten ergeben sich hier insofern, als die Differenzierung von schuldrechtlichem und dinglichem Rechtsgeschäft von Bedeutung ist. Wird dem Minderjährigen eine Beteiligung geschenkt (§ 516 BGB), ist das obligatorische Geschäft, für sich genommen, lediglich rechtlich vorteilhaft und § 181 BGB nicht anwendbar[567]. Die Übertragung könnte hingegen lediglich die Erfüllung dieser Verbindlichkeit sein. Sie würde dann ebenfalls nicht

565 Vgl. Bayer, in: MüKo-AktG, § 62 Rn. 6.
566 Siehe oben unter Dritter Teil: A. II. 1.
567 Siehe oben unter Zweiter Teil: B. II. 1. b).

unter § 181 BGB fallen, unabhängig davon, ob sie rechtliche Nachteile mit sich bringen würde[568].

Darin wird eine Gefahr zulasten des Minderjährigen gesehen, sodass die (ungeschriebene) Ausnahme des § 181 BGB eingeschränkt wird. Dies geschieht nach Ansicht des *BGH*[569], indem zugunsten des Minderjährigen eine Gesamtbetrachtung von schuldrechtlichem und dinglichem Rechtsgeschäft angestellt wird. Erscheint das Rechtsgeschäft nach einer Gesamtbetrachtung immer noch als rechtlich vorteilhaft, kommt dem Verbot des Insichgeschäfts keine Bedeutung zu. Andernfalls ist der gesetzliche Vertreter gehindert, den Minderjährigen zu vertreten, sodass ein Ergänzungspfleger im Sinne von § 1909 BGB zu bestellen ist.

Problematisch an dieser Herangehensweise ist der Verstoß gegen das Prinzip der Trennung von Kausal- und Verfügungsgeschäft. Aus diesem Grund sollte, wie in der Literatur[570] vorgeschlagen, eine teleologische Reduktion des § 181 BGB vorgenommen werden. Die Vorschrift findet keine Anwendung, wenn das Verfügungsgeschäft rechtlich nachteilig ist. Der Unterschied zur Gesamtbetrachtung liegt darin, dass die Wirksamkeit des Verpflichtungsgeschäfts unberührt bleibt.

Bei der Übertragung von Gesellschaftsanteilen sind zwei Besonderheiten zu beachten. Zum einen stellt sich die Frage, ob im Falle eines Anteilserwerbs durch *mehrere* Kinder *ein* Ergänzungspfleger ausreicht. Zum anderen könnte es bei der Übertragung von Personengesellschaftsanteilen fraglich sein, ob § 181 BGB auch auf eine Zustimmung von Mitgesellschaftern Anwendung findet, sodass ein an der Gesellschaft beteiligter Vertreter an der Vertretung gehindert und daher die Mitwirkung eines Ergänzungspflegers notwendig ist.

2. *Mehrfachvertretung*

Auch bei der Übertragung von Gesellschaftsanteilen stellt sich das Problem der Mehrfachvertretung. Will ein Elternteil seine Gesellschaftsanteile auf mehrere Kinder übertragen, könnte möglicherweise ein Bedürfnis zur Bestellung verschiedener Ergänzungspfleger entstehen.

---

568 Siehe oben unter Zweiter Teil: B. II. 1. b).

569 BGH, Beschluss vom 3.2.2005 – V ZB 44/04, BGHZ 162, S. 137 ff. = NJW 2005, S. 1430 ff.; BGH, Urteil vom 9.7.1980 – V ZB 16/79, BGHZ 78, S. 28 ff, (S. 34) = NJW 1981, S. 109 ff.

570 Mansel, in: Jauernig, BGB, § 181 Rn. 13; Erman/Palm, § 181 Rn. 5; Schilken, in: Staudinger, BGB 2009, § 181 Rn. 62; Schramm, in: MüKo-BGB, § 181 Rn. 56.

a) *Die vertretenen Ansichten*

Eine Mindermeinung in der Literatur[571] und das *OLG Zweibrücken*[572] verlangen für die Bestellung des Ergänzungspflegers eine Gleichsetzung des originären und des derivativen Erwerbs. Aus diesem Grund müsse jedes Kind durch einen eigenen Ergänzungspfleger vertreten werden.

Die überwiegende Auffassung in der Literatur[573] sowie das *OLG München*[574] vertreten den Standpunkt, im Rahmen einer Anteilsübertragung auf mehrere minderjährige Erwerber müsse nur ein Ergänzungspfleger herangezogen werden.

Dieser Ansicht liegt die Argumentation zugrunde, die Anteilsübertragung finde, im Gegensatz zu dem Erwerb durch Gründung oder Aufnahme, nur zwischen einem Elternteil und dem jeweiligen Kind statt[575]. Die Übertragung vollziehe sich außerhalb der Gesellschaft. Die übrigen Gesellschafter seien daran nicht beteiligt. Zwar würden auch bei dem Erwerb durch Übertragung Rechtsfolgen zwischen den verschiedenen Erwerbern ausgelöst werden. Nach dem Wortlaut der Vorschrift müsse es sich aber um ein Rechtsgeschäft *zwischen* den Vertretenen handeln. Bei *paralleler* Beteiligung greife das Verbot nicht ein. Entscheidend seien der konkrete Gegenstand des Rechtsgeschäfts, nicht etwaige Rechtsfolgen. Auch ein offensichtlicher Interessenkonflikt führe – wie auch bei der möglichen Vertretung des Bürgen durch den Hauptschuldner bei Abschluss eines Bürgschaftsvertrages[576] – nicht zu einer Anwendung des § 181 BGB.

Ferner könne das Erfordernis weiterer Ergänzungspfleger im Hinblick auf die gesetzliche Folge des Rechtsgeschäfts nicht bejaht werden[577]. Zum Vergleich

---

571 Hohaus/Eickmann, BB 2004, S. 1707 ff. (S. 1709); Reimann, DNotZ 1999, S. 179 ff. (S. 190).

572 OLG Zweibrücken, Beschluss vom 14.1.1999 – 3 W 253/98 = NJW-RR 1999, S. 1174 ff.

573 Buck, Minderjährige, S. 91 f.; Bürger, RNotZ 2006, S. 156 ff. (S. 163); Maier-Reimer/Marx, NJW 2005, S. 3025 ff. (S. 3027); Ivo, ZEV 2005, S. 193 ff. (S. 195); Piehler/Schulte, in: MüHdb-GesR, Bd. 2, § 35 Rn. 14.

574 OLG München, Beschluss vom 17.6.2010 – 31 Wx 70/10 = NZG 2010, S. 862 (Abgrenzung zu BayObLG, Beschluss vom 16.12.1958 – BReg. 1 Z 69/58 = NJW 1959, S. 989).

575 Maier-Reimer/Marx, NJW 2005, S. 3025 ff. (S. 3027): Das gelte auch dann, wenn die Übertragungen gleichzeitig in einer Urkunde erfolgen.

576 Schramm, in: MüKo-BGB, § 181 Rn. 35.

577 Ivo, ZEV 2005, S. 193 ff. (S. 195).

wird insbesondere auf den Fall hingewiesen, dass einem Minderjährigen Miteigentum übertragen werde. Hier bedürfe es auch nur *eines* Ergänzungspflegers, obwohl eine Gemeinschaft gemäß §§ 741 ff. BGB begründet werde.

b) Stellungnahme

Für die Vertretung mehrerer Kinder muss richtigerweise nur ein Ergänzungspfleger bestellt werden. Die Gegenmeinung vernachlässigt die unterschiedliche Dogmatik originären und derivativen Erwerbs. Bei der Sonderrechtsnachfolge wird der Anteil in einem zweiseitigen Verhältnis übertragen. Aus diesem Grund besteht nicht die Gefahr eines Interessenkonflikts der Kinder untereinander, der individuelle Ergänzungspflegschaften erforderlich machen würde. Der Tatbestandsprüfung des § 181 BGB wird ein generell-abstrakter Maßstab zugrunde gelegt[578]. Vertreten die Eltern mehrere Kinder bei unterschiedlichen Rechtsgeschäften, liegt kein Fall einer Mehrfachvertretung vor.

3. Zustimmung von Mitgesellschaftern

Für die Übertragung von Personengesellschaftsanteilen ist wegen des damit verbundenen Eingriffs in die Rechtssphäre der übrigen Gesellschafter deren Zustimmung notwendig[579]. Vereinbart ein Dritter mit einem Minderjährigen die Übertragung von Anteilen an einer Gesellschaft, an der die Eltern des Minderjährigen beteiligt sind, ist wegen des elterlichen Zustimmungserfordernisses an eine Anwendung des § 181 BGB zu denken.

Ist die Übertragung gesellschaftsvertraglich zugelassen, bedarf es keiner (weiteren) Zustimmungserklärung der Mitgesellschafter[580]. Ein Interessenkonflikt besteht nicht. Bedarf es einer Einzelfallentscheidung aller anderen Gesellschafter (*Ad-hoc*-Zustimmung), wird ein Interessenkonflikt verneint, weil die Mitgesellschafter durch die Zustimmung nicht Partner des Veräußerungsvertrages werden[581]. § 181 BGB ist auch hier unbeachtlich. Im Ergebnis kann der gesetzliche Vertreter den Minderjährigen daher in jedem Fall vertreten. Der Bestellung eines Ergänzungspflegers bedarf es auch dann nicht, wenn der gesetzliche

578 Siehe oben unter Zweiter Teil: B. II. 1. b).

579 Siehe oben unter Zweiter Teil: B. I. 2.

580 Ivo, ZEV 2005, S. 193 ff. (S. 195).

581 Ivo, ZEV 2005, S. 193 ff. (S. 195); Piehler/Schulte, in: MüHdb-GesR, Bd. 2, § 35 Rn. 14; Roth, in: Baumbach/Hopt, HGB, § 105 Rn. 70; BayObLG, Beschluss vom 28.3.1977 – BReg. 3Z4/76 = BayObLGZ 1977, S. 76 ff. (S. 80); OLG Hamm, Urteil vom 30.5.1988 – 8 U 259/87 = DB 1989, S. 169 ff. (S. 170).

Vertreter sein Kind bei dem Verfügungsgeschäft vertritt und gleichzeitig an der Gesellschaft beteiligt ist.

IV. Gerichtliche Genehmigung

Wurde der Minderjährige bei der Abgabe seiner Willenserklärung durch seine Eltern oder einen Ergänzungspfleger vertreten, stellt sich weiterhin die Frage, ob die Übertragung des Gesellschaftsanteils einem Genehmigungstatbestand unterfällt.

1. § 1822 Nr. 3 Alt. 1 BGB

Das bei einer Anteilsübertragung zu beachtende Genehmigungserfordernis könnte sich insbesondere aus § 1822 Nr. 3 Alt. 1 BGB[582] ergeben. Danach unterliegt ein Vertrag, der auf den entgeltlichen Erwerb eines Erwerbsgeschäfts gerichtet ist, einer Genehmigungspflicht. Nach herrschender Meinung[583] findet die Vorschrift, entgegen ihrem Wortlaut, nicht nur bei dem obligatorischen Rechtsgeschäft, sondern, nach deren Sinn und Zweck, auch bei der Übertragung selbst Anwendung.

a) Personengesellschaften

Bei der Übertragung von stiller Beteiligung und Unterbeteiligung besteht keine Genehmigungsbedürftigkeit. Ist die Übertragung bereits nach § 107 BGB zustimmungsfrei, bedarf es erst recht keiner familiengerichtlichen Genehmigung. Hierzu sei auf die obigen[584] Ausführungen verwiesen. Hinsichtlich des Erwerbs von GbR-, OHG- und KG-Anteilen sei Folgendes ergänzt:

aa) Erwerb eines Erwerbsgeschäfts

Ob mit dem Erwerb eines Anteils an einer Personengesellschaft auch der Erwerb eines Erwerbsgeschäfts einhergeht, wird unterschiedlich gesehen.

---

582 Es gilt zu beachten, dass die Genehmigungstatbestände nur beim Handeln eines Vormunds direkte Anwendung finden. Für die Eltern gelten sie über § 1643 BGB, für den Ergänzungspfleger über § 1915 BGB.

583 Piehler/Schulte, in: MüHdb-GesR, Bd. 2, § 35 Rn. 13; Veit, in: Staudinger, BGB 2014, § 1822 Rn. 43; Wagenitz, in MüKo-BGB, § 1822 Rn. 13; Soergel/Zimmermann, BGB, § 1822 Rn. 11; a. A. Fortun, NJW 1999, S. 754 ff. (S. 755).

584 Siehe oben unter Dritter Teil: B. II. 1. b).

Eine Personengesellschaft – sei es eine GbR, OHG oder KG – ist Gesamthandsgemeinschaft[585]. Aus diesem Grund gehen die herrschende Meinung in der Literatur[586] sowie der *BGH*[587] davon aus, der Erwerb eines Gesellschaftsanteils sei dem Erwerb eines Geschäfts im Ganzen gleichzusetzen. Durch Begründung der Teilhaberschaft wachse dem hinzukommenden Teilhaber eine gesamthänderische Beteiligung zu[588]. Dadurch werde er Mitträger des Unternehmens und erwerbe einen durch den Gesellschaftsanteil repräsentierten „Teil" des Unternehmens. Im Ergebnis müsse der Tatbestand bei einer entgeltlichen Übertragung von Personengesellschaftsanteilen erfüllt sein.

Die Gegenansicht[589] legt dar, bei einer Anteilszession stehe nicht die Übertragung des Erwerbsgeschäfts selbst im Raume, sondern der Erwerb einer Beteiligung an einer Gesellschaft, die ein solches Erwerbsgeschäft betreibt. Aus diesem Grund komme eine Genehmigungsbedürftigkeit nach § 1822 Nr. 3 Alt. 1 BGB von vornherein nicht in Betracht.

Eine ältere Ansicht[590] ging davon aus, nur ein persönlich haftender Gesellschafter, nicht aber ein Kommanditist, könne Erwerber des Erwerbsgeschäfts sein. Dieser Argumentation lag die Vorstellung zugrunde, der Kommanditist lasse mangels wirtschaftlichen Risikos lediglich sein Kapital mitarbeiten[591].

Grundsätzlich ist eine Gleichsetzung geboten. Es kann nicht von Bedeutung sein, ob dem Minderjährige alle Gesellschaftsanteile übertragen werden und er somit Alleingesellschafter wird oder ob er nur anteilig an der Gesellschaft beteiligt wird. Entscheidend ist die gesellschaftsrechtliche Haftung. Trägt der Minderjährige wirtschaftliches Risiko, ist er Unternehmer. Das ist bei einem persönlich haftenden Gesellschafter ohne weiteres der Fall. Bei einem Kommanditisten kommt als wirtschaftliches Risiko nur die Gründerhaftung, – nicht hingegen die summenmäßig beschränkte Haftung (§ 171 Abs. 1 Halbsatz 1 HGB) – in

---

585 Vgl. K. Schmidt, Gesellschaftsrecht, § 8 III 1 S. 196 ff.

586 Biddermann, Der minderjährige Gesellschafter, S. 20 f.; Brüggemann, FamRZ 1990, S. 124 ff. (126); Reimann, DNotZ 1999, S. 179 ff. (S. 190); Winkler, ZGR 1990, S. 131 ff. (S. 132).

587 BGH, Urteil vom 30.4.1955 – II ZR 202/53 = NJW 1955, S. 1067 ff. (S. 1069) für die Veräußerung.

588 Brüggemann, FamRZ 1990, S. 124 ff. (126).

589 Weinbrenner, FPR 2009, S. 265 ff. (S. 268).

590 Flechtheim, in: Düringer/Hachenburg, HGB, § 161 Bem. 14; RGRK/Weipert, HGB, § 161 Bem. 15.

591 Siehe oben unter Zweiter Teil: B. III. 2. a) bb) (2): Dort wurde diese Begründung herangezogen, um die Betreibereigenschaft des Kommanditisten zu verneinen.

Betracht. Wie oben[592] bereits erörtert, haftet der eintretende Kommanditist aber nicht für die zwischen seinem Eintritt und seiner Eintragung begründeten Verbindlichkeiten. Denn die Eintrittshaftung (§ 176 Abs. 2 HGB) findet auf den derivativen Erwerb keine Anwendung.

Aus diesem Grund ist ein wirtschaftliches Risiko nach § 176 Abs. 2 HGB zu verneinen. Das Vermögen des Minderjährigen ist nicht derart gefährdet, dass es eines Genehmigungsvorbehaltes bedarf. Das Halten von Kommanditanteilen ist haftungsmäßig als kapitalistische Beteiligung an einer Gesellschaft anzusehen. Der Genehmigungstatbestand § 1822 Nr. 3 Alt. 1 BGB ist nicht erfüllt.

bb) Unentgeltliche Übertragung

Der Wortlaut des § 1822 Nr. 3 Alt. 1 BGB fordert einen entgeltlichen Erwerb. Der Tatbestand regelt also nicht den Fall, dass ein Erwerb unentgeltlich erfolgt. Es stellt sich zunächst die Frage, ob ein Anteil an einer Personengesellschaft überhaupt unentgeltlich erworben werden kann. Bejahendenfalls schließt sich die Folgefrage an, ob die Norm auf den unentgeltlichen Erwerb analog anzuwenden ist.

(1) Persönliche Haftung als Gegenleistung

Der *BGH*[593] hatte eine unentgeltliche Beteiligung an einer Personengesellschaft zunächst insofern ausgeschlossen, als *„in der Übernahme der Pflichten eines Gesellschafters, insbesondere in dem regelmäßig geschuldeten Einsatz seiner vollen Arbeitskraft für das Unternehmen, und vor allem in der Übernahme der persönlichen Haftung für die Verbindlichkeiten der Gesellschaft“*[594] eine Gegenleistung gesehen wurde. Aus diesem Grund war eine Genehmigung gemäß § 1822 Nr. 3 Alt. 1 BGB für den Eintritt in eine Personengesellschaft erforderlich.

In einem späteren Urteil hat der *BGH*[595] entschieden, dass zumindest ein Kommanditanteil Gegenstand einer Schenkung sein kann, da der Kommanditist, sofern die Einlage erbracht ist, nicht persönlich haftet[596]: *„Vom wirtschaftlichen Ergebnis her macht es (...) keinen Unterschied, ob jemand einen schon*

---

592 Siehe oben unter Dritter Teil: B. II. 1. a).

593 BGH, Urteil vom 26.3.1981 - IVa ZR 154/80 = NJW 1981, S. 1956 f.

594 BGH, Urteil vom 26.3.1981 - IVa ZR 154/80 = NJW 1981, S. 1956 f. (S. 1956).

595 Die sog. Benteler-Entscheidung: BGH, Urteil vom 2.7.1990 - II ZR 243/89 = NJW 1990, S. 2616 ff.; zu den dogmatischen Grundlagen, vgl. K. Schmidt, BB 1990, S. 1992 ff.

596 Das gilt selbst bei einer mittelbaren Anteilsschenkung (sog. Einbuchungsfall), vgl. Reimann, in: Festschrift für H. Hagen, 1999, S. 173 ff. (S. 181).

bestehenden Kommanditanteil verschenkt, ob er jemanden als Kommanditisten ohne Gegenleistung in sein Unternehmen aufnimmt oder ob er ihn schließlich dadurch an seinem Vermögen beteiligt, daß er mit ihm zusammen eine Gesellschaft gründet, in die der andere nichts einzubringen braucht."[597]

Nach allgemeiner Auffassung stellt die persönliche Haftung keine Gegenleistung dar. Der *BFH*[598] begründet seine Ansicht mit dem zwangsläufigen Übergang von Pflichten. *Damrau*[599] ist der Ansicht, es mache keinen Unterschied, ob ein Gesellschaftsanteil entgeltlich oder unentgeltlich erworben werde. Einen Käufer würden dieselben haftungsbedingten Rechtsfolgen treffen wie einen Beschenkten.

(2) Analoge Anwendung

Piehler/Schulte[600] wollen die Vorschrift, entgegen deren Wortlaut, auch auf den unentgeltlichen (derivativen) Erwerb anwenden. Der Minderjährige sei bei der Übertragung genauso schutzwürdig wie bei der Aufnahme in eine Gesellschaft. Es mache keinen Unterschied, auf welche Art und Weise er Mitglied einer Gesellschaft werde. Im Hinblick auf Haftungsbeschränkung und Sonderkündigungsrecht als Abwehrmechanismen dürfe die Norm auch nicht restriktiv gehandhabt werden. Im Übrigen spreche auch die Entscheidung des Bundesverfassungsgerichts[601] für eine analoge Anwendung.

Die Gegenansicht in der Literatur[602] orientiert sich am Wortlaut und subsumiert den unentgeltlichen Erwerb eines OHG- oder KG-Anteils nicht unter § 1822 Nr. 3 Alt. 1 BGB. Weder die Haftung noch die gesellschaftsrechtlich bedingten Pflichten stellen eine Gegenleistung an denjenigen dar, der die Gesellschafterbeteiligung zuwendet[603]. Dies zeige sich schon daran, dass diese Rechtsfolgen auch beim Kauf einer Beteiligung eintreten. Zudem habe das Bundesverfassungsgericht in seiner Entscheidung den Kreis der genehmigungsbedürftigen Rechtsgeschäfte nicht erweitert[604]. Die Auffassung, der Tatbestand müsse auch für den unentgeltlichen Erwerb gelten, könne folglich nicht auf diese Entscheidung gestützt werden.

---

597 BGH, Urteil vom 2.7.1990 – II ZR 243/89 = NJW 1990, S. 2616 ff. (S. 2617 f.).

598 BFH, Urteil vom 1.7.1992 – II R 108/88 = BStBl. 1992 II, S. 923 ff. (S. 924).

599 Damrau, ZEV 2000, S. 209 ff. (S. 211).

600 Piehler/Schulte, in: MüHdb-GesR, Bd. 2, § 35 Rn. 13.

601 BVerfG, Beschluss vom 13.5.1986 – 1 BvR 1542/84, NJW 1986, S. 1859 ff.

602 Büchel, Familiengesellschaften, S. 97 f.; Ivo, in: Wachter, FA Handels- und Gesellschaftsrecht, Teil 2, Kapitel 11, Rn. 50; Erman/Saar, § 1822 Rn. 10; Veit, in: Staudinger, BGB 2014, § 1822 Rn. 52; Wagenitz, in MüKo-BGB, § 1822 Rn. 14;

603 Veit, in: Staudinger, BGB 2014, § 1822 Rn. 53.

604 Engler, in: Staudinger, BGB 2004 (Vorauflage), § 1822 Rn. 54.

(3) Stellungnahme

Ein Personengesellschaftsanteil kann unentgeltlich erworben werden. Das gilt unabhängig davon, ob der erwerbende Gesellschafter einer persönlichen Haftung unterliegt. Die Frage der Haftung hängt von der Gesellschaftsform ab. Sie darf nicht mit der schuldrechtlichen Vereinbarung verwechselt werden, ob für die Übertragung ein Entgelt erbracht werden muss. Der Tatbestand des § 1822 Nr. 3 Alt. 1 BGB ist somit nicht erfüllt, wenn der Erwerb unentgeltlich erfolgt.

Das Erfordernis einer analogen Anwendung des § 1822 Nr. 3 Alt. 1 BGB auf den unentgeltlichen (derivativen) Erwerb wird von *Piehler/Schulte*[605] mit einer Schutzlücke zulasten Minderjähriger begründet. Gesetzeslücken können durch Analogie geschlossen werden[606]. Eine Vorschrift kann mittels Analogie über ihren Wortsinn hinaus angewendet werden[607]. Hinter dem Rechtsgedanken der Ausfüllung einer Lücke durch Analogie steckt die Forderung der Gerechtigkeit, Gleichartiges gleich zu behandeln[608]. Für die Anwendung einer Analogie sind zwei Voraussetzungen erforderlich: Erstens bedarf es einer (planwidrigen) Regelungslücke. Zweitens muss eine der Gesetzeslage vergleichbare Interessenlage vorliegen.

Die Situation eines unentgeltlichen Erwerbs ist mit der eines entgeltlichen Erwerbs haftungsrechtlich vergleichbar. Insoweit sind beide gleich zu bewerten. Damit wäre zwar eine Voraussetzung erfüllt. Für eine Analogie mangelt es aber an einer Regelungslücke. Der eindeutige Wortlaut des § 1822 Nr. 3 Alt. 1 BGB indiziert das bewusste Schweigen des Gesetzgebers. Der Genehmigungsvorbehalt gilt nur für den Fall der Entgeltlichkeit des Erwerbs. Der Gesetzgeber hat es nicht achtlos versäumt, den Fall der Unentgeltlichkeit zu regeln. Der familienrechtlichen Norm ist dieser Wille, auf die Entgeltlichkeit abzustellen, immanent. Eine Analogie kommt nicht in Betracht.

cc) Ergebnis

Bei einem unentgeltlichen Erwerb scheidet eine Genehmigungspflicht nach § 1822 Nr. 3 Alt. 1 BGB aus[609]. Auch bei der entgeltlichen Übertragung eines Kommanditanteils besteht keine Genehmigungspflicht. Mangels unternehmerischen

---

605 Piehler/Schulte, in: MüHdb-GesR, Bd. 2, § 35 Rn. 13.

606 Vgl. Larenz, Methodenlehre, S. 381.

607 Bei Auslegung einer Norm stellt der Wortsinn hingegen die Grenze dar, vgl. Larenz, Methodenlehre, S. 343: „(…) da das, was jenseits des möglichen Wortsinns liegt, mit ihm auch bei weitester Auslegung nicht mehr vereinbar ist (…)".

608 Vgl. Larenz, Methodenlehre, S. 381.

609 So auch Büchel, Familiengesellschaften, S. 98.

Risikos liegt eine kapitalistische Beteiligung und damit kein Erwerb eines Erwerbsgeschäfts im Sinne des § 1822 Nr. 3 Alt. 1 BGB vor.

b) Kapitalgesellschaften

Kapitalgesellschaften sind keine Gesamthandsgemeinschaften[610]. Sie bedürfen eigener Betrachtung. Erfolgt die Übertragung eines GmbH-Geschäftsanteils oder einer Aktie auf einen Minderjährigen unentgeltlich, ist der Tatbestand des § 1822 Nr. 3 Alt. 1 BGB nicht einschlägig[611]. Fraglich ist aber, ob der entgeltliche Erwerb von der Vorschrift erfasst wird.

aa) GmbH

Erwirbt ein Minderjähriger sämtliche Anteile an einer GmbH, die sodann auch als Einpersonen-GmbH bezeichnet wird, bedarf es nach einhelliger Meinung[612] einer Genehmigung nach § 1822 Nr. 3 Alt. 1 BGB. In diesem Fall wirkt ein Erwerb zugleich als unmittelbarer Erwerb des geschäftlichen Unternehmens der Gesellschaft. Umstritten ist jedoch, ob auch ein Erwerb einzelner Anteile dem Erwerb eines Unternehmens gleichsteht.

(1) Formale Betrachtungsweise

Die GmbH ist eine juristische Person[613]. Daraus schließt ein Teil der Literatur[614], der Erwerb eines GmbH-Anteils durch einen Minderjährigen bedürfe keiner Genehmigung[615].

---

610 K. Schmidt, Gesellschaftsrecht, § 8 IV 1 S. 206.

611 BGH, Urteil vom 20.2.1989 – II ZR 148/88 = NJW 1989, S. 1926 ff. (S. 1926) für die GmbH.

612 Brüggemann, FamRZ 1990, S. 124 ff. (126); Ebbing, in: Michalski, GmbHG, § 15 Rn. 168; Veit, in: Staudinger, BGB 2014, § 1822 Rn. 58; Wagenitz, in MüKo-BGB, § 1822 Rn. 17.

613 Fastrich, in: Baumbach/Hueck, GmbHG, § 13 Rn. 1.

614 Brüggemann, FamRZ 1990, S. 124 ff. (126); Büchel, Familiengesellschaften, S. 105 f.; Damrau, ZEV 2000, S. 209 ff. (S. 211); Gernhuber/Coester-Waltjen, § 60 VI 6 Rn. 106; Fastrich, in: Baumbach/Hueck, GmbHG, § 15 Rn. 4; Pluskat, FamRZ 2004, S. 677 ff. (S. 681); Wiedemann, Mitgliedschaftsrechte, S. 248; Winkler, ZGR 1990, S. 131 ff. (S. 132 ff.); ders., ZGR 1973, S. 177 ff. (S. 186 ff); Scholz/Seibt, GmbHG, § 15 Rn. 244; Zelz, GmbHR 1959, S. 91 ff. (S. 92).

615 Vgl. BGH, Urteil vom 20.2.1989 – II ZR 148/88 = NJW 1989, S. 1926 ff. (S. 1927): Aus einem obiter dictum lässt sich entnehmen, dass nach Eintragung der GmbH in das Handelsregister keine Genehmigungspflicht erforderlich sein soll. Da es hier

Das Erwerbsgeschäft sei der Gesellschaft, nicht dem einzelnen Gesellschafter, zugeordnet[616]. Aufgabe des Familiengerichts sei es nicht, die unternehmerische Tätigkeit eines gesetzlichen Vertreters zu beaufsichtigen, sondern vielmehr den Zuordnungswechsel eines Erwerbsgeschäfts zu überprüfen. Die Grenze des Anwendungsbereichs der Vorschrift sei überschritten, wenn dem Minderjährigen das Erwerbsgeschäft nicht zuzuordnen ist. Der Grundsatz der formalen Auslegung müsse eingehalten werden[617]. Eine wirtschaftliche Betrachtungsweise widerspreche eklatant den Auslegungskriterien zu §§ 1821, 1822 BGB. Zudem verliere der Tatbestand der Vorschriften unter Zugrundelegung einer wirtschaftlichen Betrachtung seine klaren Konturen[618]. Die Normanwendung werde diffus, der Rechtsverkehr mit Kindern unsicher.

Darüber hinaus sei die Rechtssicherheit gefährdet, wenn die wirtschaftliche Gleichsetzung eines Anteilserwerbs mit dem Erwerb des ganzen Unternehmens von Gegebenheiten des Einzelfalles abhängen würde[619]. Bei einer Berücksichtigung des Einzelfalles könne ein Urteil über die wirtschaftliche Gleichsetzung im Streitfalle *ex post* unterschiedlich ausfallen. Der Schutzzweck der Vorschrift mache im Übrigen keine Einzelfallbetrachtung erforderlich[620]. Es sei nicht nachvollziehbar, worin ab einer gewissen prozentualen Beteiligung das Mehr an Schutzbedürftigkeit liegen solle, die eine Genehmigungspflicht rechtfertigt.

Eine wirtschaftliche Betrachtungsweise sei ohnehin überflüssig, weil der Anteilserwerb unter § 1822 Nr. 10 BGB falle[621]. Im Übrigen sei die Problematik durch die Möglichkeit der Haftungsbeschränkung nach § 1629a BGB abgeschwächt[622].

Schließlich wird auch die Meinung vertreten, der Genehmigungstatbestand solle im Hinblick auf den Gesetzeszweck des § 1822 Nr. 3 BGB sowie die

---

nicht um die Übertragung von Anteilen an einer Vor-GmbH geht, könnte man diese Ansicht aufführen.

616 Wiedemann, Mitgliedschaftsrechte, S. 248; Winkler, ZGR 1990, S. 131 ff. (S. 132 ff.); ders., ZGR 1973, S. 177 ff. (S. 186 ff).

617 Damrau, ZEV 2000, S. 209 ff. (S. 211); vgl. auch Damrau, ZEV 2003, S. 377 f. (S. 378) in seiner Anmerkung zur BGH-Entscheidung (Abgrenzung mit 50 %): Das obiter dictum solle als solches behandelt werden, denn es sei nicht entscheidungserheblich gewesen.

618 Gernhuber/Coester-Waltjen, § 60 VI 6 Rn. 106.

619 Brüggemann, FamRZ 1990, S. 124 ff. (126); vgl. Müller, JR 1961, S. 362 ff. (S. 329), der dieses Argument zum Anlass nimmt, generell eine Genehmigungspflicht zu bejahen.

620 Büchel, Familiengesellschaften, S. 105 f.

621 Brüggemann, FamRZ 1990, S. 124 ff. (126).

622 Gernhuber/Coester-Waltjen, § 60 VI 6 Rn. 106.

Rechtsicherheit und Rechtsklarheit nicht angewendet werden, wenn *nahezu* alle Gesellschaftsanteile übertragen werden[623].

(2) Wirtschaftliche Betrachtungsweise

Die Gegenansicht in der Literatur[624] will dem Tatbestand eine wirtschaftliche Betrachtung zugrunde legen. Eine Genehmigungspflicht sei bei einem entgeltlichen Erwerb ausnahmsweise dann gegeben, wenn die Beteiligung des Minderjährigen wirtschaftlich einem Erwerbsgeschäft gleichkommt.

Es sei auf den beherrschenden Einfluss des Minderjährigen abzustellen[625]. Die formale Betrachtungsweise übersehe, dass auch bei Personenhandelsgesellschaften das Erwerbsgeschäft nicht von den Gesellschaftern betrieben werde, sondern von OHG und KG selbst. Im Übrigen habe die Nähe zum Unternehmen nichts mit der zufällig gewählten Rechtsform zu tun. Das unternehmerische Risiko könne daher kein anderes als bei einer kommanditistischen Beteiligung sein. Neben dem Maß der Beteiligung würden als weitere Abgrenzungskriterien insbesondere die Anzahl der übrigen Gesellschafter, das persönliche Verhältnis zur Gesellschaft und die Handlungsfähigkeit der Gesellschaft ohne Teilnahme des Minderjährigen in Betracht kommen.

Eine Beteiligung könne als Erwerb des Unternehmens betrachtet werden, wenn der Minderjährige eine Anteilsmehrheit an der GmbH erwerbe[626]. Der Schwellenwert stelle eine feste Größe, also ein objektives Kriterium, dar und genüge dem formalen Charakter des § 1822 BGB. Im Übrigen könne in der Vermutungsregel des § 17 Abs. 2 AktG eine dogmatische Stütze gesehen werden. Diese Argumentation orientiert sich an einer Entscheidung des BGH[627] zur Veräußerung von GmbH-Geschäftsanteilen:

---

623 Ebbing, in: Michalski, GmbHG, § 15 Rn. 168; Scholz/Seibt, GmbHG, § 15 Rn. 244.

624 Bayer, in: Lutter/Hommelhoff, GmbHG, § 15 Rn. 8; Brandes, in: Bork/Schäfer, GmbHG, § 15 Rn. 4; Bürger, RNotZ 2006, S. 156 ff. (S. 166); Fortun, NJW 1999, S. 754 ff. (S. 756); Görner, in: Rowedder/Schmidt-Leithoff, GmbHG, § 15 Rn. 127; Klüsener, Rpfleger 1993, S. 133 ff. (S. 136 f.); Löbbe, in: Ulmer/Habersack/Löbbe, GmbHG, § 15 Rn. 288; Reichert/Weller, in MüKo-GmbHG, § 15 Rn. 502; Reimann, DNotZ 1999, S. 179 ff. (S. 191); Erman/Saar, § 1822 Rn. 8; Verse, in: Henssler/Strohn, GmbHG, § 2 Rn. 12; Veit, in: Staudinger, BGB 2014, § 1822 Rn. 60 f.; Wagenitz, in MüKo-BGB, § 1822 Rn. 17; Soergel/Zimmermann, § 1822 Rn. 17.

625 Klüsener, Rpfleger 1993, S. 133 ff. (S. 136 f.).

626 Bürger, RNotZ 2006, S. 156 ff. (S. 166).

627 BGH, Urteil vom 28. 1.2003 – X ZR 199/99 = ZEV 2003, S. 375 ff.

Die Klägerin hat Ansprüche wegen Verletzung technischen Know-hows geltend gemacht. Die minderjährigen Kinder des Beklagten waren Gesellschafter eines Unternehmens, das dieses Know-how vermarktet hat. Wirksam vertreten, hatten die Kinder ihre Geschäftsanteile an die Klägerin verkauft. Der notariell beurkundete Vertrag sah unter anderem vor, dass die in der Gesellschaft vorhandenen Kenntnisse der Klägerin weiterhin unverändert zur Verfügung stehen sollten. Das Familiengericht hat den Anteilsübertragungsvertrag in Unkenntnis der Nebenabrede über eine Abfindung genehmigt.

Der Senat hat die bereits erteilte Genehmigung genügen lassen. Die unvollständige Vorlage führe nicht zur Nichtigkeit des Vertrages. In einem *obiter dictum* hat der Senat ergänzend ausgeführt, dass es im Falle einer Veräußerung von Gesellschaftsanteilen nur dann einer familiengerichtlichen Genehmigung bedürfe, wenn die Beteiligung 50 % übersteige[628].

Darüber hinaus sei zu bedenken, dass eine gewisse Rechtsunsicherheit nicht verkannt werden dürfe, wenn man bei dem Erwerb von GmbH-Geschäftsanteilen auf den Einzelfall abstellt[629]. Allerdings könne der Widerstreit zwischen dem Schutz des Vermögens des Minderjährigen vor gefährdenden Rechtsgeschäften und der Sicherheit des Rechtsverkehrs nicht entgegen dem *Telos* der Vorschrift und damit zulasten des Minderjährigen gelöst werden. Darüber hinaus könne auch nicht mit einer Vorrangigkeit des § 1822 Nr. 10 BGB argumentiert werden. Dieser Genehmigungstatbestand sei nur unter besonderen Voraussetzungen einschlägig.

(3) Stellungnahme

Die genannten Ansichten stellen bei der Auslegung des § 1822 Nr. 3 Alt. 1 BGB darauf ab, wem das Erwerbsgeschäft zugeordnet ist (formale Betrachtung) bzw. wann eine gesellschaftsrechtliche Beteiligung einem Erwerbsgeschäft gleichkommt (wirtschaftliche Betrachtung). Wie bereits[630] erörtert, bedarf es dieser Untersuchung nicht. Der Wortlaut des § 1822 Nr. 3 Alt. 1 BGB setzt keine bestimmte Zuordnung des Erwerbsgeschäfts voraus. Er verlangt lediglich das Vorliegen eines Erwerbsgeschäfts. Für die Auslegung des Tatbestandsmerkmals *Erwerb eines Erwerbsgeschäfts* (§ 1822 Nr. 3 Alt. 1) gilt die Interpretation des

628 Görner, in: Rowedder/Schmidt-Leithoff, GmbHG, § 15 Rn. 127 fordert eine Genehmigungspflicht erst, wenn der betroffene Geschäftsanteil mehr als 75 % des Stammkapitals ausmacht.

629 Veit, in: Staudinger, BGB 2014, § 1822 Rn. 61.

630 Siehe oben unter Zweiter Teil: B. III. 2. e) bb) (3): Ebenso wenig verlangt der Wortlaut des § 1822 Nr. 3 Alt. 2 BGB die Betreibereigenschaft des Minderjährigen.

Tatbestandsmerkmals *Betrieb eines Erwerbsgeschäfts* (§ 1822 Nr. 3 Alt. 2 BGB) entsprechend[631].

Es bedarf einer schutzzweckorientierte Auslegung[632]. Entscheidende Frage für das Vorliegen eines Erwerbsgeschäfts ist, ob der Minderjährige eine bloße Kapitalbeteiligung hält oder ob er als Unternehmer anzusehen ist. Beurteilungsmaßstab ist das unternehmerische Risiko. Zwar unterliegt der Minderjährige bei der Übertragung von GmbH-Anteilen nicht der Handelnden- und Gründerhaftung. Ein wirtschaftliches Risiko besteht jedoch in der Ausfall- und Solidarhaftung. Infolgedessen unterliegt die entgeltliche Übertragung von GmbH-Anteilen einer Genehmigungspflicht nach § 1822 Nr. 3 Alt. 1 BGB. Dies gilt unabhängig von der Beteiligungsquote des Minderjährigen.

Ein solches Ergebnis dient dem Minderjährigenschutz und dem Bedürfnis nach Rechtssicherheit gleichermaßen. Es wird durch einen systematischen Vergleich zwischen § 1822 Nr. 3 und Nr. 10 BGB gestützt[633]. Entgegen der Ansicht von *Brüggemann*[634] ist § 1822 Nr. 3 BGB vorrangig im Gesellschaftsrecht anwendbar. Der Genehmigungstatbestand entfaltet seine Funktion primär im Gesellschaftsrecht. Die Vorschrift des § 1822 Nr. 10 BGB hingegen ist nur ausnahmsweise auf gesellschaftsrechtliche Sachverhalte anwendbar. Ihr kommt bei dem Erwerb von Gesellschaftsanteilen eine subsidiäre Bedeutung zu.

bb) AG

Tritt ein Minderjähriger im Wege der Anteilsübertragung in eine Aktiengesellschaft ein, stellt sich die Frage nach der Anwendbarkeit des § 1822 Nr. 3 Alt. 1 BGB.

Die Ansichten in der Literatur stellen auch beim Aktienerwerb darauf ab, ob der Erwerb einzelner Aktien wirtschaftlich dem Erwerb des von der Gesellschaft betriebenen Erwerbsgeschäfts gleichkommt. Die herrschende Meinung in der Literatur[635] fordert eine Genehmigungsbedürftigkeit bei der AG, sofern sämtliche Aktien auf den Minderjährigen übertragen werden. Der Gegenansicht[636]

631 Siehe oben unter Zweiter Teil: B. III. 2. e) bb) (3).

632 Siehe oben unter Zweiter Teil: B. III. 2. a) dd).

633 Siehe oben unter Zweiter Teil: B. III. 3. c) aa) (4).

634 Brüggemann, FamRZ 1990, S. 124 ff. (126).

635 Klüsener, Rpfleger 1990, S. 321 ff. (S. 329); Rust, DStR 2005, S. 1942 ff. (S. 1948); Wagenitz, in MüKo-BGB, § 1822 Rn. 17; Veit, in: Staudinger, BGB 2014, § 1822 Rn. 62; Winkler, ZGR 1973, S. 177 ff. (S. 187).

636 Erman/Saar, § 1822 Rn. 9.

genügt für das Genehmigungserfordernis bereits der Erwerb einer Sperrminorität durch den Minderjährigen.

Richtigerweise ist die Genehmigungsbedürftigkeit nach dem Grad des unternehmerischen Risikos des Minderjährigen zu beurteilen. Ein Aktienerwerb ist insoweit anders zu bewerten als ein Erwerb von GmbH-Geschäftsanteilen. Ein Aktionär unterliegt weder einer Ausfall- noch einer Solidarhaftung. Auch eine Gründerhaftung kommt beim derivativen Erwerb nicht in Betracht. Folglich ist ein Erwerb von Aktien nicht nach § 1822 Nr. 3 Alt. 1 BGB genehmigungspflichtig.

2. § 1822 Nr. 3 Alt. 2 BGB

Zu einem Gesellschaftsvertrag, der zum Betrieb eines Erwerbsgeschäfts durch einen Minderjährigen eingegangen wird, sieht § 1822 Nr. 3 Alt. 2 BGB eine Genehmigungspflicht vor. Fraglich ist, ob ein Vertrag zwischen einem ausscheidendem und einem eintretendem Gesellschafter als Gesellschaftsvertrag angesehen werden kann.

a) Personengesellschaften

Die unentgeltliche Übertragung von Gesellschaftsanteilen an einer GbR, OHG oder KG unterfällt zwar nicht dem Tatbestand des § 1822 Nr. 3 Alt. 1 BGB[637]. Sie ist nicht genehmigungsbedürftig. Ein Genehmigungserfordernis kann sich jedoch aus § 1822 Nr. 3 Alt. 2 BGB ergeben.

aa) Genehmigungspflicht

Die herrschende Meinung in der Literatur[638] und das *OLG Frankfurt*[639] sind der Ansicht, eine unentgeltliche Übertragung eines Gesellschaftsanteils an einer Personengesellschaft könne nicht anders beurteilt werden als eine originäre Gründungsbeteiligung. Beide Fälle seien unter § 1822 Nr. 3 Alt. 2 BGB zu subsumieren. Dies wird zum Teil damit begründet, in der Mitwirkungspflicht der anderen

---

637 Siehe oben unter Dritter Teil: B. IV. 1. a) cc).

638 Führ/Nikoleyczik, BB 2009, S. 2105 ff. (S. 2107); Haarländer, § 1822 Nr. 3 Alt. 2 BGB, S. 16; Ivo, ZEV 2005, S. 193 ff. (S. 195); Klüsener, Rpfleger 1993, S. 133 ff. (S. 135); Reimann, DNotZ 1999, S. 179 ff. (S. 190 f.); ders., in: Festschrift für H. Hagen, 1999, S. 173 ff. (S. 181); Riedlinger, Familienkommanditgesellschaft, S. 103 f.; Schäfer, in: Staub, HGB, § 105 Rn. 87; Stöber, Rpfleger 1968, S. 2 ff. (S. 2); Wiedemann, Mitgliedschaftsrechte, S. 245 f.; Winkler, ZGR 1973, S. 177 ff. (S. 186).

639 OLG Frankfurt a. M., Beschluss vom 27.5.2008 – 20 W 123/08, GmbHR 2008, S. 1262 f. für den Kommanditanteil.

Gesellschafter könne ein für den Tatbestand erforderlicher Gesellschaftsvertrag gesehen werden. Nach anderer Auffassung müsse die Vorschrift im Hinblick auf die Schutzbedürftigkeit des Minderjährigen analog angewandt werden. Teilweise wird auch der Beginn einer Erwerbstätigkeit als entscheidend angesehen.

(1) Mitwirkung der Gesellschafter als Gesellschaftsvertrag

Eine schenkweise Übertragung eines GmbH-Anteils ist nach einer höchstrichterlichen Entscheidung[640] nicht unter § 1822 Nr. 3 Alt. 2 BGB zu subsumieren. Begründet werden kann dies mit dem „Grundsatz der freien Übertragbarkeit" gemäß § 15 Abs. 1 GmbHG[641]. Mangels Mitwirkungsbedürfnis durch Mitgesellschafter kommt das Vorliegen eines Gesellschaftsvertrages nicht in Betracht. Fraglich ist, ob das auch für die Übertragung eines Kommanditanteils gelten kann.

Das *OLG Frankfurt*[642] verneint dies und weist auf den grundlegenden Unterschied zwischen einer GmbH als Kapitalgesellschaft und den Personengesellschaften hin: Nach dem gesetzlichen Leitbild des § 15 Abs. 5 GmbHG bedürfe es bei der Übertragung von GmbH-Anteilen keiner Mitwirkung der übrigen Gesellschafter[643]. Die Personengesellschaft werde von einem personalistischen Prinzip bestimmt (§ 719 Abs. 1 BGB). Ein Mitgliederwechsel sei grundsätzlich nicht vorgesehen. Die Übertragung von Gesellschaftsanteilen sei Grundlagengeschäft. Bei der Zustimmung der übrigen Gesellschafter könnte es sich also um einen einem Gesellschaftsvertrag im Sinne des § 1822 Nr. 3 Alt. 2 BGB vergleichbaren Vorgang handeln.

Auch in der Literatur[644] wird eine direkte Anwendung des § 1822 Nr. 3 Alt. 2 BGB befürwortet. Die Übertragung der Mitgliedschaft habe eine gesellschaftsrechtliche Seite und könne daher als Gesellschaftsvertrag im weiteren Sinne eingestuft werden. Aus diesem Grund sei der Tatbestand des § 1822 Nr. 3 Alt. 2 BGB erfüllt.

(2) Analogie

Andere Autoren[645] leiten die Genehmigungspflicht aus dem Erfordernis einer analogen Anwendung her. Der unentgeltliche Erwerb eines Gesellschaftsan-

---

640 Vgl. BGH, Urteil vom 20.2.1989 - II ZR 148/88 = NJW 1989, S. 1926 ff.

641 Fastrich, in: Baumbach/Hueck, GmbHG, § 15 Rn. 1.

642 OLG Frankfurt a. M., Beschluss vom 27.5.2008 – 20 W 123/08, GmbHR 2008, S. 1262 f. (S. 1263) für den Kommanditanteil.

643 Es sei denn, im Gesellschaftsvertrag wurde von den Erschwernissen Gebrauch gemacht (sog. Vinkulierung).

644 Riedlinger, Familienkommanditgesellschaft, S. 103 f.

645 Buck, Minderjährige, S. 95; Klüsener, Rpfleger 1993, S. 133 ff. (S. 135); Wiedemann, Mitgliedschaftsrechte, S. 245 f.

teils entfalte die gleichen wirtschaftlichen und rechtlichen Wirkungen wie der entgeltliche[646]. Die Interessenlage sei vergleichbar. Würde man die Vorschrift ausschließlich auf den Fall der Urgründung anwenden, drohe im Falle eines unentgeltlichen Erwerbs der Minderjährigenschutz zufallsbedingt reduziert zu werden[647].

Das *OLG Frankfurt*[648] argumentiert hinsichtlich der Übertragung von Kommanditanteilen, dass auch der nachträgliche Erwerb, nicht anders als die originäre Gründungsbeteiligung, mit einem unternehmerischen Risiko verbunden sei. Dieses Risiko stecke hinter den gesellschaftsvertraglichen Treuepflichten, dem Wiederaufleben der beschränkten Haftung gemäß § 174 Abs. 4 HGB (Grundsatz der Kapitalerhaltung) sowie der Eintrittshaftung aus § 176 Abs. 2 BGB[649]. Aus diesem Grund sei eine Analogie erforderlich.

(3) Beginn der Erwerbstätigkeit

Haarländer[650] geht davon aus, dass die Vorschrift gerade nicht auf den Beginn des Gesellschaftsverhältnisses abstelle, sondern auf den Beginn der Erwerbstätigkeit. Es sei unerheblich, ob ein Gesellschaftsverhältnis bereits bestanden habe oder neu eingegangen werde. Auch der Eintritt eines Minderjährigen durch Übertragung von Gesellschaftsanteilen werde vom Wortsinn des § 1822 Nr. 3 Alt. 2 BGB erfasst.

bb) Genehmigungsfreiheit

Die Gegenansicht in der Literatur[651] orientiert sich zum Teil am Wortlaut, zum Teil am Normzweck und lehnt bei der unentgeltlichen Übertragung von Gesellschaftsanteilen an GbR, OHG und KG eine Genehmigungspflicht generell ab.

(1) Mitwirkung der Gesellschafter kein Gesellschaftsvertrag

In der Mitwirkung der Gesellschafter bei der Übertragung von Gesellschaftsanteilen den Abschluss eines Gesellschaftsvertrages zu sehen, komme nicht in

646 Wiedemann, Mitgliedschaftsrechte, S. 245 f.

647 Klüsener, Rpfleger 1993, S. 133 ff. (S. 135).

648 OLG Frankfurt a. M., Beschluss vom 27.5.2008 - 20 W 123/08, GmbHR 2008, S. 1262 f. (S. 1262) für den Kommanditanteil.

649 So das OLG Frankfurt a. M., Beschluss vom 27.5.2008 - 20 W 123/08, GmbHR 2008, S. 1262 f. (S. 1263).

650 Haarländer, § 1822 Nr. 3 Alt. 2 BGB, S. 16.

651 Büchel, Familiengesellschaften, S. 100 f.; Brüggemann, FamRZ 1990, S. 124 ff. (129); Damrau, ZEV 2000, S. 209 ff. (S. 209 f.).

Betracht[652]. Seien deren Einverständniserklärungen bereits im Gründungsvertrag enthalten oder der sei der am Rechtsgeschäft beteiligte Gesellschafter von dem Erfordernis der Zustimmung befreit, bedürfe es keiner weiteren Erklärung der übrigen Gesellschafter. Vom Abschluss eines Gesellschaftsvertrags könne schwerlich ausgegangen werden. Aber selbst dort, wo es an einem Einverständnis im Gründungsvertrag fehle oder keine Befreiung von der Zustimmung erteilt wurde, lasse sich der Abschluss eines Gesellschaftsvertrages nicht begründen. Denn die Terminologie im gesellschaftsrechtlichen Schrifttum sei klar: Es werde von „Einverständnis" oder „Zustimmung" gesprochen, aber nicht von „Gesellschaftsvertrag".

(2) Keine Analogie

Darüber hinaus scheide eine analoge Anwendung des § 1822 Nr. 3 Alt. 2 BGB aus[653]. Die Vorschriften über die Genehmigungsbedürftigkeit seien formal auszulegen. Analogieschlüsse seien nicht statthaft.

Gegen eine Gleichstellung von Unentgeltlichkeit und Entgeltlichkeit wird weiter vorgebracht, der durch Analogie aufzuhebende Wertungswiderspruch tauche an anderer Stelle wieder auf, nämlich in der dann notwendigen Trennung zwischen Erwerb eines ganzen Unternehmens (genehmigungsfrei, wenn unentgeltlich) und Erwerb eines Geschäftsanteils am Unternehmen (genehmigungsbedürftig „analog" der Aufnahme durch Gesellschaftsvertrag ohne Rücksicht auf Entgeltlichkeit oder Unentgeltlichkeit)[654]. Der Versuch, mit einer Analogie weiterzukommen, führe aus der Stringenz des Enumerationsprinzips nicht heraus.

(3) Normzweck

Schließlich wird der Prüfung des Tatbestandes der Normzweck zugrunde gelegt[655]. Eine unentgeltliche Übertragung von Gesellschaftsanteilen an einer GbR, OHG und KG unterliege nicht der gerichtlichen Genehmigung. Der unentgeltliche Erwerb sei weniger schutzwürdig als der entgeltliche. Das ergebe sich nicht nur aus dem Wortlaut des § 1822 Nr. 3 Alt. 1 BGB, sondern auch aus einem systematischen Zusammenhang mit § 1821 Nr. 5 BGB (Vertrag zum Erwerb eines Grundstücks). Beide Vorschriften würden die Genehmigungspflicht nur bei einem Vertrag anordnen, der auf den entgeltlichen Erwerb gerichtet sei.

---

652 Damrau, ZEV 2000, S. 209 ff. (S. 210).
653 Damrau, ZEV 2000, S. 209 ff. (S. 210).
654 Brüggemann, FamRZ 1990, S. 124 ff. (129).
655 Büchel, Familiengesellschaften, S. 100 f.

Darüber hinaus habe bereits der historische Gesetzgeber den Erwerb eines Erwerbsgeschäfts nur dann für genehmigungspflichtig gehalten, wenn ein Entgelt gezahlt werde: *„Da zu dem Erwerb eines Erwerbsgeschäfts durch Erbfolge oder Vermächtnis die Genehmigung des Vormundschaftsgerichts nicht erforderlich ist, so ist es als angemessen erachtet, jenen Fall dem Fall des Erwerbs eines Erwerbsgeschäfts durch Schenkung gleichzustellen (...)“*[656].

Aus diesen Gründen sei § 1822 Nr. 3 Alt. 2 BGB auf den unentgeltlichen Erwerb nicht anwendbar. Zwar würde eine Genehmigungspflicht dem Minderjährigenschutz zugute kommen. Allerdings würde man damit etwas in die Vorschrift hineininterpretieren, das weder vom Gesetzgeber gewollt gewesen noch von der grammatikalischen und systematischen Auslegung gedeckt sei.

cc) Differenzierende Betrachtungsweise

Ein Teil der Literatur[657] und Rechtsprechung[658] erachtet hingegen nur den unentgeltlichen Erwerb von Kommanditanteilen für genehmigungsfrei.

In der Person des Kommanditisten könne kein unternehmerisches Risiko entstehen[659]. Es fehle an einer Schutzbedürftigkeit des Minderjährigen. Bei den gesellschaftsvertraglichen Treuepflichten handele es sich lediglich um mittelbare Nachteile. Diese reichten nicht aus, um den rechtsgeschäftlichen Bewegungsspielraum eines Minderjährigen einzuschränken. Anknüpfungspunkt des Wiederauflebens der persönlichen Haftung (§ 174 Abs. 4 HGB) sei die Rückzahlung der geleisteten Einlage. Diese stelle einen selbständigen rechtsgeschäftlichen Vorgang dar. Eine Eintrittshaftung (§ 176 Abs. 2 BGB) könne man verhindern, indem der Eintritt des Minderjährigen unter die aufschiebende Bedingung dessen zuvoriger Eintragung in das Handelsregister gestellt werde.

dd) Stellungnahme

Die in Literatur und Rechtsprechung vertretenen Ansichten differieren, ebenso wie ihre Begründungen, erheblich. Die Auseinandersetzung mit diesen

656 Motive zum Bürgerlichen Gesetzbuch, Band IV, S. 1154.

657 Grunsky, ZEV 2008, S. 610 f. (S. 611); Brüggemann, FamRZ 1990, S. 124 ff. (129); Maier-Reimer/Marx, NJW 2005, S. 3025 ff. (S. 3026).

658 OLG Bremen, Beschluss vom 16.6.2008 – 2 W 38/08, GmbHR 2008, S. 1263 f.; OLG München, Beschluss vom 6.11.2008 – 31 Wx 76/08, GmbHR 2008, S. 1264 ff.

659 Grunsky, ZEV 2008, S. 610 f. (S. 611); Maier-Reimer/Marx, NJW 2005, S. 3025 ff. (S. 3026); OLG Bremen, Beschluss vom 16.6.2008 – 2 W 38/08, GmbHR 2008, S. 1263 f.

Meinungen erfolgt – den Auslegungsregeln Savignys[660] folgend – in vier Schritten. Eine Norm ist zunächst gemäß ihres Wortlauts auszulegen. In einem zweiten Schritt wird die Entstehungsgeschichte einer Norm untersucht. Als drittes ist die Vorschrift in ihrem systematischen Kontext zu interpretieren. Abschließend gilt es, bei der Auslegung der Norm auch den Zweck der Norm zu berücksichtigen.

(1) Wortlaut

Eine grammatikalische Auslegung des § 1822 Nr. 3 Alt. 2 BGB ist nicht ergiebig. Über den Begriffsinhalt des Gesellschaftsvertrages selbst besteht Uneinigkeit. Legt man den Schwerpunkt der Auslegung auf die Art und Weise der Mitwirkung beim Vertragsabschluss, kommt man dogmatisch zu keiner nachvollziehbaren Lösung. Der argumentative Ansatz ist unglücklich gewählt. Anknüpfungspunkt sollte vielmehr die Norm selbst sein. Eine Mitwirkung der übrigen Gesellschafter gerade deshalb als Gesellschaftsvertrag auszulegen, weil man eine Genehmigungspflicht begründen möchte, ist ergebnisorientiert. Darüber hinaus wird der Wortsinn überschritten, wenn man auf den Beginn der Erwerbstätigkeit abstellt. Für eine Analogie bedürfte es einer Regelungslücke.

Nach § 705 BGB, § 105 HGB stellt sich der Gesellschaftsvertrag als ein „verbandskonstituierender Akt“[661] dar. Eine Übertragung von Gesellschaftsanteilen hat keine konstitutive Wirkung. Die neue Mitgliedschaft ist lediglich eine identische Fortführung der alten Mitgliedschaft[662]: „(...) Aufnahmevertrag[...] und Übertragung des Mitgliedschaftsrechts sind unvereinbare Gegensätze. Ein Aufnahmevertrag setzt die *Auflösung*, ein Rechtsübergang den *Bestand* des Mitgliedschaftsrechts voraus“[663]. Das würde dafür sprechen, nur die Urgründung einer Gesellschaft unter die Norm des § 1822 Nr. 3 Alt. 2 BGB zu subsumieren.

(2) Entstehungsgeschichte

Dem historischen Gesetzgeber war der abgeleitete (also derivative) Erwerb unbekannt[664]. § 1822 BGB ist durch das Enumerationsprinzip geprägt. Die Auslegung als Gesellschaftsvertrag entspricht nicht den gesetzgeberischen Motiven. Um zu

---

660 In Anlehnung an Friedrich Carl von Savigny wird zwischen vier Auslegungsmitteln differenziert (sog. „canones“), vgl. auch Larenz, Methodenlehre, S. 343 f.

661 K. Schmidt, in: MüKo-HGB, § 105 Rn. 114; siehe auch oben unter Dritter Teil: B. I.

662 Vgl. Riedlinger, Familienkommanditgesellschaft, S. 41; vgl. allerdings Flume, in: Festschrift für K. Larenz, 1973, S. 769 ff. (S. 776 f.), der eine sog. konstitutive Übertragung für möglich hält.

663 Vgl. Wiedemann, Mitgliedschaftsrechte, S. 58 f.

664 Vgl. Klüsener, Rpfleger 1993, S. 133 ff. (S. 135).

einer schlüssigen Abgrenzung gegenüber der ersten Alternative des § 1822 Nr. 3 BGB zu gelangen, ist die Anwendbarkeit der zweiten Alternative auf den Fall der Neugründung zu beschränken[665].

Schließlich sei auf das Minderjährigenhaftungsbegrenzungsgesetz (MHbeG)[666] hingewiesen. Es hat die Vorschrift des § 1629a BGB eingeführt[667]. Sie soll verhindern, dass ein Minderjähriger verschuldet in die Volljährigkeit startet. Der Gesetzgeber hat das Haftungsbeschränkungsmodell gewählt und von einer Erweiterung des Genehmigungskataloges abgesehen.

(3) Systematik

Eine systematische Auslegung des Gesetzes stützt die obigen Schlussfolgerungen. Durch einen Vergleich der beiden Tatbestandsalternativen des § 1822 Nr. 3 BGB drängt sich ein Umkehrschluss auf: Die Anwendung der Alt. 2 auf den unentgeltlichen (derivativen) Erwerb läuft dem Tatbestand der Alt. 1 zuwider[668]. Die zweite Alternative wäre entbehrlich, würde die Übertragung eines Gesellschaftsanteils als Gesellschaftsvertrag angesehen. Ein unentgeltlicher Erwerb kann nach geltendem Recht nicht unter § 1822 Nr. 3 Alt. 2 BGB subsumiert werden.

(4) Zweck

Schließlich ist auf den Sinn und Zweck des Genehmigungstatbestandes abzustellen. Eine Genehmigung wird nach § 1822 BGB für besonders wichtige Rechtsgeschäfte verlangt, welche die Grenzen einer gewöhnlichen Vermögensverwaltung übersteigen[669]. Dabei handelt es sich um Verträge, die auch für den gesetzlichen Vertreter selbst ein komplexes Geschäft darstellen und durch deren Abschluss das vorhandene Vermögen des Minderjährigen und dessen wirtschaftliche Nutzung gefährdet werden kann[670].

Bei einem Erwerb von Gesellschaftsanteilen gemäß § 1822 Nr. 3 BGB ergeben sich Risiken aus der gesellschaftsrechtlichen Bindung, der Haftung sowie

---

665 Vgl. auch BGH, Urteil vom 20.9.1962 – II ZR 209/61 = NJW 1962, S. 2344 ff.

666 Gesetz zur Beschränkung der Haftung Minderjähriger vom 25. August 1998 (BGBl I 1998, 2487).

667 Wegen Aufforderung durch das BVerfG, Beschluss vom 13.5.1986 – 1 BvR 1542/84, NJW 1986, S. 1859 ff.

668 So auch Büchel, Familiengesellschaften, S. 100, der diesen Vergleich hingegen im Rahmen der grammatikalischen Auslegung anstellt.

669 Motive zum Bürgerlichen Gesetzbuch, Band IV, S. 1136.

670 Siehe oben unter Zweiter Teil: B. III. 1.

der Vertretungsmacht der übrigen Gesellschafter[671]. Für die Beurteilung der Genehmigungspflicht eines Anteilserwerbs ist das unternehmerische Risiko entscheidend. Die Beteiligung als persönlich haftender Gesellschafter birgt haftungsrechtliche Gefahren in sich. Nach der teleologischen Auslegung bedarf es in diesen Fällen einer familiengerichtlichen Genehmigung.

(5) Verhältnis

Die teleologische Auslegung kommt hier zu einem anderen Ergebnis als die drei vorherigen Auslegungsmethoden. Somit ist der Frage nachzugehen, in welchem Verhältnis die Auslegungsregeln zueinander stehen. Der Wortlaut bildet den Ausgangspunkt und zugleich die Grenze der Auslegung[672]. Die Systematik dient dazu, die Übereinstimmung verschiedener Normen derselben Regelung zu wahren[673]. Beide Gesichtspunkte haben eine eingrenzende Funktion[674]. Lassen sie Raum für unterschiedliche Auslegungen, ist diejenige vorzuziehen, die der Intention des Gesetzgebers und dem Normzweck am ehesten entspricht[675].

Den einzelnen Kriterien der Normauslegung kommt grundsätzlich gleiches Gewicht zu. Auf den Tatbestand des § 1822 Nr. 3 Alt. 2 BGB übertragen, bedeutet das Folgendes: Zugunsten des Minderjährigenschutzes wäre es förderlich, auf das wirtschaftliche Risiko abzustellen. Wie *Büchel*[676] aber bereits richtig konstatiert, würden der Wortlaut der Vorschrift, ihre Entstehungsgeschichte sowie die Gesetzessystematik konterkariert werden. Infolgedessen ist die teleologische Auslegung hier außer Betracht zu lassen.

ee) Ergebnis

De lege lata ist die unentgeltliche Übertragung eines Gesellschaftsanteils an einer GbR, OHG und KG, sofern sie unmittelbar zwischen ausscheidendem und eintretendem Gesellschafter erfolgt, nicht nach § 1822 Nr. 3 Alt. 2 BGB genehmigungsbedürftig[677]. *De lege ferenda* bietet es sich an, auch den unentgeltlichen

---

671 Vgl. BayObLG, Beschluss vom 4.11.1976 – BReg. 1 Z 119/7, BayObLGZ 1976, S. 281 ff. (S. 286).

672 Vgl. Larenz, Methodenlehre, S. 343 f.

673 Vgl. Larenz, Methodenlehre, S. 343 f.

674 Vgl. Larenz, Methodenlehre, S. 344.

675 Vgl. Larenz, Methodenlehre, S. 344.

676 Büchel, Familiengesellschaften, S. 100 f.

677 Ist die Übertragungsvereinbarung dagegen dreigliedrig ausgestaltet (erfolgt die Übertragung zum Beispiel zwischen ausscheidendem und eintretendem Gesellschafter auf der einen Seite und der Gesellschaft auf der anderen Seite), handelt

Erwerb einer Genehmigungspflicht zu unterstellen. Denn das gegenüber § 107 BGB erhöhte Risiko für den Minderjährigen liegt gerade nicht in der Erbringung der Gegenleistung, sondern in den haftungsrechtlichen Folgen einer gesellschaftsrechtlichen Beteiligung.

Eine Genehmigungspflicht des unentgeltlichen Erwerbs wäre von Gesetzes wegen notwendig, wenn das Entgeltlichkeitskriterium in § 1822 Nr. 3 Alt. 1 BGB aufgegeben wird. In diesem Fall wäre die Alternative des Gesellschaftsvertrages nach § 1822 Nr. 3 Alt. 2 BGB obsolet. Eine Gesetzesänderung könnte demnach wie folgt lauten: *„Der Vormund bedarf der Genehmigung des Familiengerichts (...) 3. zu einem Vertrag, der auf den Erwerb eines Erwerbsgeschäfts gerichtet ist"*. Mithilfe dieses einheitlichen Tatbestandes könnten die Schutzlücken geschlossen werden.

b) Kapitalgesellschaften

Mit Urteil vom 20. Februar 1989 hat der *BGH*[678] entschieden, dass die Übertragung eines GmbH-Anteils mangels Abschlusses eines neuen Gesellschaftsvertrages nicht unter den Tatbestand des § 1822 Nr. 3 Alt. 2 BGB subsumiert werden kann. Der Fall betraf den folgenden Sachverhalt:

Der Beklagte gründete eine Maschinenfabrik. Später übertrug er einen Teil schenkungsweise an seinen minderjährigen Adoptivsohn. Entgegen der Absichtserklärung wurde für dieses Rechtsgeschäft keine familiengerichtliche Genehmigung eingeholt. Nach dem Tod des Adoptivsohns wurde dieser von seinem leiblichen Vater und seinem Bruder beerbt. Mit der Klage will die Klägerin festgestellt wissen, dass der schenkweise übertragene Geschäftsanteil der Erbengemeinschaft zusteht.

Die Revision führte zur Zurückverweisung an das Berufungsgericht, nachdem die Vorinstanzen die Klage abgewiesen hatten. Zu der älteren Ansicht in der Literatur, eine Gleichstellung von Gründung und Anteilserwerb vorzunehmen, nimmt der Senat wie folgt Stellung: Eine analoge Anwendung des § 1822 Nr. 3 Alt. 2 BGB komme nicht in Betracht. Die Beteiligung an einer Gründung sei wegen der in diesem Stadium aus mehreren Gesichtspunkten drohenden persönlichen Haftung wesentlich risikoreicher als der spätere Erwerb einer bestehenden Beteiligung. Nur bei der Gründung bestehe die Gefahr einer Handelndenhaftung (§ 11 Abs. 2 GmbHG) sowie einer Gründerhaftung. Der Erwerb eines Gesellschaftsanteils vollziehe sich aber erst mit Eintragung in das Handelsregister, mit

---

es sich ohne weiteres um einen Gesellschaftsvertrag im Sinne des § 1822 Nr. 3 Alt. 2 BGB, vgl. BGH, Urteil vom 30.4.1955 – II ZR 202/53 = NJW 1955, S. 1067 ff.; Rust, DStR 2005, S. 1942 ff. (S. 1946).

678 BGH, Urteil vom 20.2.1989 – II ZR 148/88 = NJW 1989, S. 1926 ff. (S. 1927).

der nun auch die Haftungsbeschränkung (§ 13 Abs. 2 GmbHG) greife. Das Risiko eines Minderjährigen, den durch den unentgeltlich erlangten Geschäftsanteil verkörperten Vermögenswert durch Verluste der GmbH zu verlieren, werde von § 1822 Nr. 3 Alt. 2 BGB nicht abgesichert. Die Gefahr einer Ausfallhaftung (§ 24 GmbHG) werde dagegen von § 1822 Nr. 10 BGB erfasst.

Der Gründungserwerb ist in seinen Rechtsfolgen nicht mit dem derivativen Erwerb identisch. Es bestehen aber haftungsrechtliche Gemeinsamkeiten. Der BGH hat es dabei versäumt, auf die Solidarhaftung nach § 31 Abs. 3 GmbHG einzugehen. Auch diese stellt ein hinreichendes Haftungsrisiko dar, welches eine Genehmigung erforderlich macht. Nichtsdestotrotz ist mit einer analogen Anwendung des Genehmigungstatbestandes zurückhaltend umzugehen. Nach der derzeitigen Gesetzesfassung ist diese Entscheidung daher richtig. Im Ergebnis ist die Übertragung von Geschäftsanteilen an einer GmbH nicht nach § 1822 Nr. 3 Alt. 2 BGB genehmigungspflichtig, weil kein Gesellschaftsvertrag zum Betrieb eines Erwerbsgeschäfts eingegangen wird.

De lege ferenda ist anzudenken, ob auch der unentgeltliche Erwerb in den Tatbestand des § 1822 Nr. 3 BGB aufgenommen werden kann. Denn das Schutzbedürfnis der familiengerichtlichen Genehmigung ergibt sich, wie bereits angesprochen[679], aus der gesellschaftsrechtlichen Haftung heraus. Auf die Art und Weise des Anteilserwerbs kann es dagegen nicht ankommen.

3. § 1822 Nr. 10 BGB

Schließlich könnte bei der Übertragung von Gesellschaftsanteilen § 1822 Nr. 10 BGB anwendbar sein. Der Tatbestand verpflichtet bei der Übernahme einer fremden Verbindlichkeit zur Genehmigung.

a) Personengesellschaften

Fraglich ist, ob der Gesellschafter einer Personengesellschaft durch die Übertragung der Anteile eine fremde Verbindlichkeit im Sinne von § 1822 Nr. 10 BGB übernimmt.

Vereinzelt wird in der Literatur[680] eine Genehmigungspflicht bejaht. Abgestellt wird nach dieser Ansicht auf die persönliche Haftung nach §§ 130, 161 Abs. 2 HGB. Auch die beschränkte Kommanditistenhaftung gemäß § 171 Abs. 1 Halbsatz 1 HGB führe zu einer Genehmigungspflicht[681].

---

679 Siehe oben unter Dritter Teil: B. IV. 2. a) ee).

680 Rust, DStR 2005, S. 1942 ff. (S. 1946); Biddermann, Der minderjährige Gesellschafter, S. 21 f., Ruppel, Handelsgesellschaften, S. 25.

681 Biddermann, Der minderjährige Gesellschafter, S. 21 f.

Die Gegenansicht[682] bleibt unverbindlich. Entweder wird auf § 1822 Nr. 10 BGB nicht eingegangen. Eine Genehmigungspflicht bestehe bei einer unentgeltlichen Übertragung von Gesellschaftsanteilen an einer GbR, OHG oder KG weder nach § 1822 Nr. 3 Alt. 1 BGB noch nach § 1822 Nr. 3 Alt. 2 BGB[683]. Oder die Frage wird offengelassen. Der Tatbestand des § 1822 Nr. 10 BGB sei bei Personengesellschaften bedeutungslos, weil § 1822 Nr. 3 BGB ohnehin Anwendung finde[684].

Nach der hier vertretenen Auffassung[685] ist § 1822 Nr. 10 BGB nur dann anwendbar, wenn ein Minderjähriger durch Abschluss des Rechtsgeschäfts tatsächlich eine Verbindlichkeit übernimmt. Tritt er nachträglich in eine Gesellschaft ein, gilt § 130 HGB. Nach dieser Norm haftet ein in die Gesellschaft eintretender Gesellschafter für die im Zeitpunkt des Eintritts bereits begründeten Verbindlichkeiten[686]. Im Gegensatz zum Fall des § 128 HGB sind die Verbindlichkeiten regelmäßig schon entstanden. Die Übernahme einer fremden Verbindlichkeit im Sinne des § 1822 Nr. 10 BGB liegt vor, wenn die Gesellschaft tatsächlich Verbindlichkeiten begründet hat. Eine Genehmigung des Familiengerichts ist in diesem Fall einzuholen.

b) Kapitalgesellschaften

Der *BGH*[687] hat in seiner Entscheidung auch zur Vorschrift des § 1822 Nr. 10 BGB Stellung genommen[688]. Einer Genehmigung bedürfe es hiernach nur, wenn zur Zeit der Anmeldung konkrete Anhaltspunkte für eine Haftung bestünden. Das gelte zum einen für den Fall, dass ein früherer Gesellschafter mit seinen Leistungen rückständig ist (§ 16 Abs. 2 GmbHG). Zum anderen sei die Ausfallhaftung nach § 24 GmbHG betroffen. Erheblich sei ferner das

---

682 Büchel, Familiengesellschaften, S. 101; Riedlinger, Familienkommanditgesellschaft, S. 112.

683 Büchel, Familiengesellschaften, S. 101.

684 Riedlinger, Familienkommanditgesellschaft, S. 112.

685 Siehe oben unter Zweiter Teil: B. III. 3. b) dd).

686 K. Schmidt, in MüKo-HGB, § 130 Rn. 1.

687 BGH, Urteil vom 20.2.1989 – II ZR 148/88 = NJW 1989, S. 1926 ff.

688 Die herrschende Meinung in der Literatur folgt dem: Altmeppen, in: Roth/Altmeppen, GmbHG, § 15 Rn. 21; Bayer, in: Lutter/Hommelhoff, GmbHG, § 2 Rn. 25; Brandes, in: Bork/Schäfer, GmbHG, § 15 Rn. 4; Fastrich, in: Baumbach/Hueck, GmbHG, § 15 Rn. 5; Görner, in: Rowedder/Schmidt-Leithoff, GmbHG, § 15 Rn. 128; Löbbe, in: Ulmer/Habersack/Löbbe, GmbHG, § 15 Rn. 289; Ebbing, in: Michalski, GmbHG, § 15 Rn. 169; Reichert/Weller, in MüKo-GmbHG, § 15 Rn. 503; a. A. Rust, DStR 2005, S. 1942 ff. (S. 1948).

Erfordernis einer Regressmöglichkeit. Diese könne zu einer leichtfertigen Haftungsübernahme verleiten.

Eine Genehmigungspflicht aus § 1822 Nr. 10 BGB komme in den beiden folgenden Fällen nicht in Betracht: Erstens, wenn ein Minderjähriger für den Geschäftsanteil ein Entgelt zahlt, bei dessen Höhe die fälligen Verbindlichkeiten mindernd berücksichtigt sind. Hier fehle dem Minderjährigen regelmäßig die rechtliche Möglichkeit eines Regresses. Zweitens sei eine Genehmigung auch dann nicht erforderlich, wenn eine Ausfallhaftung bereits zur Zeit der Anmeldung als sicher drohe und ein Minderjähriger im Hinblick darauf dem Veräußerer den künftigen Regressanspruch gegen den ausgeschlossenen (oder die säumigen) Mitgesellschafter in Anrechnung auf den Kaufpreis abtrete.

Auf den ersten Blick erscheint diese Rechtsprechung widersprüchlich. Sie entfernt sich von den ursprünglichen (formalen) Auslegungskriterien, die der *BGH*[689] einst gefordert hatte. Allerdings kann nur mit dieser Handhabung sowohl dem Wortlaut als auch zugleich dem Normzweck entsprochen werden. Der eintretende Gesellschafter muss also *tatsächlich* eine Verbindlichkeit übernehmen. Die *rechtliche* Möglichkeit allein genügt nicht. Darüber hinaus sieht das *Telos* vor, den gesetzlichen Vertreter eines Minderjährigen von einer leichtfertigen „Schuldübernahme“ abzuhalten. Insoweit bedarf es der Regressmöglichkeit, weil sie die trügerische Erwartung auf einen Haftungstransfer erzeugen kann. Im Ergebnis bedarf es daher – wie auch bei der Aufnahme[690] – nur dann einer Genehmigung nach § 1822 Nr. 10 BGB, wenn im Zeitpunkt eines Eintritts in die Gesellschaft konkrete Anhaltspunkte für eine Haftung bestehen.

4. § 1811 BGB

Nach den vorhergehenden Prüfungsschritten ist der derivative Aktienerwerb genehmigungsfrei. Eine Genehmigungspflicht zum Erwerb von Aktien könnte

689 Vgl. BGH, Urteil vom 30.4.1955 – II ZR 202/53 = NJW 1955, S. 1067 ff.: „Das entscheidende Gewicht bei der Anwendung und Auslegung der Vorschriften der §§ 1821/22 BGB ist vielmehr darauf zu legen, daß sie für den Rechtsverkehr eine praktisch klare Handhabung ermöglichen und nicht einer differenzierten, auf den jeweiligen Einzelfall abgestellten Beurteilung Raum geben“; BGH, Urteil vom 20.9.1962 – II ZR 209/61 = NJW 1962, S. 2344 ff.: „Dabei ist es geboten, im Interesse der Rechtssicherheit zu einer klaren Abgrenzung zu gelangen (…)“; BGH, Urteil vom 22.9.1969 – II ZR 144/68 = NJW 1970, S. 33 ff.: „(…) um der Rechtssicherheit willen formal (…)“; vgl. auch Damrau, ZEV 2003, S. 377 f. (S. 378).

690 Siehe oben unter Dritter Teil: A. IV. 3.

aber nach § 1811 BGB in Betracht kommen. Hiernach kann das Familiengericht eine andere als die in §§ 1806, 1807 BGB[691] vorgeschriebene Anlegung von Mündelgeld gestatten.

a) Ausgangspunkt

Während § 1806 BGB dem Vormund vorschreibt, das zum Vermögen eines Minderjährigen gehörende Geld verzinslich anzulegen (soweit es nicht zur Bestreitung von Ausgaben bereitzuhalten ist), regelt § 1807 die im Regelfall vorzunehmende Art der Anlegung[692]. Wird davon abgewichen, bedarf es einer Genehmigung (hier auch: Gestattung) nach § 1811 BGB. Hinsichtlich des Wortlauts des gesetzlichen Genehmigungstatbestandes ist problematisch, dass Aktien keine verzinslichen Geldforderungen im engeren Sinn darstellen, sondern Mitgliedschaftsrechte[693].

b) Ansichten in der Literatur

Nach der herrschenden Meinung in der Literatur[694] stellt der Erwerb von Aktien mit dem Vermögen eines Minderjährigen eine gemäß § 1811 BGB genehmigungspflichtige *andere Art der Anlegung* dar.

Dem Tatbestand solle im Hinblick auf dessen Sinn und Zweck eine wirtschaftliche Betrachtung zugrunde gelegt werden[695]. Zudem ergebe sich die Reichweite des § 1811 BGB aus dem Verständnis der §§ 1806, 1807 BGB[696]: Danach unterliege jede in Abweichung von § 1806 BGB unverzinsliche sowie jede zwar verzinsliche, in Abweichung von § 1807 BGB aber nicht in der gesetzlich vorgeschrieben Art erfolgte Anlage von Mündelgeld der familiengerichtlichen Genehmigung. Ob die von §§ 1806, 1807 BGB abweichende Anlageform ertragbringend ist, sei für die Genehmigungspflicht – nicht aber für die Genehmigungsfähigkeit – schließlich ohne Bedeutung.

---

691 Zum Beispiel bei einer inländischen öffentlichen Sparkasse oder in verbrieften Forderungen gegen den Bund, ein Land oder eine inländische kommunale Körperschaft oder die Kreditanstalt einer solchen Körperschaft.

692 Veit, in: Staudinger, BGB 2014, § 1811 Rn. 9.

693 Veit, in: Staudinger, BGB 2014, § 1811 Rn. 9.

694 Büchel, Familiengesellschaften, S. 111; Klüsener, Rpfleger 1990, S. 321 ff. (S. 329); Veit, in: Staudinger, BGB 2014, § 1811 Rn. 9; Wagenitz, in: MüKo-BGB, § 1811 Rn. 3 f.

695 Veit, in: Staudinger, BGB 2014, § 1811 Rn. 9 f.

696 Wagenitz, in: MüKo-BGB, § 1811 Rn. 4.

c) Stellungnahme

Der Wortlaut des § 1811 BGB erstreckt die Genehmigungspflicht nicht ausdrücklich auf Aktien. Das Tatbestandsmerkmal „andere Anlegung" ist einer grammatikalischen Auslegung nicht zugänglich. Nach dem *Telos* der Vorschrift bedarf es der familiengerichtlichen Genehmigung, wenn eine Vermögensanlage in einer nicht „mündelsicheren" Form gemacht wird[697]. Zwar unterliegt ein Aktionär im Gegensatz zu einem GmbH-Gesellschafter keinem Haftungsrisiko. Vor diesem Hintergrund wurde die Tatbestandsmäßigkeit von § 1822 Nr. 3 Alt. 1 BGB verneint[698].

Allerdings sieht sich ein Aktionär als Folge des Aktienhandels, insbesondere bei einer börsennotierten AG, der Volatilität der Aktienkurse ausgesetzt. Ständige Kursschwankungen bergen für den Minderjährigen ein erhebliches finanzielles Risiko. Es besteht die Gefahr, dass der Minderjährige aufgrund von Kursverlusten seines Vermögens verlustig geht. Erwerb, Halten und Veräußerung von Aktien haben spekulativen Charakter. Eine Aktienanlage ist nicht mündelsicher. Stammt das Geld zum Erwerb von Aktien aus dem Vermögen des Minderjährigen, so unterfällt die Vertretung des Minderjährigen durch den gesetzlichen Vertreter[699] dem Genehmigungstatbestand des § 1811 BGB.

Handelt es sich um einen unentgeltlichen Erwerb, ist § 1811 BGB nicht anzuwenden. Dies ergibt sich aus einem Erst-Recht-Schluss von § 107 BGB. Ist das Verfügungsgeschäft für den Minderjährigen lediglich rechtlich vorteilhaft, darf das Rechtsgeschäft durch den gesetzlichen Vertreter nicht unter den Vorbehalt der familiengerichtlichen Genehmigung gestellt werden. Eine andere Lösung wäre auch wertungsmäßig nicht angezeigt. Werden dem Minderjährigen Aktien unentgeltlich zugewendet, muss er nicht vor Kursverlusten geschützt werden. Sein übriges Vermögen bleibt selbst im Verlustfalle unangetastet.

5. Sonstige Tatbestände

Werden einem Minderjährigen Gesellschaftsanteile übertragen, kommen neben §§ 1811, 1822 Nr. 3 und 1822 Nr. 10 BGB noch weitere gesetzliche Genehmigungstatbestände in Betracht[700].

---

697 Vgl. Wagenitz, in: MüKo-BGB, § 1811 Rn. 1.

698 Siehe oben unter Dritter Teil: B. IV. 1. b) bb).

699 Auf die Eltern ist die Vorschrift mangels Verweisung in § 1643 BGB nicht anwendbar. § 1642 Abs. 2 BGB a. F. enthielt bis zum 01.01.1980 eine entsprechende Regelung, die aber aufgehoben wurde. Diese können die Aktien für ihr minderjähriges Kind daher auch entgeltlich erwerben.

700 Vgl. auch Winkler, ZGR 1973, S. 177 ff. (S. 183 f.); Bürger, RNotZ 2006, S. 156 ff. (S. 160) für die GmbH.

Verfügt ein Minderjähriger durch Erbringung der Einlage über sein Vermögen im Ganzen, könnte sich eine Genehmigungspflicht aus § 1822 Nr. 1 BGB ergeben[701]. Das gilt unabhängig davon, ob der Minderjährige durch die Beteiligung an einer Gesellschaft einem Haftungsrisiko ausgesetzt wird.

Wird der Minderjährige vertraglich zu wiederkehrenden Leistungen verpflichtet, die länger als ein Jahr nach Eintritt seiner Volljährigkeit fortdauern sollen, ist an § 1822 Nr. 5 BGB zu denken[702]. Die Vorschrift erfasst allerdings nur Gegenseitigkeitsverträge[703]. Auch ist die Treuepflicht eines Kommanditisten allein nicht Gegenleistung im Verhältnis zur Übertragung der Mitgliedschaft[704]. Folglich ist der Tatbestand des § 1822 Nr. 5 BGB nicht erfüllt.

Soll der Minderjährige zu persönlichen Leistungen für längere Zeit als ein Jahr verpflichtet werden, kann sich ein Genehmigungsvorbehalt aus § 1822 Nr. 7 BGB ergeben[705]. Aber auch dieser Tatbestand scheidet für den Fall des Aktienerwerbs aus. Gesellschafterpflichten sind in der Regel nicht zugleich Dienstleistungspflichten[706].

6. *Ergebnis*

Die entgeltliche Übertragung von Anteilen an einer Personengesellschaft, in welcher der Minderjährige persönlich haftender Gesellschafter wird, ist nach § 1822 Nr. 3 Alt. 1 BGB genehmigungspflichtig. Bei der unentgeltlichen Übertragung ergibt sich die Genehmigungspflicht aus § 1822 Nr. 10 BGB. Das gilt aber nur insoweit, als die Personengesellschaft bereits Verbindlichkeiten eingegangen ist. Die Übertragung von Kommanditanteilen sowie Anteilen an einer Innengesellschaft (stille Beteiligung und Unterbeteiligung) unterfällt keinem Genehmigungstatbestand.

Die entgeltliche Übertragung von GmbH-Geschäftsanteilen bedarf nach § 1822 Nr. 3 Alt. 1 BGB der Genehmigung. Bei der unentgeltlichen Übertragung besteht eine Genehmigungspflicht nach § 1822 Nr. 10 BGB, sofern konkrete Anhaltspunkte für eine drohende Ausfallhaftung bestehen. Während die entgeltliche Übertragung von Aktien der Genehmigungspflicht gemäß § 1811 BGB[707] unterliegt, ist die unentgeltliche Übertragung genehmigungsfrei.

701 Veit, in: Staudinger, BGB 2014, § 1822 Rn. 2.
702 Veit, in: Staudinger, BGB 2014, § 1822 Rn. 109.
703 Motive zum Bürgerlichen Gesetzbuch, Band IV, S. 1142.
704 Damrau, ZEV 2000, S. 209 ff. (S. 210).
705 Veit, in: Staudinger, BGB 2014, § 1822 Rn. 133.
706 Veit, in: Staudinger, BGB 2014, § 1822 Rn. 137; Wagenitz, in: MüKo-BGB, § 1822 Rn. 47.
707 Beachte aber Hinweis oben unter Rn. 700.

Die zersplitterten Rechtsfolgen belegen die Notwendigkeit einer eindeutigen Regelung. Der Vorschlag[708], einen einheitlichen Tatbestand einzuführen, hat neben der Beseitigung von Schutzlücken auch Rechtsklarheit zum Ziel. Einer Heranziehung des § 1822 Nr. 10 BGB bedürfte es nicht mehr. Mit Ausnahme des entgeltlichen Aktienerwerbs fiele der Erwerb von Gesellschaftsanteilen durch Minderjährige ausnahmslos unter den dafür reservierten Genehmigungstatbestand (§ 1822 Nr. 3 BGB n. F.). Sofern eine Mitgliedschaft mit Haftungsrisiken verbunden ist, wäre eine Übertragung in jedem Falle genehmigungspflichtig.

C. Anteilserwerb von Todes wegen

Neben einem (rechtsgeschäftlichen) Erwerb unter Lebenden kann der Minderjährige auch durch einen Erwerb von Todes wegen in die Gesellschaft einrücken[709].

I. Grundlagen

Ein Erwerb von Todes wegen erfolgt gemäß § 1922 BGB im Wege der Gesamtrechtsnachfolge (Universalsukzession)[710]. Die Inhaberschaft an den Vermögensgegenständen des Erblassers (besser: Erbschaft) geht nicht aufgrund Einigung und Übergabe, sondern kraft Gesetzes auf den Erben über[711]. Aus diesem Grund sind rechtshindernde Einwendungen und Beschränkungen in der Vertretungsmacht für den Erwerb von Gesellschaftsanteilen in der Regel unbeachtlich[712]. Die §§ 105 ff., 181 und 1821, 1822 BGB finden grundsätzlich keine Anwendung[713].

Ausnahmsweise könnten diese, den Minderjährigen schützenden Vorschriften herangezogen werden, wenn entsprechende Regelungen im Gesellschaftsvertrag (als „gesellschaftsrechtliches Faktum“)[714] getroffen wurden. Zunächst

708 Siehe oben unter Dritter Teil: B. IV. 2. a) ee).

709 Biddermann, Der minderjährige Gesellschafter, S. 26 ff.; Büchel, Familiengesellschaften, S. 113 ff.; Riedlinger, Familienkommanditgesellschaft, S. 109 f.; K. Schmidt, Gesellschaftsrecht, § 19 II 1 a) S. 551; Stahl, Minderjährigenschutz, S. 118 ff.

710 Leipold, in: MüKo-BGB, § 1922 Rn. 117.

711 Leipold, in: MüKo-BGB, § 1922 Rn. 124.

712 Marotzke, in: Staudinger, BGB 2008, § 1922 Rn. 43.

713 Bei der Erbschaftsannahme (§ 1943 BGB) ist zu unterscheiden: Sie erfordert als rechtlich nachteilige Erklärung die elterliche Zustimmung, vgl. Schmitt, in: MüKo-BGB, § 107 Rn. 48; einer Genehmigungspflicht unterliegt sie indes nicht, vgl. Wagenitz, in: MüKo-BGB, § 1822 Rn. 8.

714 Reimann, DNotZ 1999, S. 179 ff. (S. 194).

sollte erörtert werden, welche gesellschaftsrechtlichen Regelungen für den Fall des Todes eines Gesellschafters gesetzlich bestehen. Im Anschluss wird untersucht, welche abweichenden Regelungen im Gesellschaftsvertrag möglich sind. Schließlich stellt sich die Frage, wie ein Vermächtnis zugunsten des Minderjährigen zu bewerten ist und welche Auswirkungen es hat, wenn der Gesellschafter mehrere Erben hinterlässt.

II. Gesetzliche Regelung

Für die verschiedenen Gesellschaftsformen gelten differenzierte Normen. Nach der gesetzlichen Regelung des § 727 Abs. 1 Halbsatz 1 BGB führt der Tod eines GbR-Gesellschafters zur Auflösung der Gesellschafts bürgerlichen Rechts[715]. Infolgedessen kommt nach der gesetzlichen Intention ein Erwerb von Anteilen an einer GbR durch Erbfolge nicht in Betracht. Damit trägt der Gesetzgeber der engen persönlichen Bindung der Gesellschafter untereinander Rechnung[716].

Verstirbt ein persönlich haftender Gesellschafter einer OHG oder KG, kommt es seit der Neuregelung des §§ 131 Abs. 3 Nr. 1, 161 Abs. 2 HGB (früher: § 131 Nr. 4 HGB a. F.) zum Ausscheiden des verstorbenen Gesellschafters und zur Fortführung der Gesellschaft unter Ausschluss der Erben[717]. Diese Regelung soll dem Interesse der verbleibenden Mitgesellschafter, der Arbeitnehmer der Gesellschaft und der Gläubiger gerecht werden[718]. Der bisher[719] geltende Grundsatz der *Personen*kontinuität wurde durch den Grundsatz der *Unternehmens*kontinuität ersetzt[720]. Die Fortführung der Gesellschaft erfolgt, indem den übrigen Gesellschaftern der Anteil des verstorbenen Gesellschafters zuwächst (§ 738 Abs. 1 Satz 1 BGB in Verbindung mit §§ 105 Abs. 3, 161 Abs. 2 HGB). Auch hier kommt der Erwerb von Gesellschaftsanteilen nicht in Betracht. Für den Erben bestehen lediglich Ansprüche aus §§ 738 Abs. 1 Satz 2, 740 BGB in Verbindung mit §§ 105 Abs. 3, 161 Abs. 2 HGB, in erster Linie also Abfindungsansprüche[721].

Bei dem Tod eines Kommanditisten wird die Gesellschaft mit den Erben fortgeführt (§ 177 HGB). Wer in der Mitgliedschaft des verstorbenen

715 Schäfer, in: MüKo-BGB, § 727 Rn. 6.
716 Zöller, MittRhNotK 1999, S. 122 ff. (S. 123).
717 K. Schmidt, in: MüKo-HGB, § 131 Rn. 61.
718 Klein/Lindemeier, in: MüHdb-GesR, Bd. 2, § 40 Rn. 7.
719 Bis zur Handelsrechtsreform 1998.
720 Klein/Lindemeier, in: MüHdb-GesR, Bd. 2, § 40 Rn. 7.
721 Strohn, in: Ebenroth/Boujong/Joost/Strohn, HGB, § 177 Rn. 6; vgl. auch Büchel, Familiengesellschaften, S. 235 ff., zum Ausschluss des Abfindungsanspruchs.

Kommanditisten nachfolgt, ist von der gesetzlichen oder gewillkürten Erbfolge des Gesellschafters abhängig. Der Gesetzgeber ging davon aus, dass nur dadurch – und nicht durch Ausscheiden eines Kommanditisten – dem regelmäßigen Willen der Beteiligten Rechnung getragen werden könne[722]. Der Übergang eines Kommanditanteils erfolgt kraft Erbrechts[723]. Auch ein minderjähriger Erbe tritt automatisch in die Gesellschaft ein.

Bei der stillen Beteiligung und der Unterbeteiligung führt der Tod eines Gesellschafters gemäß § 234 Abs. 2 HGB (bei der Unterbeteiligung analog)[724] nicht zur Auflösung der Innengesellschaft. In den Augen des Gesetzgebers kommt es für den Fortbestand der stillen Gesellschaft und der Unterbeteiligung auf die Person des stillen Gesellschafters oder Unterbeteiligten noch weniger an als auf die Person des Kommanditisten[725]. Als Teil des Nachlasses geht die Beteiligung unmittelbar auf den Erben des stillen Gesellschafters über[726]. Die Innengesellschaft wird mit den Erben fortgeführt. Allerdings ist die Vorschrift des § 234 Abs. 2 HGB dispositiv[727]. Bei abweichender gesellschaftsvertraglicher Regelung ist eine Auflösung für den Fall des Todes des stillen Gesellschafters möglich.

War der Erblasser Gesellschafter einer Kapitalgesellschaft, gilt der Vorrang des Erbrechts vor dem Gesellschaftsrecht[728]. Die Geschäftsanteile des verstorbenen GmbH-Gesellschafters gehen als selbständige Vermögensrechte ohne weiteres auf die Erben über (§ 15 Abs. 1 Alt. 2 GmbHG)[729]. Dasselbe gilt für die Beteiligung an einer Aktiengesellschaft. Sie gehört zum Nachlass und ist somit frei vererblich[730].

III. Privatautonome Regelungen

Im Folgenden soll untersucht werden, in welchem Umfang durch privatautonome Regelungen von diesen gesetzlichen Vorschriften abgewichen werden kann und welche Auswirkungen ein Abweichen auf den Erwerb von Gesellschaftsanteilen

722 K. Schmidt, in MüKo-HGB, § 177 Rn. 4.
723 Strohn, in: Ebenroth/Boujong/Joost/Strohn, HGB, § 177 Rn. 8.
724 Strohn, in: Ebenroth/Boujong/Joost/Strohn, HGB, § 234 Rn. 37.
725 K. Schmidt, in MüKo-HGB, § 234 Rn. 56.
726 Für die stille Gesellschaft Polzer, in: MüHdb-GesR, Bd. 2, § 91 Rn. 25; für die Unterbeteiligung Gayk, in: MüHdb-GesR, Bd. 1, § 30 Rn. 66.
727 Polzer, in: MüHdb-GesR, Bd. 2, § 91 Rn. 30.
728 Ebbing, in: Michalski, GmbHG, § 15 Rn. 6.
729 Reichert/Wellert, in MüKo-GmbHG, § 15 Rn. 438; die Geschäftsanteile sind auch schon vor Eintragung vererblich, vgl. Merkt, in MüKo-GmbHG, § 11 Rn. 41.
730 Leipold, in: MüKo-BGB, § 1922 Rn. 55.

durch Minderjährige hat. Fortsetzungsklausel und erbrechtliche Nachfolgeklausel sind nur bei Personengesellschaften von Bedeutung. Erbrechtliche Eintrittsklausel sowie rechtsgeschäftliche Nachfolgeklausel können sowohl in dem Gesellschaftsvertrag einer Personen- als auch einer Kapitalgesellschaft vereinbart werden.

1. *Fortsetzungsklausel*

In dem Gesellschaftsvertrag einer GbR kann eine Fortsetzungsklausel vereinbart werden (§§ 727 Abs. 1 Halbsatz 2, 736 BGB)[731]. Diese sieht vor, dass die GbR, entgegen der gesetzlichen Regelung, mit den übrigen Gesellschaftern fortgeführt wird[732]. Der Tod eines Gesellschafters bewirkt dann keine Auflösung der Gesellschaft[733]. Eine solche privatautonome Regelung entspricht der gesetzlichen Regelung beim Tod eines persönlich haftenden Gesellschafters einer Personenhandelsgesellschaft[734]. In diesem Fall findet kein Erwerb des Gesellschaftsanteils von Todes wegen statt.

2. *Erbrechtliche Nachfolgeklausel*

Ferner kann eine erbrechtliche Nachfolgeklausel vereinbart werden. Während eine einfache Nachfolgeklausel alle Erben entsprechend ihrer jeweiligen Beteiligung am Nachlass erfasst, folgen bei einer qualifizierten Nachfolgeklausel nur einzelne bestimmte Erben in die Gesellschaft nach[735]. Ein solcher Erwerb der Anteile am Nachlass vorbei ist nur im Personengesellschaftsrecht möglich[736]. Bei Kapitalgesellschaften kann in der Satzung für den Fall des Todes kein unmittelbarer Übergang des Geschäftsanteils wirksam vereinbart werden[737].

---

731 Schäfer, in: MüKo-BGB, § 727 Rn. 4.

732 Schäfer, in: MüKo-BGB, § 727 Rn. 4.

733 Diese Rechtsfolge kann auch noch nach Auflösung der Gesellschaft (jedoch vor Vollbeendigung) durch einen nachträglichen Fortsetzungsbeschluss erzielt werden, vgl. Zöller, MittRhNotK 1999, S. 122 ff. (S. 124).

734 Schäfer, in: MüKo-BGB, § 727 Rn. 2.

735 Klein/Lindemeier, in: MüHdb-GesR, Bd. 2, § 42 Rn. 7 f.

736 Reichert/Weller, in MüKo-GmbHG, § 15 Rn. 440.

737 Leipold, in: MüKo-BGB, § 1922 Rn. 55 f.: Allerdings kann eine Einziehung des Geschäftsanteils oder der Aktie vorgesehen werden. Bei der GmbH kann auch bestimmt werden, dass die Erben den ererbten Anteil abzutreten haben; mittelbar kann damit die freie Vererblichkeit zugunsten bestimmter Gestaltungsziele eingeschränkt werden, vgl. Ebbing, in: Michalski, GmbHG, § 15 Rn. 8 für die GmbH.

Die einfache Nachfolgeklausel entspricht der Regelung des § 177 HGB im Falle des Todes eines Kommanditisten[738]. Auch bei einer stillen Gesellschaft ist die Fortführung durch die Erben gesetzlich möglich. Diese Rechtsfolge ergibt sich zwar nicht unmittelbar aus dem Wortlaut des § 234 Abs. 2 HGB. Sie lässt sich aber aus der Zugehörigkeit der stillen Beteiligung zum Nachlass des stillen Gesellschafters folgern[739]. Der minderjährige Erbe folgt dem Erblasser *ipso iure* in der Gesellschaft nach[740]. Ein Aufnahmevertrag muss nicht geschlossen werden. Die dogmatische Schwierigkeit der qualifizierten Nachfolgeklausel, wie ein *Mit*erbe kraft Erbrechts *alleiniger* Erbe der Mitgliedschaft werden kann, ist heute überwunden[741]. Es ist anerkannt, dass eine erbrechtliche Nachfolge stattfindet. Die gesellschaftsrechtliche Beteiligung fällt bei dem durch die Nachfolgeklausel bestimmten Miterben unmittelbar und in vollem Umfang an[742]. Mangels Rechtsgeschäfts unter Lebenenden bedarf es keiner Willenserklärung des Minderjährigen. Die §§ 107, 181 BGB sind unanwendbar. Fraglich ist, ob ein Genehmigungstatbestand gegeben ist.

Nach nunmehr einhelliger Ansicht[743] ist keine gerichtliche Genehmigung nach § 1822 Nr. 3 BGB einzuholen. Die Anwendbarkeit des Genehmigungskatalogs scheide aus, weil der Anteilserwerb von Gesetzes wegen erfolge. Dieser Argumentation sei zwar durch die Rechtsprechung des Bundesverfassungsgerichts[744] zunächst der Boden entzogen worden[745]. In einer früheren Auflage[746] wurde daher noch eine Genehmigungsbedürftigkeit bejaht. Nach Einfügung des § 1629a BGB durch das Minderjährigenhaftungsbegrenzungsgesetz[747] habe die

738 Schäfer, in: MüKo-BGB, § 727 Rn. 2.

739 Gehrlein, in: Ebenroth/Boujong/Joost/Strohn, HGB, § 231 Rn. 36; Polzer, in: MüHdb-GesR, Bd. 2, § 91 Rn. 31; K. Schmidt, in MüKo-HGB, § 234 Rn. 56.

740 Reimann, DNotZ 1999, S. 179 ff. (S. 194).

741 K. Schmidt, Gesellschaftsrecht, § 45 V 5 b) S. 1344 f. m. w. N.

742 K. Schmidt, Gesellschaftsrecht, § 45 V 5 b) S. 1344 f. mit Hinweis auf BGH, Urteil vom 10.2.1977 – II ZR 120/75 = NJW 1977, S. 1339 ff.

743 Buck, Minderjährige, S. 184; Büchel, Familiengesellschaften, S. 119 ff.; Lorz, in: Ebenroth/Boujong/Joost/Strohn, HGB, § 139 Rn. 14; Reimann, DNotZ 1999, S. 179 ff. (S. 194); Roth, in: Baumbach/Hopt, HGB, § 105 Rn. 26 und § 139 Rn. 12; Schäfer, in: Staub, HGB, § 139 Rn. 38; Stöber, Rpfleger 1968, S. 2 ff. (S. 9); Wagenitz, in: MüKo-BGB, § 1822 Rn. 23; Winkler, ZGR 1973, S. 177 ff. (S. 191).

744 BVerfG, Beschluss vom 13.5.1986 – 1 BvR 1542/84, NJW 1986, S. 1859 ff.

745 Wagenitz, in: MüKo-BGB, § 1822 Rn. 23.

746 Vgl. 3. Auflage, § 1822 Rn. 23.

747 Gesetz zur Beschränkung der Haftung Minderjähriger vom 25. August 1998 (BGBl I 1998, 2487).

Argumentation aber ihre Berechtigung zurückgewonnen. Dem Schutzinteresse des Minderjährigen sei durch diese Haftungsbeschränkung Rechnung getragen. Die gesellschaftsrechtliche Nachfolge eines Minderjährigen von Todes wegen unterliege keiner Genehmigungspflicht.

Dem ist zuzustimmen. § 1822 Nr. 3 BGB bezweckt den Schutz vor rechtsgeschäftlichen Gefahren. Das BVerfG[748] hat entschieden, dass eine Erweiterung auf die erbrechtliche Nachfolge ausscheidet. Der Vorschrift des § 1629a BGB kommt in solchen Fällen alleinige Relevanz zu. Gleiches gilt für die qualifizierte Nachfolgeklausel. Aus Sicht des minderjährigen Erben kann es keinen Unterschied machen, ob er, zusammen mit etwaigen Miterben, entsprechend seiner Beteiligung am Nachlass erbt oder ob er als einzelner Erbe bestimmt wurde. Zwar ist er als qualifizierter Erbe unter Umständen zur Erfüllung von Abfindungsansprüchen verpflichtet. Allerdings handelt es sich bei solchen lediglich um eine Beschränkung einer erworbenen Rechtsposition. Die Ansprüche der Miterben kann der Minderjährige aus den ihm zugefallenen Gesellschaftsanteilen erfüllen. Darüber hinaus stehen dem Minderjährigen bei einem Anteilserwerb von Todes wegen Handlungsinstrumente, wie Erbschaftsausschlagung und Wahlrecht nach § 139 HGB, zur Verfügung. Die Norm des § 1822 Nr. 3 BGB ist unanwendbar.

Möglicherweise findet § 1822 Nr. 10 BGB auf eine erbrechtliche Nachfolgeklausel Anwendung. In der Literatur finden sich zu dieser Frage keine Äußerungen. Den persönlich haftenden Gesellschafter trifft eine Haftung aus §§ 130, 161 Abs. 2 HGB. Dabei ist es unerheblich, auf welche Art und Weise die Mitgliedschaft erworben wird. Denn auch den Nachfolger-Erben trifft – über die allgemeine erbrechtliche Haftung gemäß §§ 1967 ff. BGB hinaus – diese gesellschaftsrechtliche Haftung[749]. Für eine Anwendbarkeit des § 1822 Nr. 10 BGB könnte sprechen, dass auch Verbindlichkeiten aus gesetzlicher Haftung unter den Tatbestand fallen. Es muss sich aber um eine gesetzliche Folge eines Rechtsgeschäfts handeln[750]. Bei einer erbrechtlichen Nachfolge findet jedoch gerade kein rechtsgeschäftlicher Erwerb statt[751]. Aus diesem Grund kommt bei einer erbrechtlichen Nachfolgeklausel auch keine Genehmigung nach § 1822 Nr. 10 BGB in Betracht.

---

748 BVerfG, Beschluss vom 13.5.1986 – 1 BvR 1542/84, NJW 1986, S. 1859 ff.

749 Vgl. Klein/Lindemeier, in: MüHdb-GesR, Bd. 1, § 11 Rn. 31 für die GbR.

750 Wagenitz, in: MüKo-BGB, § 1822 Rn. 65.

751 K. Schmidt, Gesellschaftsrecht, § 45 V 5 b) S. 1345; Stöber, Rpfleger 1968, S. 2 ff. (S. 9); Winkler, ZGR 1973, S. 177 ff. (S. 192).

3. *Erbrechtliche Eintrittsklausel*

Von der erbrechtlichen Nachfolgeklausel ist die erbrechtliche Eintrittsklausel zu unterscheiden[752]. Bei der erbrechtlichen Eintrittsklausel folgt der Erbe nicht kraft Erbrechts in die Gesellschaft nach[753]. Dem Erben wird lediglich gesellschaftsvertraglich das Recht eingeräumt, die Aufnahme in die Gesellschaft zu verlangen[754]. Dabei handelt es sich um einen berechtigenden Vertrag zugunsten Dritter im Sinne der §§ 328 ff. BGB[755]. Der Vertrag ist auch ohne Mitwirkung des Minderjährigen wirksam[756]. Mit dem Tode des Erblassers erlischt das Mitgliedschaftsrecht. Die Gesellschaft als solche besteht aber fort[757].

Der Vollzug des Eintritts erfolgt entweder durch Abschluss eines neuen Gesellschaftsvertrages oder durch Annahmeerklärung einer bereits im Gesellschaftsvertrag enthaltenen Offerte[758]. Ist der gesetzliche Vertreter des minderjährigen Erben selbst an der Gesellschaft beteiligt, bedarf es nach einhelliger Ansicht der Mitwirkung eines Ergänzungspflegers[759]. Umstritten ist, ob eine Genehmigung nach § 1822 Nr. 3 Alt. 2 BGB erforderlich ist.

Die herrschende Meinung[760] bejaht dies, da ein Gesellschaftsvertrag geschlossen werde. Den Berechtigten bleibe zwar eine Klage auf Aufnahme erspart[761]. Aber der Aufnahmevertrag als solcher erübrige sich nicht. Zudem lebe erst

---

752 Die erbrechtliche Eintrittsklausel ist auch bei Kapitalgesellschaften denkbar, etwa wenn der Gesellschaftsvertrag vorsieht, dass beim Tod eines Gesellschafters dessen Anteil abzutreten ist und gleichzeitig einem Erben das Recht eingeräumt wird, diesen Anteil zu übernehmen, vgl. Reimann, DNotZ 1999, S. 179 ff. (S. 195).

753 Klein/Lindemeier, in: MüHdb-GesR, Bd. 2, § 42 Rn. 17.

754 Es handelt sich also nicht um einen Erwerb von Todes wegen. Aus systematischen Gründen wird die Eintrittsklausel aber an dieser Stelle behandelt.

755 Schäfer, in: MüKo-BGB, § 727 Rn. 57.

756 Damrau, ZEV 2000, S. 209 ff. (S. 213); für die stille Gesellschaft Polzer, in: MüHdb-GesR, Bd. 2, § 91 Rn. 31.

757 Winkler, ZGR 1973, S. 177 ff. (S. 191).

758 Klein/Lindemeier, in: MüHdb-GesR, Bd. 2, § 41 Rn. 86 f.

759 Lorz, in: Ebenroth/Boujong/Joost/Strohn, HGB, § 139 Rn. 39; Klein/Lindemeier, in: MüHdb-GesR, Bd. 2, § 41 Rn. 88.

760 Buck, Minderjährige, S. 190; Kamanabrou, in: Oetker, HGB, § 139 Rn. 37; Klein/Lindemeier, in: MüHdb-GesR, Bd. 2, § 41 Rn. 88; Lorz, in: Ebenroth/Boujong/ Joost/Strohn, HGB, § 139 Rn. 39; Reimann, DNotZ 1999, S. 179 ff. (S. 195); K. Schmidt, in MüKo-HGB, § 139 Rn. 29; Stöber, Rpfleger 1968, S. 2 ff. (S. 9); Wagenitz, in: MüKo-BGB, § 1822 Rn. 23; Winkler, ZGR 1973, S. 177 ff. (S. 191).

761 Winkler, ZGR 1973, S. 177 ff. (S. 191).

durch diese Erklärung die Zugehörigkeit zur Gesellschaft auf. Der Anlass des Vertragsschlusses sei im Übrigen gleichgültig[762].

Die Gegenansicht[763] verlangt keine Genehmigung. In der erbrechtlichen Eintrittsklausel sei eine wirtschaftliche Gleichwertigkeit zur erbrechtlichen Nachfolgeklausel zu sehen[764]. Weil es sich um einen direkten erbrechtlichen Erwerb handele, sei die Genehmigungsfreiheit unumstritten. Für die erbrechtliche Eintrittsklausel dürfe, sofern der Erwerb unentgeltlich erfolge, nichts anderes gelten. Bereits die Gesetzesverfasser[765] hätten es als angemessen erachtet, den Erwerb durch Erbfolge oder durch Vermächtnis dem Fall des unentgeltlichen rechtsgeschäftlichen Erwerbs gleichzustellen[766].

Der Ansicht von *Damrau*[767] ist insofern zuzustimmen, als es sich um einen direkten Erwerb handelt. Der Minderjährige kann den Eintritt in die Gesellschaft einseitig verlangen. Dieses Verlangen ist aber nicht erbrechtlicher Natur. Der kraft Erbanfalls erworbenen Rechtsposition ist eine gesellschaftsvertragliche Vereinbarung vorgeschaltet. Dieses zeitlich vorgelagerte Rechtsgeschäft unterliegt den Schutzvorschriften des Minderjährigenrechts. Bei dem Erwerb von Gesellschaftsanteilen aufgrund erbrechtlicher Eintrittsklausel ist ein Gleichklang zu dem Erwerb durch Aufnahme in eine Gesellschaft herzustellen. In beiden Fällen ist eine Mitwirkung des gesetzlichen Vertreters an dem Abschluss des Rechtsgeschäfts erforderlich (§§ 107, 108 Abs. 1 BGB). Die Willenserklärung eines Minderjährigen unterliegt auch hier dem Genehmigungserfordernis. Hinsichtlich der Differenzierung zwischen den verschiedenen Gesellschaftsformen sei nach oben[768] verwiesen. Grundsätzlich besteht Genehmigungsbedarf.

Nur bei dem Eintritt in eine rein vermögensverwaltende Gesellschaft erübrigt sich eine Genehmigung. Das Tatbestandsmerkmal *Betrieb eines Erwerbsgeschäfts* ist nicht erfüllt. Bei dem Erwerb einer Kommanditbeteiligung ist zu berücksichtigen, dass der Eintritt im Wege einer Eintrittsklausel tatbestandlich

762 Wagenitz, in: MüKo-BGB, § 1822 Rn. 23.

763 Brox, in: Festschrift für F. W. Bosch, 1976, S. 75 ff. (S. 81 f.); Damrau, ZEV 2000, S. 209 ff. (S. 213); ders., Der Minderjährige im Erbrecht, Rn. 161.

764 Damrau, ZEV 2000, S. 209 ff. (S. 213); ders., Der Minderjährige im Erbrecht, Rn. 161.

765 Motive zum Bürgerlichen Gesetzbuch, Band IV, S. 1145.

766 Brox, in: Festschrift für F. W. Bosch, 1976, S. 75 ff. (S. 82).

767 Damrau, ZEV 2000, S. 209 ff. (S. 213); ders., Der Minderjährige im Erbrecht, Rn. 161.

768 Siehe oben unter Dritter Teil: A. IV.

von § 176 Abs. 2 HGB erfasst wird[769]. Der Erwerb ist daher nur in den Fällen genehmigungsfrei, in denen eine unbeschränkte Eintrittshaftung dadurch vermieden wird, dass der Eintritt des minderjährigen Kommanditisten unter die aufschiebende Bedingung der Handelsregistereintragung gestellt wird.

4. *Rechtsgeschäftliche Nachfolgeklausel*

Eine rechtsgeschäftliche Nachfolgeklausel setzt voraus, dass zwischen dem zukünftigen Erblasser und dem vorgesehenen Nachfolger-Erben ein aufschiebend bedingtes Verfügungsgeschäft (unter Lebenden)[770] abgeschlossen wird[771]. Um die spätere – für die Anteilsübertragung erforderliche – Zustimmung der Mitgesellschafter zu sichern, ist in dem Gesellschaftsvertrag auf diese Vereinbarung Bezug zu nehmen[772]. In dieser vertraglichen Bezugnahme wird eine rechtsgeschäftliche Nachfolgeklausel gesehen. Der Gesellschaftsvertrag bedarf zudem der Mitwirkung des Minderjährigen, da es sich sonst um einen (unwirksamen) Vertrag zulasten Dritter handeln würde[773].

Ein Minderjähriger hat also nicht nur an dem Verfügungsgeschäft, sondern auch an dem Gesellschaftsvertrag mitzuwirken. Diese Willenserklärung wird vom Minderjährigenschutz erfasst. Der Genehmigungstatbestand des § 1822 Nr. 3 Alt. 2 BGB ist unabhängig davon anwendbar, ob es sich um eine Personen- oder Kapitalgesellschaften handelt[774].

IV. Minderjährige als Vermächtnisnehmer

Neben den bereits erwähnten privatautonomen Regelungen besteht die Möglichkeit, dass ein Minderjähriger nicht Erbe wird, sondern aufgrund eines ihn legitimierenden Vermächtnisses (§§ 1939, 2147 ff. BGB) in die Gesellschaft nachfolgen soll[775].

---

769 Vgl. K. Schmidt, in MüKo-HGB, § 176 Rn. 25.

770 Auch hier handelt es sich nicht um einen Erwerb von Todes wegen. Aber wie die Eintrittsklausel wird auch die rechtsgeschäftliche Nachfolgeklausel aus systematischen Gründen an dieser Stelle behandelt.

771 Klein/Lindemeier, in: MüHdb-GesR, Bd. 1, § 11 Rn. 22 für die GbR; Klein/Lindemeier, in: MüHdb-GesR, Bd. 1, § 79 Rn. 27 ff. für die OHG.

772 K. Schmidt, in MüKo-HGB, § 139 Rn. 24.

773 BGH, Urteil vom 10.2.1977 – II ZR 120/75 = BGH 1977, S. 1339 ff.; unter Umständen kann die Nachfolgeklausel auch in eine Eintrittsklausel umgedeutet werden.

774 Gleiche Ansicht Reimann, DNotZ 1999, S. 179 ff. (S. 196).

775 Otte, in: Staudinger, BGB 2013, Vorbemerkungen zu §§ 2147 - 2191 Rn. 2; Stürner, in: Jauernig, BGB, § 2147 Rn. 3.

1. Ausgangslage

In einem solchen Fall findet – wie bei der erbrechtlichen Eintrittsklausel und der rechtsgeschäftlichen Nachfolgeklausel – kein Erwerb von Gesetzes wegen statt[776]. Der Minderjährige kann die Gesellschafterstellung nur durch Abschluss eines Aufnahmevertrages erlangen. Für diesen ist mangels lediglich rechtlichen Vorteils des Rechtsgeschäfts die Zustimmung durch den gesetzlichen Vertreter notwendig[777]. Selbst wenn der gesetzliche Vertreter des Minderjährigen zugleich Gesellschafter ist, findet § 181 BGB keine Anwendung. In diesem Fall erfolgt das Selbstkontrahieren in Erfüllung der Verbindlichkeit aus dem Vermächtnis[778]. Es bedarf daher keiner Mitwirkung eines Ergänzungspflegers, wenn der gesetzliche Vertreter der Erbe ist, gegen den sich der Vermächtnisanspruch richtet.

2. § 1822 Nr. 3 BGB

Ob ein minderjähriger Vermächtnisnehmer zum Erwerb von Gesellschaftsanteilen einer familiengerichtlichen Genehmigung bedarf, ist umstritten.

a) Anwendbarkeit der Genehmigungstatbestände

Ein Teil der Literatur[779] spricht sich unter Verweis auf den Wortlaut des Tatbestandes für eine Genehmigungspflicht aus. Der minderjährige Vermächtnisnehmer erlange seine Gesellschafterstellung erst mit Einvernehmen aller Gesellschafter, also durch den Abschluss eines Gesellschaftsvertrages. Dieses Einverständnis müsse dem Abschluss eines Gesellschaftsvertrags gleichgestellt werden. Aus diesem Grund sei § 1822 Nr. 3 Alt. 2 BGB anwendbar. Es solle nicht auf die äußere Form des Vertrages abgestellt werden, sondern auf die mit dem

---

776 Otte, in: Staudinger, BGB 2008, § 1939 Rn. 3.

777 Otte, in: Staudinger, BGB 2013, § 2147 Rn. 27; vgl. auch Damrau, Der Minderjährige im Erbrecht, Rn. 57, der darauf hinweist, dass der Minderjährige zwar ein Recht erwerbe, ihm aber die sog. Empfangszuständigkeit fehle.

778 Bürger, RNotZ 2006, S. 156 ff. (S. 168); Palandt/Ellenberger, § 181 Rn. 22; Valenthin, in: Bamberger/Roth, BGB, § 181 Rn. 39; vgl. auch Menzel/Wolf, MittBayNot 2010, S. 186 ff. (S. 190): Es sei unerheblich, ob der Erwerb rechtlich nachteilig ist.

779 Buck, Minderjährige, S. 187; Keim, ZEV 2011, S. 563 ff. (S. 567); Otte, in: Staudinger, BGB 2013, § 2147 Rn. 27; Rudy, in: MüKo-BGB, § 2147 Rn. 17; Stöber, Rpfleger 1968, S. 2 ff. (S. 9); RGRK/Weipert, HGB, § 139 Bem. 17; Winkler, ZGR 1973, S. 177 ff. (S. 191); Stahl, Minderjährigenschutz, S. 124.

Vertrag verbundene Wirkung[780]. Im Übrigen handele es sich bei dem Anteilserwerb aufgrund Eintrittsrechts eigentlich um ein Rechtsgeschäft unter Lebenden, das nur aus systematischen Gründen im Rahmen des Erwerbs von Todes wegen behandelt werde.

Die generelle Anwendbarkeit bedeute aber nicht, dass die Vorschrift bei jedem Vermächtnis über Gesellschaftsbeteiligungen tatbestandlich erfüllt sei[781]. Beim Eintritt in eine GbR, die nicht auf den Betrieb eines Erwerbsgeschäfts gerichtet ist, sondern allein dem Zweck der privaten Verwaltung des Familienvermögens diene, komme eine Genehmigung nicht in Betracht. Zudem falle der Erwerb von Beteiligungen an einer AG oder einer GmbH nicht unter § 1822 Nr. 3 Alt. 2 BGB, da das Erwerbsgeschäft der juristischen Person und nicht etwa dem einzelnen Gesellschafter zuzuordnen sei.

b) Keine Anwendbarkeit der Genehmigungstatbestände

Die Gegenansicht in der Literatur[782] verneint die Anwendbarkeit des § 1822 Nr. 3 Alt. 2 BGB. Der Genehmigungstatbestand erfasse nur Verpflichtungsgeschäfte, nicht aber zur Erfüllung des Vermächtnisanspruchs abgeschlossene Erfüllungsgeschäfte[783]. Eine wortlautgetreue Anwendung des § 1822 Nr. 3 Alt. 2 BGB sei im Hinblick darauf, dass der Eintritt kraft Erbfolge genehmigungsfrei ist, wenig plausibel[784]. Die Fortsetzung einer Gesellschaft durch einen aufgrund eines Vermächtnisses legitimierten Dritten bedürfe daher wie die Fortsetzung durch einen Erben keiner Genehmigung. Zudem sei der Vorgang systematisch unter § 1822 Nr. 2 BGB (Ausschlagung) zu subsumieren. Schlage der gesetzliche Vertreter das Vermächtnis nicht aus, sei das Erfüllungsgeschäft zugunsten des Minderjährigen von einer Genehmigung freigestellt.

Zwar bedürfe ein Aufnahmevertrag in Erfüllung einer schuldrechtlichen Verpflichtung grundsätzlich der Genehmigung nach § 1822 Nr. 3 Alt. 2 BGB[785]. Von dieser Regel sei aber eine Ausnahme zu machen, wenn die schuldrechtliche Verpflichtung aus einem Vermächtnis herrühre. Der Grund liege im normati-

---

780 Stahl, Minderjährigenschutz, S. 124.

781 Keim, ZEV 2011, S. 563 ff. (S. 567).

782 Büchel, Familiengesellschaften, S. 123 ff.; Bürger, RNotZ 2006, S. 156 ff. (S. 168); Damrau, Der Minderjährige im Erbrecht, Rn. 162; Menzel/Wolf, MittBayNot 2010, S. 186 ff. (S. 190); Reimann, DNotZ 1999, S. 179 ff. (S. 195).

783 Bürger, RNotZ 2006, S. 156 ff. (S. 168); Menzel/Wolf, MittBayNot 2010, S. 186 ff. (S. 190).

784 Reimann, DNotZ 1999, S. 179 ff. (S. 195).

785 Büchel, Familiengesellschaften, S. 123 ff.

ven Zusammenhang zwischen dem Erwerb durch Erbfolge und dem Erwerb in Erfüllung eines Vermächtnisses. Dieser Wertungsgesichtspunkt sei schon durch den historischen Gesetzgeber mit der Formulierung zum Ausdruck gebracht worden: *„Da zu dem Erwerbe eines Erwerbsgeschäfts durch Erbfolge oder Vermächtnis die Genehmigung des Vormundschaftsgerichts nicht erforderlich ist (...)"*[786].

c) Stellungnahme

§ 1822 Nr. 3 BGB erfasst nicht nur das obligatorische Rechtsgeschäft. Nach einhelliger Ansicht fällt auch das Erfüllungsgeschäft unter den Tatbestand[787]. Ein Argument gegen die Genehmigungspflicht lässt sich daraus daher nicht ableiten. Ferner ist es nicht widersprüchlich, den Erwerb durch Erfüllung des Vermächtnisanspruchs unter Genehmigungsvorbehalt zu stellen, während der sich kraft Erbfolge vollziehende Eintritt genehmigungsfrei ist. Der Aufnahmevertrag setzt schließlich die Abgabe einer Willenserklärung durch den gesetzlichen Vertreter voraus. Vor dieser Willenserklärung ist der Minderjährige zu schützen.

Im Ergebnis besteht das Erfordernis einer Genehmigungspflicht nach § 1822 Nr. 3 BGB bei einem Vermächtnis in gleicher Weise wie bei der Aufnahme in eine Gesellschaft[788]. Danach sind Vermächtnisse über die Beteiligung an einer Personengesellschaft grundsätzlich genehmigungspflichtig. Eine Ausnahme gilt für den Fall, dass dem Minderjährigen eine Kommanditbeteiligung vermacht und durch entsprechende Vereinbarung im Gesellschaftsvertrag eine Eintrittshaftung nach § 176 Abs. 2 HGB ausgeschlossen wird. Ein Vermächtnis zur Beteiligung an einer GmbH ist genehmigungsbedürftig, an einer AG nicht.

3. § 1822 Nr. 10 BGB

Bei einem Vermächtnis ist auch die Tatbestandsmäßigkeit nach § 1822 Nr. 10 BGB denkbar. Bei Personengesellschaften ist eine Genehmigung einzuholen, sofern der Minderjährige tatsächlich Verbindlichkeiten nach § 130 HGB übernimmt. Bei der GmbH ist der Tatbestand des § 1822 Nr. 10 BGB einschlägig, wenn im Zeitpunkt des Aufnahmevertrages konkrete Anhaltspunkte für eine Ausfallhaftung (§ 24 GmbHG) bestehen.

---

786 Motive zum Bürgerlichen Gesetzbuch, Band IV, S. 1145.

787 Piehler/Schulte, in: MüHdb-GesR, Bd. 2, § 35 Rn. 13; Soergel/lZimmermann, BGB, § 1822 Rn. 11.

788 Siehe oben unter Dritter Teil: A. IV. 4.

V. Mehrere Erben

Bei Kapitalgesellschaften können mehrere Erben Inhaber eines Gesellschaftsanteils zur gesamten Hand werden (§ 2032 BGB)[789]. Die Miterbengemeinschaft ändert an dem rechtlichen Bestand der Gesellschaft nichts. Bei Personengesellschaften gestaltet sich die Rechtslage abweichend. Hinterlässt der Erblasser mehrere Erben, ist zwischen der Fortführung eines Handelsgeschäfts und der Fortführung einer Gesellschaft zu unterscheiden.

1. Fortführung eines Handelsgeschäfts

Die Nachfolge in ein einzelkaufmännisch betriebenes Handelsgeschäft vollzieht sich nach erbrechtlichen Grundsätzen[790]. Mehrere Erben rücken in Erbengemeinschaft nach. Hierbei stellt sich zunächst die Frage, ob mit der Fortführung eines ererbten Handelsgeschäfts durch mehrere Miterben ein gesellschaftlicher Zusammenschluss der Miterben verbunden ist. Der *BGH*[791] hat entschieden, die Fortführung stelle nur dann die Gründung einer Personengesellschaft dar, wenn sie auf Grundlage eines – wenn auch durch konkludentes Handeln zustande gekommenen – Gesellschaftsvertrages erfolge[792]. Auch bei einer langdauernden Unternehmensfortführung durch die Erben kann nicht ohne weiteres ein dahingehender Vertragsschluss angenommen werden[793].

Die Fortführung eines Einzelunternehmens durch eine Erbengemeinschaft kann einer Genehmigung nach § 1822 Nr. 3 Alt. 2 BGB bedürfen. Wird eine neue Gesellschaft gegründet, ist der Tatbestand einschlägig[794]. Wird ein einzelkaufmännisches Unternehmen durch die Erbengemeinschaft lediglich fortgeführt, war die Genehmigungspflicht umstritten. Die Entscheidung des *BGH*[795], eine Genehmigungspflicht zugunsten der Rechtssicherheit zu verneinen, führte zu einer Verfassungsbeschwerde. Das *Bundesverfassungsgericht*[796] entschied daraufhin, es sei nicht seine Aufgabe, eine analoge Anwendung vorzuschreiben. Stattdessen hat es den Gesetzgeber angewiesen, eine gesetzliche Neuregelung zu

---

789 Reichert/Weller, in: MüKo-GmbHG, § 15 Rn. 443.
790 Heidinger, in MüKo-HGB, § 22 Rn. 24.
791 BGH, Urteil vom 8.10.1984 – II ZR 223/83 = NJW 1985, S. 136 ff.
792 Wagenitz, in: MüKo-BGB, § 1822 Rn. 24.
793 Ruppel, Handelsgesellschaften, S. 28.
794 Wagenitz, in: MüKo-BGB, § 1822 Rn. 24.
795 BGH, Urteil vom 8.10.1984 – II ZR 223/83 = NJW 1985, S. 136 ff.
796 BVerfG, Beschluss vom 13.5.1986 – 1 BvR 1542/84 = NJW 1986, S. 1859 ff.

treffen. Dieser Beschluss führte zum Minderjährigenhaftungsbegrenzungsgesetz[797]. Eine Erweiterung des Katalogs der §§ 1821, 1822 BGB wäre zwar dogmatisch nachvollziehbar gewesen, hätte aber unter Umständen erneut Lücken beinhaltet[798]. Durch die Einführung des § 1629a BGB, der dem volljährig Gewordenen die Möglichkeit einer Haftungsbeschränkung bietet, wurde dem Verlangen der Befürworter eines stärkeren Minderjährigenschutzes entsprochen[799]. Eine Genehmigungspflicht kommt seitdem nicht mehr in Betracht.

2. *Fortführung einer Gesellschaft*

Folgen mehrere Erben in der Mitgliedschaft eines Gesellschafters nach, kommt es zu einer Kollision zwischen Erbrecht und Gesellschaftsrecht[800]. Nach dem Grundsatz der Gesamtrechtsnachfolge (§ 1922 Abs. 1 BGB) müsste die Mitgliedschaft des verstorbenen Gesellschafters als Teil des Nachlasses der Erbengemeinschaft zur Gesamthand zustehen (§ 2032 Abs. 1 BGB)[801]. In diesem Fall könnte die Mitgliedschaft unmittelbar durch die Erbengemeinschaft fortgeführt werden, ohne dass es eines weiteren Willensaktes der Gesellschafter bedürfe. Eine Genehmigungspflicht würde ausscheiden. Der Minderjährige hätte allenfalls die Möglichkeit der Haftungsbeschränkung nach § 1629a BGB. Umstritten ist, ob die Erbengemeinschaft rechtsfähig ist und somit überhaupt Mitglied einer Personengesellschaft sein kann.

Nachdem der GbR die Rechtsfähigkeit inzwischen zuerkannt worden ist[802], mehren sich die Stimmen in der Literatur, die auch einer Erbengemeinschaft die Rechtsfähigkeit zugestehen wollen[803]. Es wird vorgetragen, die Sondererbfolge stelle eine Beschneidung erbrechtlicher Gestaltungsmöglichkeiten bei der Nachlassteilung dar[804]. Bei Personengesellschaften und Erbengemeinschaften handele es sich um verwandte Rechtsgebilde, die hinsichtlich ihrer Tätigkeitsbereiche und der mit ihnen verfolgbaren Zwecke vergleichbar seien[805].

797 Gesetz zur Beschränkung der Haftung Minderjähriger vom 25. August 1998 (BGBl I 1998, 2487).
798 Vgl. BT-Drucksache 13/5624, S. 6.
799 Wagenitz, in: MüKo-BGB, § 1828 Rn. 24; Erman/Saar, § 1822 Rn. 13.
800 Ivo, ZEV 2004, S. 499 ff. (S. 499).
801 Werner, in: Staudinger, BGB 2010, § 2032 Rn. 18.
802 BGH, Urteil vom 29.1.2001 - II ZR 331/00 = NJW 2001, S. 1065 ff.
803 Vgl. Nachweise bei Klein/Lindemeier, in: MüHdb-GesR, Bd. 1, § 79 Rn. 33.
804 Weipert, ZEV 2002, S. 300 ff. (S. 304).
805 Eberl-Borges, ZEV 2002, S. 125 ff. (S. 127).

Im Hinblick auf die unterschiedlichen Strukturen der beiden Personenverbände halten die herrschende Meinung in der Literatur[806] sowie der *BGH*[807] jedoch an der traditionellen Auffassung fest. Der *BGH*[808] geht davon aus, zwischen der GbR und der Erbengemeinschaft sei keine Vergleichbarkeit gegeben, die eine Gleichbehandlung rechtfertige. Zum einen sei die Erbengemeinschaft auf Auseinandersetzung gerichtet, während die GbR auf Dauer angelegt ist. Zum anderen werde die Erbengemeinschaft – im Gegensatz zur GbR – nicht rechtsgeschäftlich, sondern gesetzlich begründet.

Aus diesem Grund ist der Konflikt zugunsten des Gesellschaftsrechts aufzulösen[809]: Die Nachfolge in eine Gesellschaft vollzieht sich zwar stets erbrechtlich, aber nach gesellschaftsrechtlichen Grundsätzen[810]. Der Gesellschaftsanteil geht mit dinglicher Wirkung im Wege der Einzelrechtsnachfolge (Singularsukzession) in Höhe der gesetzlichen oder gewillkürten Erbquoten auf die einzelnen Erben über[811]. Der Anteil des verstorbenen Gesellschafters spaltet sich also in mehrere kleinere Anteile. Unter Durchbrechung des Grundsatzes der Gesamtrechtsnachfolge wird jeder Miterbe Gesellschafter[812]. Die Vorschrift des § 1822 Nr. 3 Alt. 2 BGB ist auf die oben[813] genannten Eintritts- und Nachfolgeregelungen unabhängig davon anwendbar, ob der Minderjährige Allein- oder Miterbe ist.

VI. Ergebnis

Erwirbt ein Minderjähriger Gesellschaftsanteile von Todes wegen, bedarf es keiner gesetzlichen Vertretung des Minderjährigen und demzufolge auch keiner familiengerichtlichen Genehmigung des Erwerbs. Nur bei Vereinbarungen, die von der gesetzlichen Regelung abweichen, bei denen der Minderjährige also zudem eine eigene Willenserklärung abzugeben hat, ist eine rechtsgeschäftlicher Aufnahme in eine Gesellschaft entsprechende Genehmigung einzuholen. Das ist der Fall, wenn ein Minderjähriger aufgrund einer

---

806 Klein/Lindemeier, in: MüHdb-GesR, Bd. 1, § 79 Rn. 33; K. Schmidt, Gesellschaftsrecht, § 45 V 4 a) S. 1339 m. w. N.

807 BGH, Urteil vom 11.9.2002 – XII ZR 187/00 = ZEV 2002, S. 504 ff.

808 BGH, Urteil vom 11.9.2002 – XII ZR 187/00 = ZEV 2002, S. 504 ff. (S. 505).

809 Schäfer, in: MüKo-BGB, § 727 Rn. 33.

810 Reimann, DNotZ 1999, S. 179 ff. (S. 193 f.).

811 K. Schmidt, Gesellschaftsrecht, § 45 V 4 a) S. 1339.

812 Gergen, in: MüKo-BGB, § 2032 Rn. 55.

813 Siehe oben unter Dritter Teil: C. III. 3. und 4.

erbrechtlichen Eintrittsklausel oder einer rechtsgeschäftlichen Nachfolgeklausel in eine Personengesellschaft einrückt. Gleiches gilt bei einem Vermächtnis, das aus der Zuwendung eines Gesellschaftsanteils besteht.

Vierter Teil: Der erworbene Gesellschaftsanteil

Zuvor wurde erörtert, auf welche Weise und unter welchen Voraussetzungen ein Minderjähriger Gesellschaftsanteile erwerben kann. Nun soll dargestellt werden, welchen Situationen der Minderjährigen nach einem solchen Erwerb ausgesetzt sein kann. Zunächst stellt sich die Frage, zu welchen Rechtsfolgen ein fehlgeschlagener Erwerb führt. Im Anschluss wird untersucht, welche Möglichkeiten der Minderjährige im Falle eines wirksamen Vertrages hat, um seine Beteiligung wieder abzustoßen oder seine Haftung zu beschränken.

A. Rechtsfolgen eines fehlerhaften Erwerbs

Hat sich der Minderjährige in rechtsgeschäftlich unwirksamer Weise am Abschluss eines Gesellschaftsvertrages[814] beteiligt – sei es mangels Zustimmung der Eltern, mangels Mitwirkung eines Ergänzungspflegers oder mangels Erteilung einer erforderlichen gerichtlichen Genehmigung –, ist das Rechtsgeschäft schwebend unwirksam[815]. Dasselbe gilt, wenn der Minderjährige im Wege der Aufnahme[816] oder Anteilsübertragung[817] in die Gesellschaft eintritt. Insoweit ist es grundsätzlich unerheblich, ob es sich um eine Personen-, Kapital- oder Innengesellschaft handelt.

I. Beendigung des Schwebezustandes

Der Schwebezustand kann auf unterschiedliche Art und Weise beendet werden.

---

814 Handelt es sich um eine Einpersonengesellschaft, ist die Gründung wegen §§ 111, 1915 Abs. 1, 1643 Abs. 3, 1831 BGB nichtig, vgl. J. Mayer, in: MüKo-GmbHG, § 2 Rn. 91.

815 J. Mayer, in: MüKo-GmbHG, § 2 Rn. 91; daran ändert auch die Mitwirkung eines sog. „noch zu bestellenden Ergänzungspflegers" nichts, vgl. Ivo, in: Wachter, FA Handels- und Gesellschaftsrecht, Teil 2, Kapitel 11, Rn. 14.

816 Bürger, RNotZ 2006, S. 156 ff. (S. 166 f.); Wertenbruch, in: Ebenroth/Boujong/ Joost/Strohn, HGB, § 105 Rn. 197;

817 BGH, Urteil vom 20.7.2010 - XI ZR 465/07 = NZG 2010, S. 991 ff. (S. 994); Bürger, RNotZ 2006, S. 156 ff. (S. 168); Wertenbruch, in: Ebenroth/Boujong/Joost/Strohn, HGB, § 105 Rn. 203; a. A. K. Schmidt, in MüKo-HGB, § 105 Rn. 256.

1. Gesetzlicher Vertreter und Familiengericht

Der Schwebezustand wird in der Regel dadurch beendet, dass die Eltern (§§ 108 Abs. 1, 1629 Abs. 1 BGB), der Ergänzungspfleger (§§ 177 Abs. 1, 1909 BGB) oder das zuständige Familiengericht (§ 1829 Abs. 1 BGB) die nachträgliche Genehmigung erteilen oder verweigern[818]. Durch die Erteilung wird das Rechtsgeschäft *ex tunc* wirksam (§ 184 Abs. 1 BGB)[819]. Die Verweigerung macht das Rechtsgeschäft endgültig unwirksam[820].

Das Familiengericht ist nicht allgemeiner (gesetzlicher) Ersatzvertreter[821]. Die familiengerichtliche Entscheidung betrifft daher nur jene schwebende Unwirksamkeit, die aus der Beschränkung der Vertretungsmacht nach § 1822 BGB resultiert[822]. Folgt die schwebende Unwirksamkeit des Rechtsgeschäfts dagegen aus einem Verstoß gegen § 107 BGB oder § 181 BGB, fehlt es grundsätzlich an einer Entscheidungskompetenz des Familiengerichts. Ausnahmsweise verbleibt dem Familiengericht die Möglichkeit, einstweilige Maßregeln gemäß § 1846 BGB zu treffen. Hiernach kann es einen Ergänzungspfleger zum Zwecke der Genehmigung des schwebend unwirksamen Vertrages bestellen[823].

2. Mitgesellschafter

Wurde der Minderjährige nicht ordnungsgemäß vertreten, berechtigt § 109 Abs. 1 Satz 1 BGB den Mitgesellschafter zum Widerruf[824]. Die Ausübung des Widerrufsrechts führt gleichfalls zur endgültigen Unwirksamkeit der Beteiligung des Minderjährigen[825]. Voraussetzung ist freilich, dass die Mitgesellschafter zum Zeitpunkt des Vertragsschlusses noch keine Kenntnis von der Minderjährigkeit hatten (Umkehrschluss aus § 109 Abs. 2 BGB)[826]. Leidet der Vertragsschluss an der fehlenden Genehmigung des Familiengerichts, richtet sich das Widerrufsrecht nach § 1830 BGB[827]. Ein solches steht den Mitgesellschaftern aber nur zu,

818 J. Mayer, in: MüKo-GmbHG, § 2 Rn. 187.
819 Bayreuther, in: MüKo-BGB, § 184 Rn. 12.
820 Gursky, in: Staudinger, BGB 2009, § 184 Rn. 17.
821 Schramm, in: MüKo-BGB, § 181 Rn. 42.
822 „Was durch Gesetz nicht zugelassen ist, kann das Gericht nicht gestatten", vgl. Meyer-Stolte, Rpfleger 1967, S. 294 ff. (S. 295).
823 Schramm, in: MüKo-BGB, § 181 Rn. 42.
824 J. Schmitt, in: MüKo-BGB, § 109 Rn. 2.
825 Ulmer, in: MüKo-BGB, § 705 Rn. 336.
826 J. Schmitt, in: MüKo-BGB, § 109 Rn. 7.
827 Ulmer, in: MüKo-BGB, § 705 Rn. 336.

wenn der gesetzliche Vertreter wahrheitswidrig die Erteilung der Genehmigung behauptet hat[828].

3. *Minderjähriger*

Wird der Minderjährige volljährig, kann nur er selbst die Genehmigung erteilen oder verweigern, um damit den Schwebezustand zu beenden (§§ 108 Abs. 3, 1829 Abs. 1 BGB)[829]. Soll der Minderjährige an einer Kapitalgesellschaft beteiligt werden, ist streitig, ob seine Erklärung formlos erfolgen kann[830].

Die herrschende Meinung[831] in der Literatur sowie der *BGH*[832] gehen davon aus, dass auf diese Erklärung die allgemeine Bestimmung des § 182 Abs. 2 BGB anwendbar sei. Die Erklärung des Minderjährigen bedürfe nicht der für das Rechtsgeschäft bestimmten Form. Die besondere „Legitimation" eines nunmehr Volljährigen sei nach Sinn und Zweck der Regelung entbehrlich[833].

Die Gegenansicht in der Literatur[834] sowie das *OLG Köln*[835] wollen § 2 Abs. 2 GmbHG bzw. § 23 Abs. 1 Satz 2 AktG anwenden. Nach § 2 Abs. 2 GmbHG ist die Unterzeichnung des Gesellschaftsvertrages einer GmbH durch Bevollmächtigte nur aufgrund einer notariell errichteten oder beglaubigten Vollmacht zulässig. Bei der aktienrechtlichen Satzungsfeststellung bedürfen Bevollmächtigte nach § 23 Abs. 1 Satz 2 AktG einer notariell beglaubigten Vollmacht. Es wird argumentiert, diese Vorschriften würden die Gründungsvollmacht ausdrücklich dem Formerfordernis unterstellen[836]. Insoweit müssten Genehmigung und Vollmacht

828 Wagenitz, in: MüKo-BGB, § 1830 Rn. 1.

829 J. Schmitt, in: MüKo-BGB, § 108 Rn. 31.

830 Genehmigt der gesetzliche Vertreter einen unter Beteiligung eines Minderjährigen unwirksam geschlossenen Gesellschaftsvertrag, ist § 2 Abs. 2 GmbHG unstreitig anwendbar, vgl. Bayer, in: Lutter/Hommelhoff, GmbHG, § 2 Rn. 21; Scholz/Emmerich, GmbHG, § 2 Rn. 31; Ulmer/Löbbe, in: Ulmer/Habersack/Löbbe, GmbHG, § 2 Rn. 86.

831 Bayer, in: Lutter/Hommelhoff, GmbHG, § 2 Rn. 21; Bayreuther, in: MüKo-BGB, § 182 Rn. 23; Scholz/Emmerich, GmbHG, § 2 Rn. 31; Fastrich, in: Baumbach/Hueck, GmbHG, § 2 Rn. 25; Michalski, in: Michalski, GmbHG, § 2 Rn. 34; Schmidt-Leithoff, in: Rowedder/Schmidt-Leithoff, GmbHG, § 2 Rn. 16.

832 BGH, Urteil vom 21.1.1980 – II ZR 153/79 = NJW 1980, S. 1842 (Ls.).

833 Scholz/Emmerich, GmbHG, § 2 Rn. 31.

834 Bürger, RNotZ 2006, S. 156 ff. (S. 161); Einsele, DNotZ 1996, S. 835 ff. (S. 850); J. Mayer, in: MüKo-GmbHG, § 2 Rn. 72.

835 OLG Köln, Beschluss vom 28.3.1995 – 2 Wx 13/95 = NJW-RR 1996, S. 550 ff. (dort zu Unrecht als Entscheidung des OLG Düsseldorf bezeichnet).

836 Bürger, RNotZ 2006, S. 156 ff. (S. 161).

gleich behandelt werden. Zudem könne der Erklärungsempfänger unter Umständen nicht nachvollziehen, ob der nur schriftlich Nachgenehmigende derjenige ist, der damals bei der Beurkundung auftrat[837].

Der herrschenden Meinung ist zu folgen. Entgegen der Ansicht von *Bürger*[838] sind Genehmigung und Vollmacht nicht gleichzustellen. Im Zeitpunkt der Vollmachtserteilung kennt der Vollmachtgeber die Einzelheiten des Rechtsgeschäfts, zu dessen Abschluss er einen Dritten bevollmächtigt, möglicherweise nicht. Der Notar soll den Vollmachtgeber vor dieser Gefahr warnen. Bei der Genehmigung durch einen volljährig Gewordenen gemäß §§ 108 Abs. 3, 1829 Abs. 1 BGB wird eine Zustimmung durch denjenigen erteilt, der an dem Rechtsgeschäft (hier: dem Gesellschaftsvertrag) beteiligt ist. Der Gesellschaftsvertrag ist bereits beurkundet. Der Genehmigende hat die Möglichkeit, sich über den Inhalt des Vertrages Kenntnis zu verschaffen. Einer Warnfunktion bedarf es nicht. Die Erklärung des volljährig Gewordenen bedarf nicht der Form des § 2 Abs. 2 GmbHG bzw. § 23 Abs. 1 Satz 2 AktG.

4. *Sonderfall: Kapitalgesellschaft*

Durch die Eintragung einer Kapitalgesellschaft in das Handelsregister wird ein etwaiger Formmangel geheilt[839]. Dadurch genießt die Kapitalgesellschaft im Interesse der Gesellschafter und des Rechtsverkehrs, letztlich also auch im Interesse der Allgemeinheit, einen starken Bestandschutz[840]. Leidet ein schwebend unwirksames Rechtsgeschäft an der mangelnden Mitwirkung durch den gesetzlichen Vertreter oder an der fehlenden Genehmigung durch das Familiengericht, könnte die Wirksamkeit der Beteiligung möglicherweise durch Eintragung der Gesellschaft in das Handelsregister erreicht werden. Zum Schutz des minderjährigen Gesellschafters kommt eine Heilung hier indes nicht in Betracht[841]. Die Wirksamkeit eines schwebend unwirksamen Rechtsgeschäfts kann ausschließlich durch Genehmigungserteilung erreicht werden.

Der Mangel der Geschäftsfähigkeit kann auch nicht mit der Nichtigkeitsklage geltend gemacht werden. Die in § 75 Abs. 1 GmbHG, § 275 Abs. 1 AktG genannten Umstände, welche die Nichtigkeit der Gesellschaft herbeiführen können,

---

837 J. Mayer, in: MüKo-GmbHG, § 2 Rn. 72.

838 Bürger, RNotZ 2006, S. 156 ff. (S. 161).

839 Bayer, in: Lutter/Hommelhoff, GmbHG, § 2 Rn. 25.

840 Grunewald, Gesellschaftsrecht, 2. C. Rn. 212 für die AG; Grunewald, Gesellschaftsrecht, 2. F. Rn. 195 für die GmbH.

841 Bayer, in: Lutter/Hommelhoff, GmbHG, § 2 Rn. 29.

sind abschließend[842]. Die beschränkte Geschäftsfähigkeit fällt nicht darunter. Daneben besteht auch nicht die Möglichkeit der Amtslöschung (§§ 394, 397 FamFG) und Auflösung (§ 399 FamFG)[843]. Die mangelnde Geschäftsfähigkeit eines Gesellschafters ist weder Löschungs- noch Auflösungsgrund[844].

II. Die fehlerhafte Gesellschaft

Ist der Schwebezustand durch Verweigerung der Genehmigung oder Widerruf beendet, kann die Gesellschaft nach den Grundsätzen der fehlerhaften Gesellschaft[845] im Innen- wie im Außenverhältnis dennoch als wirksam angesehen werden[846]. Die fehlerhafte Gesellschaft wird zwar als *„gesicherter Bestandteil des Gesellschaftsrechts“*[847] betrachtet. Dennoch sind einzelne Rechtsfragen, wie beispielsweise die dogmatische Begründung, noch nicht abschließend geklärt[848]. Die umfangreiche Problematik kann im Folgenden nur kursorisch behandelt werden. Die Erörterung beschränkt sich auf die Frage, ob ein Minderjähriger Gesellschafter einer fehlerhaften Gesellschaft werden kann.

1. Tatbestand

Der Tatbestand der fehlerhaften Gesellschaft setzt dreierlei voraus: Einen Gesellschaftsvertrag, dessen Fehlerhaftigkeit sowie den Vollzug[849] der Gesellschaft[850]. Ein fehlerhafter Gesellschaftsvertrag liegt vor, wenn der Vertragsschluss an Mängeln leidet, die seinem Wirksamwerden nach allgemeinen

842 Grunewald, Gesellschaftsrecht, 2. C. Rn. 212 für die AG; Grunewald, Gesellschaftsrecht, 2. F. Rn. 195 für die GmbH.

843 Grunewald, Gesellschaftsrecht, 2. C. Rn. 212 für die AG; Grunewald, Gesellschaftsrecht, 2. F. Rn. 195 für die GmbH.

844 Heinemann, in: Keidel, FamFG, § 397 Rn. 9.

845 Terminologischer Übergang von der „faktischen“ zur „fehlerhaften“ Gesellschaft seit BGH, Urteil vom 5.3.1964 – II ZR 208/61= DB 1964, S. 727; im Übrigen hat die Lehre von der faktischen Gesellschaft allein an die Tatsache des Zusammenwirkens angeknüpft: Ist die Gesellschaft nicht ernsthaft gewollt (Scheingesellschaft), wird sie heute indes nicht mehr als wirksam betrachtet, vgl. Ulmer, in: MüKo-BGB, § 705 Rn. 327, 377 f.

846 Grunewald, Gesellschaftsrecht, 1. A. Rn. 166.

847 BGH, Urteil vom 29.6.1970 – II ZR 158/69 = NJW 1971, S. 375 ff. (S. 377).

848 Zur Herkunft und Entwicklung Ulmer, in: MüKo-BGB, § 705 Rn. 323 ff.

849 Vor Invollzugsetzung ist der Vertrag nichtig (§ 125 BGB), vgl. Bayer, in: Lutter/Hommelhoff, GmbHG, § 2 Rn. 24 für die GmbH.

850 Ulmer/Schäfer, in: MüKo-BGB, § 705 Rn. 326.

Rechtsgeschäftsgrundsätzen entgegenstehen[851]. Die Voraussetzungen des Vollzugs einer Gesellschaft sind umstritten und von der jeweiligen Gesellschaftsform abhängig[852]. In der Regel genügt jede (nicht nur rechtsgeschäftliche) Tätigkeit der Gesellschaft nach außen[853]. Ob die Bildung von Gesamthandsvermögen im Innenverhältnis ausreicht, ist im Hinblick auf die zu schützenden Interessen – insbesondere die der Gesellschaftsgläubiger – zweifelhaft[854]. Einer näheren Auseinandersetzung bedarf es an dieser Stelle nicht. Ist die Gesellschaft in Vollzug gesetzt, wird sie den Gläubigern gegenüber, trotz ihrer Fehlerhaftigkeit, als wirksam behandelt. Auf die Gutgläubigkeit desjenigen, der sich auf die Grundsätze der fehlerhaften Gesellschaft beruft, mit anderen Worten: auf den Rechtsschein, kommt es nicht an[855].

2. Grundsatz: Nicht zulasten des Minderjährigen

Nach allgemeiner Auffassung[856] sind die Grundsätze der fehlerhaften Gesellschaft nicht anzuwenden, wenn vorrangige Interessen der Allgemeinheit oder schutzwürdiger Personen entgegenstehen[857]. Einer Entscheidung des BGH[858] lag folgender Sachverhalt zugrunde:

Der Inhaber der Gaststätte „Eisvogel" verstarb. Er wurde von seiner Ehefrau und seinen vier Kindern, darunter ein damals schon volljähriges Kind, beerbt. Gesetzlicher Vertreter der minderjährigen Geschwister war die Mutter, geschiedene Ehefrau des Erblassers und jetzige Ehefrau des Klägers. Die Mutter und das volljährige Kind hatten beschlossen, die Gaststätte unter Aufnahme der noch minderjährigen Kinder fortzuführen. Zu diesem Zweck gründeten sie eine Gesellschaft bürgerlichen Rechts. Die Mutter handelte für die minderjährigen Kinder

851 Ulmer/Schäfer, in: MüKo-BGB, § 705 Rn. 328.

852 K. Schmidt, in MüKo-HGB, § 105 Rn. 236.

853 K. Schmidt, in MüKo-HGB, § 105 Rn. 236.

854 Grunewald, Gesellschaftsrecht, 1. A. Rn. 165.

855 Anderenfalls gelange man zu einer relativen Existenz der Gesellschaft, die nicht praktikabel wäre, vgl. Grunewald, Gesellschaftsrecht, 1. A. Rn. 163.

856 Röthel, in: Henssler/Strohn, HGB, § 105 Rn. 124; Roth, in: Baumbach/Hopt, HGB, § 105 Rn. 83; Ulmer, in: MüKo-BGB, § 705 Rn. 332 ff.; ders., in: Staub, HGB, § 105 Rn. 345; Weitemeyer, in: Oetker, HGB, § 105 Rn. 82.

857 Kritisch dazu K. Schmidt, in MüKo-HGB, § 105 Rn. 237 und Wertenbruch, in: Ebenroth/Boujong/Joost/Strohn, HGB, § 105 Rn. 182: Ein ständig am Rechtsverkehr teilnehmender Verband könne selbst im Falle schwerer Verstöße gegen Schutznormen kein nullum sein.

858 BGH, Urteil vom 30.9.1982 – III ZR 58/81 = NJW 1983, S. 748.

und wurde zur Geschäftsführerin bestimmt. Der Kläger gewährte der durch seine Ehefrau vertretenen Gesellschaft ein Darlehen. Als sämtliche Kinder des Erblassers volljährig geworden waren, kam es zu einem Streit mit der Mutter. Diese schied aus der Gesellschaft aus. Der Kläger kündigte das Darlehen. Die Klage gegen die bei Gründung der Gesellschaft noch minderjährigen Kinder wurde abgewiesen. Das damals schon volljährige Kind wurde dagegen auf Zahlung verurteilt.

Der BGH hat in seinem Urteil seine frühere Entscheidung[859] bestätigt. Zu den Grundsätzen der fehlerhaften Gesellschaft unter Beteiligung Minderjähriger hatte er seinerzeit Folgendes ausgeführt: Die ins Gewicht fallende Besonderheit liege darin, dass die Gesellschaft für die zurückliegende Zeit im Wesentlichen der rechtsgeschäftlich wirksamen Gesellschaft gleichgestellt werde, sie für die einzelnen Gesellschafter also echte Verpflichtungen (insbesondere Einlagenverpflichtung und Treuepflichten) nach Maßgabe des Gesellschaftsvertrages erzeuge. Mit dieser Rechtsfolge der fehlerhaften Gesellschaft stünden die Vorschriften über den Minderjährigenschutz im Widerspruch. Diese würde gerade den Zweck verfolgten, den Minderjährigen vor rechtsgeschäftlichen Gefahren zu bewahren. Der Minderjährigenschutz gehe dem Vertrauensschutz der Gesellschaftsgläubiger vor. Sinn und Zweck des Minderjährigenschutzes würden ansonsten in rechtlich nicht tragbarer Weise verletzt. Aus diesem Grund könne der Grundsatz der fehlerhaften Gesellschaft nicht zulasten eines Minderjährigen wirken.

3. *Ausnahme: Vorteile für den Minderjährigen*

Dem Schutz nicht voll geschäftsfähiger Personen kommt nach allgemeiner Ansicht Individualschutz zu[860]. Sowohl im Außen- als auch im Innenverhältnis scheidet eine Haftung grundsätzlich[861] aus. Der Minderjährige kann seine bereits geleistete Einlage kondizieren (§ 812 BGB) und vindizieren (§ 985 BGB)[862]. Umstritten ist, ob der Minderjährige über die Rückzahlung seiner Einlage hinaus weitere Ansprüche gegen die Gesellschaft hat. Entscheidend ist, welche mitgliedschaftlichen Rechte man dem Minderjährigen einräumt[863].

---

859 BGH, Urteil vom 30.4.1955 – II ZR 202/53 = NJW 1955, S. 1067 ff. (S. 1069).

860 K. Schmidt, in MüKo-HGB, § 105 Rn. 238.

861 Beachte aber eine neuere Ansicht unter Vierter Teil: A. II. 3. c) bb): Schäfer, Die Lehre vom fehlerhaften Verband, S. 268 ff.

862 Vgl. Gursky, in: Staudinger, BGB 2012, § 985 Rn. 32.

863 Teilweise wurde auch angenommen, dass die Gesellschaft insgesamt nicht wirksam zustande gekommen ist, vgl. Nachweise bei K. Schmidt, in MüKo-HGB,

a) Hinkender Gesellschafter

Manche Autoren[864] gehen davon aus, die Grundsätze der fehlerhaften Gesellschaft seien im Innenverhältnis insoweit anzuwenden, als die Gesellschaft Gewinne erwirtschafte. Der Minderjährige werde damit teilweise Gesellschafter, sog. hinkender Gesellschafter.

Habe der Minderjährige bereits seine Einlage geleistet, sei es geboten, ihm etwaige Gewinnansprüche einzuräumen[865]. Beteilige er sich kapitalistisch, müssten ihm auch die Beteiligungsergebnisse zugute kommen. Mit einer bloßen Verweisung auf Bereicherungsansprüche sei ihm nicht gedient. Der Minderjährige solle nicht als „Nicht-Gesellschafter" behandelt werden[866]. Eine Aufspaltung von Gewinn- und Verlustteilnahme entspreche durchaus dem Grundgedanken der §§ 104 ff. BGB.

b) Nichtgesellschafter

Der überwiegende Teil der Literatur[867] sowie der *BGH*[868] erachten die Beteiligung des Minderjährigen hingegen als uneingeschränkt unwirksam.

Die fehlerhafte Gesellschaft bestehe unter Ausschluss des Minderjährigen. Eine Aufspaltung in Vor- und Nachteile sei unserem Gesellschaftsrecht fremd[869] und weder gerecht noch konsequent durchführbar[870]. Die Ausnahme einer grundsätzlichen Wirksamkeit des fehlerhaften Rechtsgeschäfts lasse sich ferner mit der mangelnden Zurechenbarkeit der Willenserklärung des Minderjährigen begründen[871]. Schließlich werde durch den Ausschluss des Minderjährigen aus der fehlerhaften Gesellschaft eine klare Rechtslage erreicht, die eine etwaige Auf-

---

§ 105 Rn. 238. Diese Ansicht dürfte aber als überholt gelten, da sie dem Schutz der Allgemeinheit nicht Rechnung trägt.

864 Ganssmüller, NJW 1955, S. 1067 f. (S. 1067); Nagel, Familiengesellschaft, S. 81.

865 Nagel, Familiengesellschaft, S. 81.

866 Ganssmüller, NJW 1955, S. 1067 f. (S. 1067).

867 Bälz, in: MüHdb-GesR, Bd. 1, § 100 Rn. 213; Biddermann, Der minderjährige Gesellschafter, S. 103; von Gerkan/Haas, in: Röhricht/Graf von Westphalen, HGB, § 105 Rn. 44; Maultzsch, JuS 2003, S. 544 ff. (S. 551); Roth, in: Baumbach/Hopt, HGB, § 105 Rn. 84; Servatius, in: Henssler/Strohn, BGB, § 705 Rn. 39; Stahl, Minderjährigenschutz, S. 62 ff.; Ulmer, in: MüKo-BGB, § 705 Rn. 339; Weitemeyer, in: Oetker, HGB, § 105 Rn. 83.

868 BGH, Urteil vom 30.4.1955 – II ZR 202/53 = NJW 1955, S. 1067 ff. (S. 1069); BGH, Urteil vom 30.9.1982 – III ZR 58/81 = NJW 1983, S. 748.

869 Bälz, in: MüHdb-GesR, Bd. 1, § 100 Rn. 213.

870 Roth, in: Baumbach/Hopt, HGB, § 105 Rn. 84.

871 Maultzsch, JuS 2003, S. 544 ff. (S. 551).

lösungsklage überflüssig mache[872]. Welche Ansprüche der Minderjährige hat, wird jedoch unterschiedlich beantwortet.

Nach *Biddermann*[873] bestehe zwischen den Mitgesellschaftern und dem Nichtgesellschafter hinsichtlich des Gewinns eine Rechtsgemeinschaft nach §§ 741 ff. BGB. Der Minderjährige könne gemäß § 742 BGB einen Abfindungsanspruch auf den ausgewiesenen Gewinn geltend machen. Insofern bedürfe es der Konstruktion des „hinkenden Gesellschafters" nicht.

Stahl[874] betont, ein Anspruch ergebe sich aus §§ 818 Abs. 1, 987 BGB. Diese Vorschriften würden gerade auch tatsächlich gezogene Nutzungen erfassen. Ein Anspruch aus § 742 BGB sei abzulehnen. Die Wertung des § 107 BGB beweise, dass Rechtsgeschäfte, die zugleich Vor- und Nachteile mit sich bringen, im Ganzen unwirksam seien. Die Belange der Mitgesellschafter seien gegenüber denen des Minderjährigen schon insofern nicht gewahrt, als die Mitgesellschafter etwaige Verluste des Unternehmens allein zu tragen hätten. Eine weitere Benachteiligung sei vom Gesetz nicht intendiert und würde kaufmännischen Grundsätzen widersprechen. Würde man dem Minderjährigen die Gewinne über den Umweg des § 742 BGB zu kommen lassen, sei dies aus demselben Grund abzulehnen. Im Übrigen seien finanzielle Vorteile nicht gleichbedeutend mit den Interessen des Minderjährigen. Denn eine Genehmigung könne auch dann verweigert werden, wenn bei der Gesellschaft Gewinne anfallen.

c) Minderjähriger Gesellschafter

Neuerdings wird die Ansicht[875] vertreten, die fehlerhafte Gesellschaft entstehe unter Einschluss des Minderjährigen. Umstritten ist jedoch, ob den minderjährigen Gesellschafter in diesem Falle auch eine Haftung trifft.

Die Mehrheit der Autoren[876] ist der Meinung, der Schutz Minderjähriger verlange keine generelle Ausnahme von dem Prinzip der fehlerhaften Gesellschaft. Der Minderjährige sei im Außenverhältnis zwar als Gesellschafter zu behandeln. Dem Minderjährigenschutz werde jedoch insofern Rechnung getragen, als

---

872 Biddermann, Der minderjährige Gesellschafter, S. 103.

873 Biddermann, Der minderjährige Gesellschafter, S. 103.

874 Stahl, Minderjährigenschutz, S. 59 ff.

875 Grunewald, Gesellschaftsrecht, 1. A. Rn. 170; Lieder, in: MüKo-GmbHG, § 57 Rn. 59; Schäfer, Die Lehre vom fehlerhaften Verband, S. 269 f.; K. Schmidt, in MüKo-HGB, § 105 Rn. 239; Wertenbruch, in: Ebenroth/Boujong/Joost/Strohn, HGB, § 105 Rn. 183.

876 Grunewald, Gesellschaftsrecht, 1. A. Rn. 170; K. Schmidt, in MüKo-HGB, § 105 Rn. 239; Wertenbruch, in: Ebenroth/Boujong/Joost/Strohn, HGB, § 105 Rn. 183.

gegen den minderjährigen Gesellschafter weder im Außen- noch im Innenverhältnis Haftungsansprüche geltend gemacht werden könnten. Im Innenverhältnis könne der Minderjährige vielmehr eine rechnerische Abwicklung *ex tunc* verlangen, wobei sich der Vollzug dieser Abwicklung nach den Interessen der Mitgesellschafter richte. Mit dieser Lösung werde der Minderjährigenschutz gewährleistet, ohne dass der fehlerhaften Gesellschaft als solcher die Anerkennung versagt werde. Der Minderjährige solle an den für ihn vorteilhaften Rechtsfolgen, nämlich einer Mehrung der Mitgliedschaftsrechte, partizipieren[877]. Einem Anspruch gegen den Minderjährigen auf Leistung der Einlage stehe indes der Minderjährigenschutz entgegen.

Schäfer[878] ist ebenfalls der Meinung, der Minderjährige werde Gesellschafter. Allerdings seien die Grundsätze zur fehlerhaften Gesellschaft hier uneingeschränkt anwendbar. Der minderjährige Gesellschafter hafte demnach im Außen- und Innenverhältnis wie ein volljähriger Gesellschafter. Zwar sei der Minderjährigenschutz aus Gründen der Rechtssicherheit von einem generalisierenden und starren Normengeflecht geprägt. Das spreche dafür, keine Abstriche von Minderjährigenschutz vorzunehmen. Durch das MHbeG würden diese Schutzzwecke jedoch in einer Weise gewahrt, die die besondere Schutzbedürftigkeit des Minderjährigen am überzeugendsten mit dem Verkehrsschutz in Ausgleich bringe. Eine Ausnahme von den Grundsätzen der fehlerhaften Gesellschaft im Falle der Beteiligung Minderjähriger sei im Ergebnis nicht länger gerechtfertigt[879].

d) Stellungnahme

Der Minderjährige kann nicht nur insofern Gesellschafter werden, als ihm lediglich die Vorteile aus der Mitgliedschaft zugute kommen. Zu Recht wird darauf hingewiesen, dass sowohl das Gesellschaftsrecht im Allgemeinen als auch die Vorschriften zum Minderjährigenschutz im Besonderen eine derartige Differenzierung nicht kennen. Eine Abspaltung ist dogmatisch nicht zu begründen. Darüber hinaus ist dieser Lösung entgegenzuhalten, dass sie die gebotene Rücksicht auf die Interessen der Mitgesellschafter vermissen lässt. Der Minderjährige kann eine bereits geleistet Einlage zurückverlangen und hat mit Eintritt seiner Volljährigkeit die Möglichkeit, seine Haftung zu beschränken. Würden ihm zudem noch Gewinnansprüche eingeräumt, wären die Mitgesellschafter zu stark benachteiligt.

---

877 Lieder, in: MüKo-GmbHG, § 57 Rn. 59.

878 Schäfer, Die Lehre vom fehlerhaften Verband, S. 269 f.

879 So auch schon Habersack/Schneider, FamRZ 1997, S. 649 ff. (S. 655).

Die früher unumstrittene Ausnahmeregelung zugunsten Minderjähriger ist durch das MHbeG nicht obsolet geworden. § 1629a BGB[880] verhindert, dass der Minderjährige mit Schulden in die Volljährigkeit entlassen wird (Überschuldungsschutz). Sein Vermögen im Übrigen wird jedoch nicht geschützt (kein Vermögensschutz). Fehlt es an der Zustimmung der Eltern, der Mitwirkung eines Ergänzungspflegers oder der Genehmigung durch das Familiengericht, drohen die Interessen des Minderjährigen zu kurz zu kommen. Würde man die Haftung des Minderjährigen lediglich auf sein Vermögen beschränken, könnte die Willenserklärung der Eltern dazu führen, dass der Minderjährige bei Eintritt seiner Volljährigkeit vermögenslos wird. Unter Umständen verliert er also sein eigenes Vermögen. Die §§ 1821, 1822 BGB wollen den Minderjährigen gerade vor diesem Risiko bewahren, indem sie die Vertretungsmacht beschränken. Die Grundsätze der fehlerhaften Gesellschaft sind zugunsten des Minderjährigen (weiterhin) nicht anzuwenden. Das MHbeG machte diese nicht überflüssig.

Schließlich bleibt zu erörtern, ob der Minderjährige als Nichtgesellschafter oder als nichthaftender Gesellschafter anzusehen ist. Der Unterschied zwischen beiden Lösungen wirkt sich mit Rücksicht auf die Grundsätze der subjektiven Teilunwirksamkeit[881] bei der Zweipersonengesellschaft bzw. Einpersonenkapitalgesellschaft aus. Erachtet man den Minderjährigen als Nichtgesellschafter, würde es aufgrund des Scheiterns der Beteiligung des Minderjährigen an der erforderlichen Mindestzahl von ein bzw. zwei Gesellschaftern fehlen[882]. Schließt man sich der Ansicht der Rechtsfigur des nichthaftenden Gesellschafters an, ist eine erforderliche Mindestzahl erfüllt. In diesem Fall bereitet die Anerkennung der fehlerhaften Gesellschaft keine Schwierigkeiten. Unter Berücksichtigung des Verkehrsschutzes und dem Interesse der Gläubiger ist es daher sinnvoll, die Gesellschaft als bloßes „Transportmedium"[883] aufrechtzuerhalten. Ihr Bestand kann damit gesichert werden.

III. Ergebnis

Wird der Schwebezustand nicht durch Eintritt der Rechtswirksamkeit der Gesellschaft beendet, handelt es sich um eine fehlerhafte Gesellschaft. Eine etwaige Differenzierung eines aus der beschränkten Geschäftsfähigkeit resultierenden Mangels nach dem jeweiligen Stadium – vor oder nach Eintragung[884] – ist

880 Siehe unten unter Vierter Teil: B. I. 2.
881 Vgl. Schäfer, Die Lehre vom fehlerhaften Verband, S. 268.
882 Vgl. Ulmer, in: MüKo-BGB, § 705 Rn. 339.
883 Schäfer, Die Lehre vom fehlerhaften Verband, S. 268.
884 Vgl. Scholz/Emmerich, GmbHG, § 2 Rn. 30 ff.

unbeachtlich. Die fehlerhafte Gesellschaft entsteht unter Einschluss des Minderjährigen. Der Minderjährige unterliegt aber keiner Haftung. Er wird sog. nichthaftender Gesellschafter.

B. Handlungsinstrumente des Minderjährigen

Im Folgenden soll dargestellt werden, welche Möglichkeiten dem Minderjährigen nach einem Erwerb von Gesellschaftsanteilen an die Hand gegeben werden. In diesem Zusammenhang wird auf die Haftungsbeschränkung, die Erbschaftsausschlagung, die Kündigung der Mitgliedschaft sowie das sog. Wahlrecht eingegangen. Abschließend stellt sich die Frage nach dem Verhältnis der verschiedenen Instrumente zueinander.

I. Haftungsbeschränkung

Der Minderjährige kann in der Gesellschaft verbleiben und die Haftung beschränken.

1. Erbrechtliche Haftungsbeschränkung

Mit dem Erbfall vereinigen sich zwei Vermögensmassen, der Nachlass des Erblassers und das Eigenvermögen des Erben[885]. Mit dieser vereinigten Vermögensmasse haftet der Erbe nun nach § 1967 BGB für die Nachlassverbindlichkeiten[886]. Um den Erben vor dieser unbeschränkten Haftung zu bewahren, hat das Nachlassgericht auf Antrag des Erben[887] gemäß §§ 1975 ff. BGB eine Trennung von Nachlass und Eigenvermögen (*seperatio bonorum*) anzuordnen[888]. Damit bleibt der Erbe zwar Schuldner der Nachlassverbindlichkeiten, aber die Gläubiger können nicht auf das Erben*eigen*vermögen zugreifen[889].

Rechtsinstitute sind Nachlassverwaltung (§§ 1981 ff. BGB) und Nachlassinsolvenz (§§ 315 ff. InsO). Die Nachlassverwaltung dient der vollständigen

885 Küpper, in: MüKo-BGB, Vor §§ 1967 ff. Rn. 2.

886 Neben den vom Wortlaut des § 1967 BGB genannten Erblasserschulden und Erbfallschulden werden die Erbschaftsverwaltungsschulden und die Nachlasserbenschulden (aus Rechtsgeschäften des Erben, also Eigenschulden) erfasst. Letztere sind erbrechtlich nicht beschränkbar. Dazu gehört auch die gesellschaftsrechtliche Haftung aus §§ 130, 171 HGB.

887 Das Antragsrecht steht darüber hinaus dem Nachlassgläubiger (§ 1981 Abs. 2 BGB) und dem Testamentsvollstrecker zu, vgl. Küpper, in: MüKo-BGB, § 1983 Rn. 3 f.

888 Küpper, in: MüKo-BGB, § 1975 Rn. 1.

889 Binninger, Haftungsbeschränkung, S. 38.

Tilgung der Nachlassverbindlichkeiten bei ausreichendem Nachlass, die Nachlassinsolvenz der gerechten Verteilung eines überschuldeten Nachlasses an die Gläubiger[890]. Ist die Anordnung der Nachlassverwaltung oder die Eröffnung des Nachlassinsolvenzverfahrens mangels kostendeckender Vermögensmasse nicht tunlich, kann der Erbe die Dürftigkeitseinrede gemäß §§ 1990, 1991 BGB erheben[891].

Gehört zu dem Nachlass eine Unternehmensbeteiligung, stellt sich die Frage, welche Folge die Einsetzung eines Fremdverwalters (Nachlass- oder Nachlassinsolvenzverwalter) hat. Es ist unstreitig, dass der Fremdverwalter ein Erwerbsgeschäft, das zum Nachlass gehört, fortführen kann[892]. Bei Anteilen an einer Kapitalgesellschaft (GmbH-Geschäftsanteile und Aktien) ist die Verwaltung durch einen Dritten schon aufgrund der gesetzlich vorhergesehenen Vererblichkeit unproblematisch[893]. Bei der Personengesellschaft ist zu unterscheiden. Die aus der Mitgliedschaft fließenden vermögensrechtlichen Befugnisse unterliegen der Verwaltungsbefugnis des Nachlassverwalters[894]. Hinsichtlich der persönlichen Rechtsstellung, zum Beispiel der Wahrnehmung der Rechte aus § 723 BGB, § 139 HGB, muss die Mitgliedschaft trotz Anordnung einer Nachlassverwaltung dem Erben verbleiben[895].

Der minderjährige Personengesellschafter verliert in Ausübung der erbrechtlichen Haftungsbeschränkung sein Kündigungs- und bedingtes Austrittsrecht nicht[896]. Bei der Geltendmachung der Haftungsbeschränkung gemäß § 1981 Abs. 1 BGB, auch Antrag auf Nachlassabsonderung genannt, handelt es sich um eine Verfahrenshandlung[897]. Nach § 9 Abs. 2 FamFG wird der Minderjährige von seinen Eltern vertreten[898]. Mangels rechtsgeschäftlichen Charakters dieses

---

890 Küpper, in: MüKo-BGB, § 1975 Rn. 1.
891 Küpper, in: MüKo-BGB, Vor §§ 1967 ff. Rn. 2.
892 Küpper, in: MüKo-BGB, § 1985 Rn. 5.
893 Erman/Schlüter, § 1985 Rn. 3.
894 Küpper, in: MüKo-BGB, § 1985 Rn. 6; Marotzke, in: Staudinger, BGB 2010, § 1985 Rn. 19 ff.
895 Küpper, in: MüKo-BGB, § 1985 Rn. 6.
896 Küpper, in: MüKo-BGB, § 1985 Rn. 6.
897 Küpper, in: MüKo-BGB, 1981 Rn. 2.
898 Hat der Minderjährige das 14. Lebensjahr vollendet, kann er ein ihm nach bürgerlichem Recht zustehendes Recht selbst geltend machen (§ 9 Abs. 1 Nr. 3 FamFG). Dabei muss es sich aber wohl um ein subjektives Recht handeln, vgl. Zimmermann, in: Keidel, FamFG, § 9 Rn. 12.

Antrags bedürfen die Eltern jedoch weder der Mitwirkung eines Ergänzungspflegers noch der Genehmigung durch das Familiengericht[899].

2. *Minderjährigenhaftungsbeschränkung*

Neben der erbrechtlichen Haftungsbeschränkung beinhaltet § 1629a BGB, der durch das Minderjährigenhaftungsbeschränkungsgesetz (MHbeG)[900] in das BGB eingeführt wurde, nunmehr auch eine Haftungsbeschränkung für volljährig Gewordene[901].

a) Entstehung

Dem Beschluss des Bundesverfassungsgerichts[902] vom 13. Mai 1986 lag folgender Sachverhalt zugrunde:

Ein Einzelkaufmann hinterließ seiner Frau und seinen beiden minderjährigen Kindern unter anderem ein Unternehmen. Dieses wurde von den Erben in ungeteilter Erbengemeinschaft fortgeführt. Die Witwe bemühte sich zwar um die Gründung einer KG, in der die beiden Kinder eine Kommanditistenstellung eingeräumt bekommen sollten. Der Vertrag wurde aber mangels gerichtlicher Genehmigung nicht wirksam. Nachdem das Unternehmen in Zahlungsschwierigkeiten geraten war, gab die Witwe im eigenen Namen, im Namen der Gesellschaft und im Namen der Kinder ein Schuldanerkenntnis ab. Die Zivilgerichte mussten nun entscheiden, ob die Kinder aus diesem Schuldanerkenntnis persönlich und gesamtschuldnerisch haften.

Der BGH[903] hat die Haftung der Kinder bejaht. Deren Verfassungsbeschwerde gegen dieses Urteil hatte jedoch Erfolg. Das Bundesverfassungsgerichts[904] entschied, § 1629 Abs. 1 BGB in Verbindung mit § 1643 Abs. 1 BGB sei mit dem allgemeinen Persönlichkeitsrecht (Art. 1 Abs. 1, Art. 2 Abs. 1 GG) insofern nicht vereinbar, als Eltern ihre Kinder bei Fortführung eines ererbten Handelsgeschäfts

---

899 Der Nachlassverwalter hat bei wichtigen Geschäften die Genehmigung des Nachlassgerichts einzuholen, das an die Stelle des Familiengerichts tritt (§ 1962 BGB), vgl. Leipold, in: MüKo-BGB, § 1962 Rn. 1.

900 Gesetz zur Beschränkung der Haftung Minderjähriger vom 25. August 1998 (BGBl I 1998, 2487).

901 Die Bezeichnung als Haftungsbeschränkung für „Minderjährige" ist insofern ungenau.

902 BVerfG, Beschluss vom 13.5.1986 – 1 BvR 1542/84, NJW 1986, S. 1859 ff.; K. Schmidt, BB 1986, S. 1238 ff. (S. 1238), bezeichnete den Beschluss als eine „Sensation".

903 BGH, Urteil vom 8.10.1984 – II ZR 223/83 = NJW 1985, S. 136 ff.

904 BVerfG, Beschluss vom 13.5.1986 – 1 BvR 1542/84, NJW 1986, S. 1859 ff.

finanziell unbegrenzt – also über das ererbte Vermögen hinaus – verpflichten könnten. Es bestehe die Gefahr, dass Kinder mit erheblichen Schulden in die Volljährigkeit „entlassen"[905] würden. Eine solche Überschuldung beeinträchtige das Selbstbestimmungsrecht der Kinder. Die gesetzliche Vertretung des minderjährigen Kindes durch seine Eltern stelle insoweit eine *Fremd*bestimmung dar, die sich im Gegensatz zur gewillkürten Stellvertretung nicht auf einen Akt der *Selbst*bestimmung zurückführen lasse[906].

Zwar sei an Schadensersatzansprüche der Kinder gegen ihre Mutter zu denken, weil diese das Unternehmen ohne Genehmigung in Erbengemeinschaft fortgeführt hatte[907]. Aber solche in der Regel „wertlosen"[908] Ansprüche genügten gerade im Hinblick auf die häufig anzutreffende Vermögenslage nicht dem Minderjährigenschutz. Über Schadensersatzansprüche der Kinder gegen den Staat, zum Beispiel aus Staatshaftung nach § 839 BGB in Verbindung mit Art. 34 GG, wurde nicht entschieden[909]. Diesen Mangel habe der Gesetzgeber in Erfüllung seines Wächteramtes (Art. 6 Abs. 2 Satz 2 GG) zu beseitigen[910]. Dabei standen dem Gesetzgeber zwei Möglichkeiten zur Verfügung, entweder den Genehmigungskatalog des § 1822 BGB zu erweitern oder für den Minderjährigen eine Haftungsbeschränkung zu schaffen[911]. Das Modell der Haftungsbeschränkung wurde einer Erweiterung der §§ 1821, 1822 BGB vorgezogen, weil ein enumerativer Katalog zwangsläufig Lücken aufweise und

905 BVerfG, Beschluss vom 13.5.1986 – 1 BvR 1542/84, NJW 1986, S. 1859 ff. (S. 1860).

906 Vgl. auch Ramm, NJW 1989, S. 1708 ff., der die elterliche Vertretungsmacht gänzlich für verfassungswidrig hält und dazu die Erwiderung von K. Schmidt, NJW 1989, S. 1712 ff.

907 K. Schmidt, BB 1986, S. 1238 ff. (S. 1239).

908 BVerfG, Beschluss vom 13.5.1986 – 1 BvR 1542/84, NJW 1986, S. 1859 ff. (S. 1860).

909 K. Schmidt, BB 1986, S. 1238 ff. (S. 1239) weist darauf hin, dass hier nicht die Versagung der Genehmigung der richtige Anknüpfungspunkt gewesen wäre, sondern die fehlende Ausschöpfung des Rechtsweges: Das Gericht hätte nämlich – etwa durch eine Zwischenverfügung – Gelegenheit zur Vertragsänderung geben müssen. K. Schmidt verlangt daher eine Korrektur des anscheinend verbreiteten Bildes, in der Ablehnung einer Genehmigung verantwortungsvolles Staatshandeln gegenüber minderjährigen Bürgern zu sehen, in der Erteilung einer Genehmigung hingegen nur eine riskante Maßnahme. Vielmehr solle eine gemeinsame Lösung durch Gericht und gesetzlichen Vertreter gefunden werden. Denn ansonsten müsse der Preis letztlich von den Gläubigern des Unternehmens gezahlt werden.

910 BVerfG, Beschluss vom 13.5.1986 – 1 BvR 1542/84, NJW 1986, S. 1859 ff. (S. 1861); Klüsener, Rpfleger 1990, S. 321 ff. (S. 323).

911 BVerfG, Beschluss vom 13.5.1986 – 1 BvR 1542/84, NJW 1986, S. 1859 ff. (S. 1861).

eine familiengerichtliche Genehmigung das Gericht vor praktische Probleme stelle[912]. Zudem könne sie den Minderjährigen auch nicht verlässlich vor einer Überschuldung schützen[913].

b) Tatbestand

Mit dem MHbeG ist der Gesetzgeber über die verfassungrechtlichen Mindestanforderungen hinausgegangen[914]. Der volljährig Gewordene hat das Recht, durch Erhebung der Einrede[915] seine Haftung für Verbindlichkeiten auf den Bestand des bei Eintritt seiner Volljährigkeit vorhandenen Vermögens zu beschränken[916].

aa) Allgemeines

Der Bestandsumfang der erfassten Verbindlichkeiten wird in § 1629a Abs. 1 Satz 1 BGB definiert. Unerheblich ist, ob die Verbindlichkeit unmittelbar durch den Minderjährigen (§ 1629a Abs. 1 Satz 1 Halbsatz 2 BGB Alt. 1), durch die Eltern im Rahmen ihrer Vertretungsmacht, durch sonstige vertretungsberechtige Personen mit Wirkung für das Kind (§ 1629a Abs. 1 Satz 1 Halbsatz 1 Alt. 1 BGB) oder aufgrund eines während der Minderjährigkeit erfolgten Erwerbs von Todes wegen (§ 1629a Abs. 1 Satz 1 Halbsatz 1 Alt. 2 BGB) übernommen wurde[917]. Diese Tatbestandsvarianten verdeutlichen, dass es bei der Vorschrift

912 Huber, in: MüKo-BGB, § 1629a Rn. 3.

913 Huber, in: MüKo-BGB, § 1629a Rn. 3.

914 Etwa mit dem Umfang der erfassten Verbindlichkeiten und dem Kündigungsrecht. Allerdings wird die Vorschrift auch dafür kritisiert, dass sie zum Beispiel nur die haftungsrechtlichen Folgen der gesetzlichen Vertretung, nicht aber das Deliktsrecht erfasst, vgl. Huber, in: MüKo-BGB, § 1629a Rn. 4; Coester, in: Festschrift für W. Lorenz, 2001, S. 113 ff. (S. 127 ff.). Darüber hinaus wird dem Gesetzgeber vorgeworfen, dass die Norm die gebotene Rücksicht auf berechtige Interessen der Gläubiger und Mitgesellschafter vermissen lasse, vgl. Habersack, FamRZ 1999, S. 1 ff. (S. 1).

915 Coester, in: Staudinger, BGB 2007, § 1629a Rn. 49.

916 Die Einrede ist grundsätzlich an keine Frist gebunden. Der volljährig Gewordene kann daher versuchen, seine Schulden aus dem Altvermögen zu begleichen, und erst dann Einrede erheben, wenn das Vermögen verbraucht ist, vgl. Coester, JURA 2002, S. 88 ff. (S. 91). Ist der Minderjährige aber, wie hier, Mitglied einer Gesellschaft, gilt § 1629a Abs. 4 BGB.

917 Bis auf deliktische und bereicherungsrechtliche Ansprüche scheinen damit alle denkbaren Fälle erfasst, vgl. Grunewald, ZIP 1999, S. 597 ff. (S. 597).

nicht um Überschuldung schlechthin geht, sondern nur um fremdverantwortete Überschuldung[918].

Die Art der Geltendmachung der Einrede wird durch die Verweisung[919] des § 1629a Abs. 1 Satz 2 BGB auf §§ 1990, 1991 BGB geregelt. Hiernach kann der volljährig Gewordene die Dürftigkeitseinrede entsprechend[920] erheben, wenn sein Vermögen zur Befriedigung der Gläubiger nicht ausreicht. Diese führt, wie bei der erbrechtlichen Haftungsbeschränkung, zu einer Teilung der Vermögenmassen[921]: Dabei sind die Altgläubiger auf das Altvermögen zu verweisen, die Neugläubiger können unbeschränkt auf das Neuvermögen zugreifen[922].

bb) Haftung des Minderjährigen

Im Rahmen der Gesellschafterhaftung ist zwischen Ansprüchen der Gesellschaft bzw. der Mitgesellschaftern gegen den Minderjährigen (Innenverhältnis)[923] und Forderungen der Gesellschaftsgläubiger (Außenverhältnis) zu unterscheiden[924]. Die Ansprüche im Innenverhältnis (sog. Sozial- und Individualansprüche)[925] werden von § 1629a BGB erfasst. Sie ergeben sich unmittelbar aus dem

---

918 Coester, JURA 2002, S. 88 ff. (S. 88); Schutz vor eigenverantwortlicher Überschuldung bietet insoweit die Restschuldbefreiung gemäß §§ 286 ff. InsO.

919 Dabei handelt es sich um einen Rechtsfolgenverweis (keinen Rechtsgrundverweis), sodass ein Liquidationsverfahren ausbleibt, vgl. Haertlein, JA 2000, S. 982 ff. (S. 985).

920 Der Eintritt der Volljährigkeit entspricht dem Erbfall, die Altgläubiger den Nachlassgläubigern, die Neugläubiger den Eigengläubigern, das Volljährigkeitsvermögen dem Nachlass und das Neuvermögen dem Eigenvermögen, vgl. Konz, MHbeG, S. 18.

921 Coester, in: Staudinger, BGB 2007, § 1629a Rn. 54.

922 Abgrenzung Neu-/Altschuld kann schwierig sein: Entscheidend ist die Entstehung der rechtlichen Grundlage der Forderung, vgl. Coester, JURA 2002, S. 88 ff. (S. 91). Ein Mietvertrag, der vor Eintritt der Volljährigkeit abgeschlossen wurde, gilt daher als Altschuld.

923 Vgl. Christmann, ZEV 2000, S. 45 ff. (S. 46, 48) und Haertlein, JA 2000, S. 982 ff. (S. 989) für die in Betracht kommenden Ansprüche bei Personen- und Kapitalgesellschaften.

924 K. Schmidt, Gesellschaftsrecht, § 19 III 2 b) S. 556.

925 Sozialansprüche sind Ansprüche der Gesellschaft, Individualansprüche solche der Mitgesellschafter gegen den Minderjährigen.

Gesellschaftsvertrag und wirken direkt gegen den Minderjährigen[926]. Hinsichtlich der Ansprüche im Außenverhältnis (sog. Drittansprüche) bestand Uneinigkeit.

Bei einer Kapitalgesellschaft entstehen in der Regel keine Gesellschafterverbindlichkeiten gegenüber Gesellschaftsgläubigern. Die Kapitalgesellschaft haftet nach außen hin selbst (§ 13 Abs. 2 GmbHG, § 1 Abs. 1 Satz 2 AktG)[927]. Die Gesellschafter einer Personengesellschaft haften dagegen unmittelbar nach §§ 128, 130 HGB[928]. Problematisch ist, dass solche Verbindlichkeiten nicht von dem Wortlaut der Vorschrift erfasst werden[929]. Zwar erstreckt sich der Tatbestand auch auf die Vertretung des Minderjährigen durch sonstige Personen[930]. Allerdings vertreten die Mitgesellschafter nicht den minderjährigen Gesellschafter, sondern die Gesellschaft (Akzessorietätstheorie)[931].

Aus diesem Grund wurde unter Zugrundelegung einer grammatikalischen Auslegung vertreten, dass § 1629a BGB auf derartige Verbindlichkeiten keine Anwendung finde[932]. Inzwischen herrscht aber Einigkeit, dass der gesetzliche Tatbestand zu eng geraten ist und sowohl historisch als auch teleologisch zugunsten einer Anwendbarkeit ausgelegt werden muss[933]: Zum einen sei dieser Wille den Gesetzesmaterialien[934] immanent. Die Fremdverantwortung der Verbindlichkeiten, nicht die Rechtskonstruktion sei entscheidend. Zum anderen

---

926 Rust, DStR 2005, S. 1992 ff. (S. 1994, 1996).

927 Merkt, in: MüKo-GmbHG, § 13 Rn. 328 für die GmbH; Heider, in: MüKo-AktG, § 1 Rn. 45 für die AG.

928 K. Schmidt, MüKo-HGB, § 128 Rn. 1; bei der KG über § 161 Abs. 2 HGB, bei der GbR analog.

929 Huber, in: MüKo-BGB, § 1629a Rn. 17.

930 Mit dieser Dogmatik bejaht Haertlein, JA 2000, S. 982 ff. (S. 989) die Anwend barkeit.

931 Die Lehre von der Doppelverpflichtung wurde bei der GbR inzwischen aufgegeben, vgl. Schäfer, in: MüKo-BGB, § 714 Rn. 33 f.

932 Habersack/Schneider, FamRZ 1997, S. 649 ff. (S. 653); Klumpp, ZEV 1998, S. 408 ff. (S. 411); Reimann, MittBayNot 1999, S. 326 ff. (S. 327).

933 Behnke, NZG 1999, S. 244 ff. (S. 245); Binninger, Haftungsbeschränkung, S. 185; Büchel, Familiengesellschaften, S. 214 ff.; Christmann, ZEV 2000, S. 45 ff. (S. 46 f.); Coester, in: Staudinger, BGB 2007, § 1629a Rn. 20; Glöckner, FamRZ 2000, S. 1397 ff. (S. 1402 ff.); Grunewald, ZIP 1999, S. 597 ff. (S. 598); Habersack, FamRZ 1999, S. 1 ff. (S. 3); ders., in: Staub, HGB, § 128 Rn. 18; Huber, in: MüKo-BGB, § 1629a Rn. 17; K. Schmidt, in MüKo-HGB, § 128 Rn. 65; Muscheler, WM 1998, S. 2271 ff. (S. 2280).

934 BT-Drucksache 13/5624 vom 26.9.1996, S. 8.

spreche dafür der Sinn und Zweck der Norm, den Minderjährigen möglichst umfassend zu schützen. Auch die gesellschaftsrechtlich vermittelte Haftung des Minderjährigen sei unter § 1629a Abs. 1 BGB zu fassen. Nehmen die Mitgesellschafter nach Inanspruchnahme durch Gesellschaftsgläubiger gemäß § 426 BGB einen Innenausgleich vor, greift zugunsten des Minderjährigen eine Haftungsbeschränkung[935].

cc) Publizität des Handelsregisters

Seit dem 1. Januar 1999[936] ist bei der Eintragung natürlicher Personen in das Handelsregister gemäß § 106 Abs. 2 Nr. 1 HGB (in Verbindung mit § 161 Abs. 2 HGB) deren Geburtsdatum anzugeben[937]. Diese Vorschrift wurde eingeführt, um Gläubigern minderjähriger Gesellschafter die Möglichkeit zu geben, das potentielle Risiko einer Haftungsbeschränkung durch § 1629a BGB zu erkennen und sich durch den Verzicht auf Vorleistungen oder die Vereinbarung von Sicherheiten schützen zu können[938].

(1) Problempunkt

Ist das Geburtsdatum eine einzutragende Tatsache, ist im Hinblick auf den handelsrechtlichen Verkehrsschutz eine Anwendbarkeit des § 15 HGB zu prüfen. Wurde das Geburtsdatum des volljährig Gewordenen nicht gemäß § 15 Abs. 1 HGB eingetragen und bekannt gemacht (negative Publizität)[939] oder nach § 15 Abs. 3 BGB fehlerhaft bekannt gemacht (positive Publizität)[940], könnte er sich nicht auf seine Minderjährigkeit berufen und somit § 1629a BGB nicht geltend machen. Insoweit liegen die Prinzipien des handelsrechtlichen Verkehrsschutzes

935 Behnke, NZG 1999, S. 244 ff. (S. 245); bei dem Regressanspruch handelt es sich um einen Individualanspruch.

936 Gesetz zur Neuregelung des Kaufmanns- und Firmenrechts und zur Änderung anderer handels- und gesellschaftsrechtlicher Vorschriften (HRefG) vom 22. Juni 1998 (BGBl I, 1474).

937 Sind alle Gesellschafter minderjährig, wird von manchen ein kennzeichnender Zusatz bei der Firmierung gefordert, da es sich um eine Gesellschaft „mbH" nach Maßgabe des § 1629a BGB handele, vgl. Haertlein, JA 2000, S. 982 ff. (S. 990); Konz, MHbeG, S. 86 ff.; Laum/Dylla-Krebs, in: Festschrift für R. Vieregge, 1995, S. 513 ff. (S. 536); ausführlich dazu Büchel, Familiengesellschaften, S. 215 ff.

938 BT-Drucksache 13/5624 vom 26.9.1996, S. 14.

939 Krebs, in MüKo-HGB, § 15 Rn. 13.

940 Krebs, in MüKo-HGB, § 15 Rn. 13.

mit denen des Minderjährigenschutzes in Widerstreit[941]. Es stellt sich daher die Frage, ob § 15 HGB zulasten minderjähriger Gesellschafter anwendbar ist[942].

(2) Die vertretenen Ansichten

Der Gesetzgeber hat von einer besonderen Regelung des Verhältnisses von Verkehrsschutz und Minderjährigenschutz abgesehen. Aus den Gesetzesmaterialien[943] ergibt sich ein Vorrang des Verkehrsschutzes. Eine unbeschränkte Haftung des Minderjährigen könne hingenommen werden. Aufgrund der Prüfungspflicht des Registergerichts und der Kontrolle durch den Notar komme eine Haftung in der Regel ohnehin nicht vor. Folglich fehle es an praktischer Relevanz.

In Übereinstimmung mit der Entscheidung des historischen Gesetzgebers geht ein Teil der Literatur[944] davon aus, die Anwendung des § 15 HGB sei nicht durch den Minderjährigenschutz des § 1629a BGB gesperrt. Der Gesetzgeber habe eine für den Handelsverkehr strenge Publizitätshaftung schaffen wollen[945]. Eine anderslautende verfassungskonforme Auslegung zum Schutz des Minderjährigen sei schon deshalb nicht geboten, weil mit der Einführung der Restschuldbefreiung nach §§ 286 ff. InsO das Problem um die Zukunftschancen des Minderjährigen weitestgehend entschärft sei[946].

Andere Autoren[947] wollen eine Differenzierung zwischen negativer und positiver Publizitätswirkung vornehmen: Da § 15 Abs. 1 HGB vom reinen Rechtsscheinprinzip geprägt ist, müsse die Vorschrift auch zulasten Minderjähriger gelten. Die Vorschrift sei Ausdruck eines Organisationsrisikos des Unternehmensträgers, das auch der Minderjährige trage[948]. Auf eine Zurechnung des Un-

941 BT-Drucksache 13/5624 vom 26.9.1996, S. 14.

942 Nach herrschender Meinung ist § 15 HGB auch zulasten Minderjähriger anwendbar, wenn die nicht eingetragene Tatsache (zum Beispiel Austritt eines minderjährigen Gesellschafters) nicht spezifisch dem Minderjährigenschutz dient, vgl. Haertlein, JA 2000, S. 982 ff. (S. 990).

943 BT-Drucksache 13/5624 vom 26.9.1996, S. 14.

944 Habersack/Schneider, FamRZ 1997, S. 649 ff. (S. 651); Habersack, FamRZ 1999, S. 1 ff. (S. 2); Koch, in: Staub, HGB, § 15 Rn. 111; Krebs, in MüKo-HGB, § 15 Rn. 21, 41 und 92; K. Schmidt, Handelsrecht, § 14 III Rn. 38; ders., JuS 1990, S. 517 ff. (S. 519).

945 K. Schmidt, JuS 1990, S. 517 ff. (S. 519).

946 Krebs, in MüKo-HGB, § 15 Rn. 21.

947 Gehrlein, in: Ebenroth/Boujong/Joost/Strohn, HGB, § 15 Rn. 9, 34; von Gerkan/Haas, in: Röhricht/Graf von Westphalen, HGB, § 15 Rn. 22; Hopt, in: Baumbach/Hopt, HGB, § 15 Rn. 6, 19; Preuß, in: Oetker, HGB, § 105 Rn. 23, 66.

948 Preuß, in: Oetker, HGB, § 105 Rn. 23.

terlassens komme es nicht an. Im Gegensatz dazu beruhe § 15 Abs. 3 HGB auf dem Veranlassungsprinzips[949]. Hier sei dem Minderjährigenschutz Vorzug zu geben. Ein Gleichlauf beider Vorschriften sei nicht erforderlich.

Die Gegenansicht[950] geht hingegen von einem generellen Vorrang des Minderjährigenschutzes aus. Mit den Grundsätzen der negativen Publizität (§ 15 Abs. 1 HGB) könne kein Konflikt entstehen. Da § 106 Abs. 2 Nr. 1 HGB die Eintragung des Geburtsdatums nicht nur für Minderjährige, sondern für jeden Gesellschafter verlangt[951], könnten die Gesellschaftsgläubiger aus einer fehlenden Eintragung oder Bekanntmachung nicht schließen, dass ein Gesellschafter volljährig ist. Es erwachse daher kein schützenswertes Vertrauen in die Volljährigkeit.

Hinsichtlich der positiven Publizität (§ 15 Abs. 3 HGB) wird Folgendes ausgeführt[952]: Eine Rechtsscheinhaftung komme aus verfassungsrechtlichen Gründen nur dann in Betracht, wenn die falsche Bekanntmachung dem Eingetragenen in irgendeiner Weise zuzurechnen sei. Da es bei Minderjährigen auf die Zurechenbarkeit des Handelns des gesetzlichen Vertreters ankomme, stelle sich die Haftung aus § 15 Abs. 3 HGB für den volljährig Gewordenen als eine fremdverantwortete Verbindlichkeit aus der Zeit seiner Minderjährigkeit dar. Eine Anwendbarkeit des § 15 Abs. 3 HGB stehe daher zum zentralen Anliegen des § 1629a BGB in eklatantem Widerspruch[953]. Im Ergebnis sei weder § 15 Abs. 1 HGB noch § 15 Abs. 3 HGB auf Minderjährige anwendbar. Der volljährig Gewordene könne sich in jedem Fall auf § 1629a BGB berufen.

(3) Stellungnahme

Entgegen der Ansicht von *Krebs*[954] macht die Restschuldbefreiung nach §§ 286 ff. InsO eine verfassungskonforme Auslegung nicht entbehrlich. Eine Restschuldbefreiung erfordert eine sechs Jahre lange Wohlverhaltensphase (§ 287 Abs. 2

949 Hier reicht es aus, dass das Registergericht durch einen (richtig gestellten) Antrag die Eintragung veranlasst.

950 Behnke, NJW 1998, S. 3078 ff. (S. 3081); Büchel, Familiengesellschaften, S. 220 f.; Christmann, ZEV 2000, S. 45 ff. (S. 47); Coester, in: Staudinger, BGB 2007, § 1629a Rn. 78; Glöckner, FamRZ 2000, S. 1397 ff. (S. 1400 Fn. 28); Haertlein, JA 2000, S. 982 ff. (S. 990); Muscheler, WM 1998, S. 2271 ff. (S. 2283).

951 Nach dem Regierungsentwurf war die Eintragung des Alters dagegen nur für Minderjährige vorgesehen.

952 Coester, in: Staudinger, BGB 2007, § 1629a Rn. 78.

953 Muscheler, WM 1998, S. 2271 ff. (S. 2283).

954 Krebs, in MüKo-HGB, § 15 Rn. 21.

Satz 1 InsO). § 1629a BGB liegt dagegen die gesetzgeberische Absicht zugrunde, dass der volljährig Gewordene mit Eintritt der Volljährigkeit über sein zukünftiges Vermögen verfügen kann. Könnte die Anwendung von § 15 HGB die Einrede des § 1629a BGB verhindern, widerspräche dies dem vom Gesetzgeber des MHbeG geforderten Minderjährigenschutz.

Eine Differenzierung zwischen negativer und positiver Publizität (mit anderen Worten: zwischen Rechtsscheinprinzip und Veranlassungsprinzip) ist nicht angezeigt. Ob der Vorrang dem Minderjährigen oder den Gläubigern der Gesellschaft gegenüber eingeräumt werden soll, ist losgelöst von dem *Telos* des § 15 HGB zu bewerten. Dem Minderjährigenschutz kann nur Rechnung getragen werden, wenn die Rechtslage allein aus der Perspektive des Minderjährigen beurteilt wird. Für den Minderjährigen macht es keinen Unterschied, ob sein gesetzlicher Vertreter die Eintragung der Tatsache versäumt oder ob dieser das Registergericht zu einer falschen Bekanntmachung veranlasst hat. Ist das Geburtsdatum des Minderjährigen in das Handelsregister nicht eingetragen oder wurde es fehlerhaft bekannt gemacht, findet die Vorschrift des § 15 HGB keine Anwendung.

dd) Genehmigte Rechtsgeschäfte

De lege lata kann sich der volljährig Gewordene Gläubigern gegenüber auch dann auf die Haftungsbeschränkung berufen, wenn für Rechtsgeschäfte eine familiengerichtliche Genehmigung gemäß §§ 1821, 1822 BGB erteilt wurde.

(1) Die vertretenen Ansichten

Eine Mindermeinung[955] will § 1629a BGB in diesen Fällen nicht anwenden. In dieser „Kumulierung des Minderjährigenschutzes“ sei gerade im Bereich des Kapitalgesellschaftsrechts ein Problem zu sehen[956]. Räume man dem volljährig Gewordenen, der sich als Minderjähriger an einer GmbH oder AG beteiligt hat, die Haftungsbeschränkung ein, kollidiere dies mit den Grundsätzen der Kapitalaufbringung und -erhaltung. Darüber hinaus könne man in der Berufung auf

---

955 Habersack/Schneider, FamRZ 1997, S. 649 ff. (S. 652); Habersack, FamRZ 1999, S. 1 ff. (S. 4); Laum/Dylla-Krebs, in: Festschrift für R. Vieregge, 1995, S. 513 ff. (S. 538); Reimann, DNotZ 1999, S. 179 ff. (S. 203 f.); ders., MittBayNot 1999, S. 326 ff. (S. 327).

956 Habersack/Schneider, FamRZ 1997, S. 649 ff. (S. 652); Habersack., FamRZ 1999, S. 1 ff. (S. 4); Reimann, DNotZ 1999, S. 179 ff. (S. 203 f.); ders., MittBayNot 1999, S. 326 ff. (S. 327).

die Haftungsbeschränkung nach erteilter Genehmigung ein widersprüchliches Verhalten erkennen (*venire contra factum proprium*).

Weiter wird argumentiert, die Ausnahme des § 1629a Abs. 2 BGB zur Ermächtigung nach § 112 BGB[957] müsse auf die genehmigungspflichtigen Rechtsgeschäfte ausgedehnt werden[958]. Es sei widersinnig, dass die Haftungsbeschränkung eingreift, wenn der Minderjährige zunächst ohne Zustimmung der Eltern und ohne Genehmigung durch das Familiengericht ein genehmigungspflichtiges Rechtsgeschäft abschließt und nachträglich die erforderlichen Genehmigungen erhält. Denn durch die Überprüfung durch das Familiengericht werde dem Minderjährigen gerade bescheinigt, dass sein Geschäft tragbar, vernünftig und günstig ist und er damit ebenso verantwortlich wie ein Volljähriger gehandelt hat. Eine Berechtigung für eine haftungsmäßige Privilegierung sei nicht zu erkennen.

Andere Autoren[959] wollen zwischen den einzelnen Genehmigungstatbeständen unterscheiden. Bedarf es einer Prognoseentscheidung des Familiengerichts, wie bei § 1822 Nr. 3 BGB, bestehe das Bedürfnis einer Haftungsbeschränkung. Denn ist der Minderjährige einmal Gesellschafter, gingen aus dem Betrieb des Unternehmens Verbindlichkeiten hervor, die als solche keiner Genehmigungspflicht unterliegen. In den meisten anderen Fällen der §§ 1821, 1822 BGB seien dagegen *ad-hoc*-Entscheidungen aufgrund eines in der Regel feststehenden Sachverhalts zu treffen. Wenn das Rechtsgeschäft bereits durch den Filter der gerichtlichen Genehmigung gegangen sei, bestehe kein sachlicher Grund, eine nachträgliche Beschränkungsmöglichkeit einzuräumen.

Die wohl herrschende Meinung[960] ist der Auffassung, ohne die erforderliche Genehmigung werde der Minderjährige aus den Rechtsgeschäften der Gesellschaft von vornherein nicht verpflichtet. Im Übrigen seien auch die Gerichte – ebenso wie Eltern – nicht vor wirtschaftlichen Fehlprognosen gefeit. Aus diesem Grund bestehe die Gefahr, dass insbesondere bei längerfristigen Schuldverhältnissen unerwünschte Schutzlücken entstehen[961]. Die Genehmigungs*bedürftig-*

957 Vgl. Muscheler, WM 1998, S. 2271 ff. (S. 2282), der diesen Ausnahmetatbestand dagegen für verfassungswidrig hält.

958 Laum/Dylla-Krebs, in: Festschrift für R. Vieregge, 1995, S. 513 ff. (S. 538).

959 Christmann, ZEV 2000, S. 45 ff. (S. 46); Klummp, ZEV 1998, S. 412 ff. (S. 412).

960 Bürger, RNotZ 2006, S. 156 ff. (S. 178); Coester, in: Staudinger, BGB 2007, § 1629a Rn. 31 f.; ders., JURA 2002, S. 88 ff. (S. 89); ders., in: Festschrift für W. Lorenz, 2001, S. 113 ff. (S. 117); Palandt/Götz, § 1629a BGB Rn. 5; Huber, in: MüKo-BGB, § 1629a Rn. 2; Konz, MHbeG, S. 48.

961 So bereits BT-Drucksache 13/5624 vom 26.9.1996, S. 13.

keit habe auf das MHbeG keinen Einfluss, weil es nur Teil eines umfassenden Minderjährigenschutzes sei[962].

Zudem wird darauf hingewiesen, dass der von *Laum/Dylla-Krebs*[963] angestellte Vergleich zwischen §§ 1821, 1822 BGB und § 112 BGB nicht durchgreifen könne[964]. Denn der nach § 112 BGB eingeräumte Autonomiebereich finde gemäß § 112 Abs. 1 Satz 2 BGB seine Grenzen bei Geschäften, für die der gesetzliche Vertreter einer familiengerichtlichen Genehmigung bedürfe. Im Ergebnis sei es angemessen, dass der emanzipierte Jugendliche einem Volljährigen wegen § 1629a Abs. 2 BGB auch haftungsmäßig gleichgestellt sei. Gleiche Chance entspreche gleichem Risiko.

(2) Stellungnahme

Die Mindermeinung weist richtigerweise auf eine Kollision zwischen der Haftungsbeschränkung mit den Grundsätzen der Kapitalaufbringung und Kapitalerhaltung hin. Die Rechte der Gläubiger werden durch § 1629a BGB verkürzt. Allerdings unterliegt das Vermögen des Minderjährigen bis zum Eintritt seiner Volljährigkeit dem vollen Gläubigerzugriff. Den Gläubigern wird der Zugriff nur auf den Teil des Vermögens verwehrt, den der Minderjährige nach Eintritt seiner Volljährigkeit erworben hat. Diese Verkürzung der Gläubigerrechte hat der Gesetzgeber hingenommen, damit der Minderjährige sein weiteres Leben ohne Altlasten gestalten kann[965].

In der Berufung auf die Hafungsbeschränkung kann auch kein widersprüchliches Verhalten des Minderjährigen erkannt werden. Das Verbot des *venire contra factum proprium* greift nur, wenn zwei (diskrepante) Entscheidungen von einem Entscheidungsträger getroffen wurden. Die Genehmigungstatbestände sind nur anwendbar, wenn der gesetzliche Vertreter ein Rechtsgeschäft für den Minderjährigen eingegangen ist. Ihr Zweck liegt im Schutz vor fremdverantwortlichem Handeln. Beruft sich der volljährig Gewordene auf die Vorschrift des § 1629a BGB, geschieht das eigenverantwortlich. Der Abschluss des Rechtsgeschäfts beruht also auf einer Willenserklärung des gesetzlichen Vertreters. Das Gestaltungsrecht wird durch den Minderjährigen ausgeübt.

Familiengerichtliche Genehmigung und Haftungsbeschränkung dienen zwar beide dem Minderjährigenschutz. Eine „Kumulierung“ besteht dennoch

962 Bürger, RNotZ 2006, S. 156 ff. (S. 178).
963 Laum/Dylla-Krebs, in: Festschrift für R. Vieregge, 1995, S. 513 ff. (S. 538).
964 Coester, in: Festschrift für W. Lorenz, 2001, S. 113 ff. (S. 117).
965 Vgl. BT-Drucksache 13/5624 vom 26.9.1996, S. 7.

nicht. Der Anknüpfungspunkt des Schutzzwecks ist unterschiedlich. Bei der familiengerichtlichen Genehmigung handelt es sich um eine Beschränkung der gesetzlichen Vertretungsmacht. Die Genehmigung hat Präventivcharakter. Geschützt werden soll der Minderjährige in einem Stadium, in dem noch kein wirtschaftliches Risiko eingegangen wurde. Mit der Verweigerung einer Genehmigung ist das Familiengericht in der Lage, den Minderjährigen vor Verarmung zu bewahren. Bei der Haftungsbeschränkung handelt es sich um ein Gestaltungsrecht, das als *ultima ratio* vor Überschuldung schützen soll. Die Beschränkung greift, wenn ein wirtschaftliches Risiko bereits eingegangen wurde. Der Minderjährige ist trotz Haftungsbeschränkung nicht davor gefeit, sein gesamtes Vermögen zu verlieren. Dogmatisch sind die beiden Instrumente auseinander zu halten. Aus diesem Grund hat die Erteilung einer Genehmigung keine Auswirkung auf § 1629a BGB.

II. Kündigung der Mitgliedschaft

Möchte der Minderjährige aus der Gesellschaft ausscheiden, kann er seine Gesellschafterstellung durch Kündigung beenden. Die Kündigung der Mitgliedschaft setzt – wie andere Gestaltungsrechte auch – ein Kündigungs*recht*[966] voraus. Hat der Minderjährige ein Kündigungsrecht, ist zu untersuchen, ob er die Kündigungs*erklärung*[967] selbst abgeben kann oder ob, sofern diese der elterlichen Zustimmung bedarf, ein Ergänzungspfleger mitwirken oder das Familiengericht eine Genehmigung erteilen muss[968].

1. Kündigungsrecht und Kündigungsfolgen

Es stellt sich die Frage, ob eine Kündigung auf die Mitgliedschaft beschränkt werden kann, mit der Folge, dass der Minderjährige unter Fortbestand der Gesellschaft ausscheidet (Austrittskündigung)[969]. Dabei ist zwischen den verschiedenen Gesellschaftsformen zu unterscheiden.

a) GbR

Dem Gesellschafter einer GbR steht nach §§ 723 Abs. 1 Satz 1, 724 BGB ein ordentliches Kündigungsrecht zu[970]. Darüber hinaus hat er ein außerordentliches

966 Schäfer, in: MüKo-BGB, § 723 Rn. 6 ff.
967 Schäfer, in: MüKo-BGB, § 723 Rn. 11.
968 Auf die Kündigungsfrist soll hier nicht näher eingegangen werden.
969 Die Auflösung einer Gesellschaft soll hier nur peripher behandelt werden.
970 Schäfer, in: MüKo-BGB, § 723 Rn. 20 ff.

Kündigungsrecht (aus wichtigem Grund) gemäß § 723 Abs. 1 Satz 2, Satz 3 BGB[971]. Bei dem durch das MHbeG eingeführten Sonderkündigungsrecht des § 723 Abs. 1 Satz 3 Nr. 2 BGB liegt der wichtige Grund in dem Eintritt der Volljährigkeit[972]. Das Sonderkündigungsrecht für Minderjährige dient zum einen dazu, den Vermutungen des § 1629a Abs. 4 BGB entgehen zu können[973]. Zum anderen kann sich der Minderjährige damit seinen Verbindlichkeiten auch für die Zukunft entledigen[974].

Das Kündigungsrecht besteht nach § 723 Abs. 1 Satz 5 BGB nicht, wenn der Gesellschafter bezüglich des Gegenstands der Gesellschaft zum selbständigen Betrieb eines Erwerbsgeschäfts ermächtigt war (§ 112 BGB) oder der Zweck der Gesellschaft allein der Befriedigung seiner persönlichen Bedürfnisse diente[975]. Vereinbarungen, die das Kündigungsrecht ausschließen oder einschränken, sind wegen § 723 Abs. 3 BGB nichtig[976].

Nach dem gesetzlichen Grundkonzept führt die Kündigung eines Gesellschafters zur Auflösung der GbR (§ 727 Abs. 1 Halbsatz 1 BGB)[977]. Eine Fortsetzung der Gesellschaft ist nur möglich, wenn in dem Gesellschaftsvertrag eine entsprechende Regelung getroffen wurde (§§ 727 Abs. 1 Halbsatz 2, 736 BGB)[978]. Der Gesellschaftsanteil des kündigenden Gesellschafters wächst den übrigen Gesellschaftern zu (§ 738 Abs. 1 Satz 1 BGB), die zu einer Ausgleichszahlung verpflichtet sind (§ 738 Abs. 1 Satz 2 BGB)[979].

b) OHG und KG

§§ 131 Abs. 3 Satz 1 Nr. 3, 132, 161 Abs. 2 HGB regeln das ordentliche Kündigungsrecht der Personenhandelsgesellschafter. Der Gesellschafter scheidet nach

---

971 Schäfer, in: MüKo-BGB, § 723 Rn. 26 ff.; das Sonderkündigungsrecht für Minderjährige dient zum einen dazu, den Vermutungen des § 1629a Abs. 4 BGB begegnen zu können. Zum anderen kann sich der Minderjährige damit seiner Verbindlichkeiten auch für die Zukunft entledigen, vgl. Behnke, NZG 1999, S. 244 ff. (S. 245).

972 Schäfer, in: MüKo-BGB, § 723 Rn. 26, 38.

973 Schäfer, in: MüKo-BGB, § 723 Rn. 45; Behnke, NZG 1999, S. 244 ff. (S. 245).

974 Schäfer, in: MüKo-BGB, § 723 Rn. 45; Behnke, NZG 1999, S. 244 ff. (S. 245).

975 Als Befriedigung persönlicher Bedürfnisse werden Zusammenschlüsse zur Förderung der Ausbildung oder zur gesundheitlichen Unterstützung des Minderjährigen vorgeschlagen, vgl. Erman/H. P. Westermann, § 723 Rn. 17.

976 Kindl, Gesellschaftsrecht, § 11 Rn. 3.

977 Siehe oben unter Dritter Teil: C. II.

978 Siehe oben unter Dritter Teil: C. III. 1.

979 Kilian, in: Henssler/Strohn, BGB, § 738 Rn. 3.

dieser Neuregelung kraft Gesetzes aus[980]. Eine Auflösung der Gesellschaft, wie es § 131 Nr. 6 HGB a. F. vorgesehen hatte, erfolgt nicht. Ein Sonderkündigungsrecht für Minderjährige hat der Gesetzgeber im Rahmen der Personenhandelsgesellschaften nicht geschaffen. Streitig ist, ob es neben der Auflösungsklage aus wichtigem Grund nach §§ 133 Abs. 2, 161 Abs. 2 HGB noch ein außerordentliches Kündigungsrecht kraft Gesetzes gibt.

aa) Außerordentliches Kündigungsrecht

Die herrschende Meinung[981] orientiert sich an der Regierungsbegründung des Gesetzes[982]. Das Kündigungsrecht des § 723 Abs. 1 Satz 3 Nr. 2 BGB solle über §§ 105 Abs. 3, 161 Abs. 2 HGB auch auf die Personenhandelsgesellschaften „ausstrahlen". Das Sonderkündigungsrecht des volljährig Gewordenen BGB-Gesellschafters sei auch dem persönlich haftenden Gesellschafter einer OHG und KG (hier: Komplementär) zu gewähren. Rechtsfolge sei, dass die Kündigung als Fall des § 131 Abs. 3 Satz 1 Nr. 3 HGB angesehen wird und der Gesellschafter ausscheidet. Unklar ist, ob die Vorschrift direkt angewendet werden kann oder ob es einer Analogie bedarf.

Manche Autoren[983] wollen die Vorschrift des § 723 Abs. 1 Satz 3 Nr. 2 BGB unmittelbar anwenden: Zum einen liege der Handelsrechtsreform 1998[984] der Gedanke der Unternehmenskontinuität zugrunde. Wenn eine ordentliche Kündigung in der Regel nicht zur Auflösung, sondern nur zum Ausscheiden des kündigenden Gesellschafters führe, müsse eine außerordentliche Kündigung erst recht zulässig sein. Zum anderen unterscheide der Wortlaut des § 131 HGB gerade nicht zwischen einer ordentlichen und einer außerordentlichen Kündigung. Schließlich komme dem Normzweck Verkehrsschutz, dem durch das

---

980 K. Schmidt, in: MüKo-HGB, § 131 Rn. 77.

981 Glöckner, ZEV 2001, S. 47 ff. (S. 48); Grunewald, ZIP 1999, S. 597 ff. (S. 599); Lohse/Triebel, ZEV 2000, S. 337 ff. (S. 342); Piehler/Schulte, in: MüHdb-GesR, Bd. 1, § 74 Rn. 25; Reimann, DNotZ 1999, S. 179 ff. (S. 206 ff.); Roth, in: Baumbach/Hopt, HGB, § 133 Rn. 1; Schäfer, in: MüKo-BGB, § 723 Rn. 41; K. Schmidt, Gesellschaftsrecht, § 50 II 4 d) S. 1457; Schöne, in: Bamberger/Roth, BGB, § 723 Rn. 24; Erman/H. P. Westermann, § 723 Rn. 17; wohl auch Habersack, FamRZ 1999, S. 1 ff. (S. 2) und Eckebrecht, MDR 1999, S. 1248 ff. (S. 1249).

982 BT-Drucksache 13/5624 vom 26.9.1996, S. 10.

983 Piehler/Schulte, in: MüHdb-GesR, Bd. 1, § 74 Rn. 25; Roth, in: Baumbach/Hopt, HGB, § 133 Rn. 1; K. Schmidt, Gesellschaftsrecht, § 50 II 4 d) S. 1457.

984 Gesetz zur Neuregelung des Kaufmanns- und Firmenrechts und zur Änderung anderer handels- und gesellschaftsrechtlicher Vorschriften (HRefG) vom 22. Juni 1998 (BGBl I, 1474).

Klageerfordernis Rechnung getragen werde, bei der Auflösung der Gesellschaft ein erheblich höherer Stellenwert zu als beim Austritt eines Gesellschafters.

Schäfer[985] trägt vor, eine am Normzweck orientierte Anwendung sei zwar folgerichtig, die rechtliche Umsetzung bereite aber Schwierigkeiten. Eine unmittelbare Anwendung scheide aus. Es sei von einer vom Gesetzgeber ungewollten Regelungslücke auszugehen, die durch Analogie des § 723 Abs. 1 Satz 3 Nr. 2 BGB zu schließen sei.

bb) Kein außerordentliches Kündigungsrecht

Eine Mindermeinung[986] spricht sich gegen ein außerordentliches Kündigungsrecht des volljährig Gewordenen aus. Im Hinblick auf die Rechtssicherheit und den Schutz der Mitgesellschafter statuiere das Gesetz, vorbehaltlich abweichender gesellschaftsvertraglicher Vereinbarungen, die Notwendigkeit, eine Auflösung durch Gestaltungsurteil und nicht durch bloße Kündigungserklärung herbeizuführen[987]. Ein außerordentliches Kündigungsrecht sei zudem aus methodologischen Gründen abzulehnen[988]. Die Verweisungsnorm des § 105 Abs. 3 HGB erlaube einen Rückgriff auf die §§ 705 ff. BGB nur dann, wenn es an handelsrechtlichen Regelungen fehle. Das sei hinsichtlich der Kündigungsgründe aber gerade nicht der Fall.

Der Gedanke des Minderjährigenschutzes könne folglich nur als ein (ungeschriebener) wichtiger Grund für eine Auflösungsklage im Sinne des § 133 Abs. 2 HGB angesehen werden. Ausgeschlossen sei es indes, das Sonderkündigungsrecht des § 723 Abs. 1 Satz 3 Nr. 2 BGB über §§ 105 Abs. 3, 161 Abs. 2 HGB als Fall des § 131 Abs. 3 Satz 1 Nr. 3 HGB zu betrachten. Insoweit sei an dem Erfordernis der Klageerhebung festzuhalten. *De lege ferenda* solle der Gesetzgeber allerdings seinen redaktionellen Fehler korrigieren, zum Beispiel durch eine gesetzliche Verweisungsnorm, zum Beispiel wie bei der stillen Gesellschaft gemäß § 234 Abs. 1 Satz 2 HGB.

cc) Sonderfall: Kommanditist

Auf den Fall des minderjährigen Kommanditisten lassen sich die oben genannten Grundsätze nicht ohne weiteres übertragen. Der Eintritt der Volljährigkeit

985 Schäfer, in: MüKo-BGB, § 723 Rn. 41.

986 Butzer/Knof, in: MüHdb-GesR, Bd. 1, § 83 Rn. 31; Lorz, in: Ebenroth/Boujong/Joost/Strohn, HGB, § 133 Rn. 1, 23;

987 Lorz, in: Ebenroth/Boujong/Joost/Strohn, HGB, § 133 Rn. 1, 23.

988 Butzer/Knof, in: MüHdb-GesR, Bd. 1, § 83 Rn. 31.

ist zumindest dann kein wichtiger Grund im Sinne von § 723 BGB, wenn die Kommanditeinlage erbracht und der Minderjährige keinem Haftungsrisiko ausgesetzt ist (§ 171 Abs. 1 Halbsatz 2 HGB). Umstritten ist indes, ob der Kommanditist selbst dann in den Genuss eines außerordentlichen Kündigungsrechts kommen soll, wenn die Kommanditeinlage noch nicht voll eingezahlt ist.

Ein Teil der Literatur[989] ist der Meinung, das Kündigungsrecht solle auch in diesem Fall zur Anwendung gelangen. Denn habe der Kommanditist die Möglichkeit der Kündigung nicht, wäre er mit dem Risiko belastet, seine Einlage noch erbringen zu müssen. Davor wolle das MHbeG den Minderjährigen bewahren.Eine Haftungsbeschränkung hinsichtlich der Einlagenforderung auf das im Zeitpunkt seiner Volljährigkeit vorhandene Vermögen, mit der sich der Kommanditist auf alle Zeiten einer Inanspruchnahme entziehen könnte, sei dagegen nicht akzeptabel.

Im Hinblick auf die Gesetzesbegründung[990] bezweifeln andere Autoren[991], ob dem Kommanditisten ein solches Recht zuzugestehen sei. Der wichtige Grund der Kündigung bestehe darin, den Minderjährigen nicht gegen seinen Willen mit besonderen wirtschaftlichen Wagnissen belastet in die Volljährigkeit zu entlassen[992]. Der Gesetzgeber habe unter „Zukunftsrisiken" eine Ungewissheit verstanden, die auch zu Schaden führen könne. Eine nicht voll erbrachte Kommanditeinlage sei nicht als ein solches Risiko anzusehen. Ungewissheit über die Höhe bestehe nicht, allenfalls über den Zeitpunkt der Zahlungsverpflichtung. Dem minderjährigen Kommanditisten stehe kein außerordentliches Kündigungsrecht zu.

dd) Stellungnahme

Die persönlich haftenden Gesellschafter einer OHG oder KG haben ein außerordentliches Kündigungsrecht gemäß § 723 Abs. 1 Satz 3 Nr. 2 BGB[993]. Zwar stößt diese Lösung auf systematische Schwierigkeiten, weil das Handelsrecht als *lex specialis* eigene Kündigungs- und Auflösungsgründe enthält. Allerdings beruht der fehlende Verweis auf einem redaktionellen Fehler des Gesetzgebers. Die Gesetzesbegründung macht deutlich, dass ein derartiges Kündigungsrecht auch einem Personenhandelsgesellschafter zugute kommen soll. Das Recht zur

---

989 Grunewald, ZIP 1999, S. 597 ff. (S. 599 f.); Schäfer, in: MüKo-BGB, § 723 Rn. 41.

990 BT-Drucksache 13/5624 vom 26.9.1996, S. 10.

991 Binninger, Haftungsbeschränkung, S. 57 ff.; Piehler/Schulte, in: MüHdb-GesR, Bd. 2, § 36 Rn. 24.

992 Binninger, Haftungsbeschränkung, S. 57 ff.

993 Ob analog oder direkt, soll hier dahinstehen.

ordentlichen Kündigung gemäß §§ 131 Abs. 3 Satz 1 Nr. 3, 132, 161 Abs. 2 HGB genügt im Hinblick auf das vom Minderjährigenschutz geprägte MHbeG nicht. Eine Auflösungsklage aus wichtigem Grund nach §§ 133 Abs. 2, 161 Abs. 2 HGB ist dagegen mit dem dem HRefG zugrunde liegenden Gedanken der Unternehmenskontinuität nicht vereinbar.

Anders verhält es sich mit dem Kündigungsrecht eines minderjährigen Kommanditisten. Dieser kann die KG beim Eintritt seiner Volljährigkeit nicht außerordentlich kündigen, selbst wenn seine Kommanditeinlage nicht voll eingezahlt ist. Denn in diesem Fall reicht die Haftungsbeschränkung aus, um ihn vor wirtschaftlichen Gefahren zu bewahren. Der Anspruch der Gesellschaft gegen den Kommanditisten auf Leistung der Pflichteinlage (Sozialanspruch) oder der Zahlungsanspruch der Gesellschaftsgläubiger bis zur Höhe der Haftsumme (Drittanspruch) entspricht einer Verbindlichkeit des Kommanditisten aus dem Altvermögen. Die rechtliche Grundlage dieser Ansprüche ist bereits vor Eintritt der Volljährigkeit des Kommanditisten entstanden.

Zwar gilt hier § 1629a Abs. 4 BGB. Danach kann das volljährig gewordene Mitglied einer Gesellschaft die Kündigung nur binnen drei Monaten nach Eintritt seiner Volljährigkeit erklären. Ansonsten ist im Zweifel anzunehmen, dass die aus dem Gesellschaftsverhältnis herrührende Verbindlichkeit erst nach dem Eintritt der Volljährigkeit entstanden ist[994]. Der volljährig Gewordene kann die Haftungsbeschränkung des § 1629a BGB nicht mehr geltend machen, wenn ihm die Widerlegung der Vermutung nicht gelingt. Aber die Vermutung ist widerlegbar[995]. Zum Schutz des volljährig Gewordenen kann in der Regel wohl auch auf datierte Rechnungen zurückgegriffen werden[996]. Das verbleibende – zudem geringe – Beweislastrisiko allein macht die Kündigungsmöglichkeit für einen volljährig gewordenen Kommanditisten nach § 723 Abs. 1 Satz 3 Nr. 2 BGB nicht erforderlich.

c) *Innengesellschaft*

Auf die ordentliche Kündigung durch einen stillen Gesellschafter finden nach § 234 Abs. 1 Satz 1 HGB die Vorschriften der §§ 132, 134 HGB entsprechende

994 Aus BT-Drucksache 13/5624 vom 26.9.1996, S. 10 f., 13 f. ergibt sich eindeutig, dass es sich rechtstechnisch um eine Vermutung handelt. Aus rechtspolitischer Sicht wird diese jedoch als überflüssig kritisiert, weil sie lediglich Ausdruck der ohnehin bestehenden Beweislastverteilung sei, vgl. Huber, in: MüKo-BGB, § 1629a Rn. 69 m. w. N.

995 Vgl. Huber, in: MüKo-BGB, § 1629a Rn. 75.

996 Vgl. Lorz, in: Ebenroth/Boujong/Joost/Strohn, HGB, § 133 Rn. 23; deshalb bezeichnet K. Schmidt, JuS 2004, S. 361 ff. (S. 363) diese Rechtsfolge als unvernünftig.

Anwendung[997]. Die außerordentliche Kündigung hingegen richtet sich gemäß § 234 Abs. 1 Satz 2 HGB nach § 723 Abs. 1 Satz 2 und Satz 3 BGB. Die Rechtsfolge der Kündigung ist von der Gestaltung des Innenverhältnisses abhängig[998]. Handelt es sich um eine zweigliedrige stille Gesellschaft, kann aufgrund des gesetzlichen Rechtsbildes dieser Gesellschaftsform nur eine Auflösung in Betracht kommen[999]. Denn entschließt sich der stille Gesellschafter, seine Beteiligung zu beenden, fehlt es zukünftig an der für eine stille Gesellschaft erforderlichen Verbindung. Nach der Kündigung durch den stillen Gesellschafter verbleibt es allein beim Handelsgeschäft. Die Vollbeendigung der zweigliedrigen (und damit rein schuldrechtlichen) stillen Gesellschaft tritt sogleich mit der Auflösung ein[1000]. Eine Unterscheidung zwischen Abwicklung und Ausscheiden findet nicht statt[1001]. Sind mehrere stille Gesellschafter mit dem Geschäftsinhaber in der Form einer mehrgliedrigen stillen Gesellschaft verbunden, ist auch der individuelle Austritt eines Einzelnen denkbar[1002].

Die Unterbeteiligung ist nach herrschender Meinung[1003] nicht gemäß § 723 Abs. 1 Satz 1 jederzeit kündbar. Die Vorschrift des § 234 Abs. 1 HGB ist auch auf die ordentliche Kündigung durch einen Unterbeteiligten analog anzuwenden. Sinn und Zweck dieser Vorschrift ist die Folgenvermeidung raschen Kapitalabzugs[1004]. Dieses *Telos* passt auch auf die Unterbeteiligungsgesellschaft. Die außerordentliche Kündigung richtet sich nach § 723 Abs. 1 Satz 2 und Satz 3 BGB[1005]. Die Rechtsfolge hängt schließlich, wie bei der stillen Gesellschaft[1006], von der Gestaltung des Innenverhältnisses ab[1007].

997 Der Grund dafür ist, dass § 723 Abs. 1 Satz 1 BGB mangels Kündigungsfrist zu wenig Rücksicht auf die Kontinuitätsinteressen im Unternehmen nimmt, vgl. K. Schmidt, in: MüKo-HGB, § 234 Rn. 44.

998 Für die rechtliche Möglichkeit der Gestaltungsfreiheit, siehe oben unter Zweiter Teil: B. II. 4.

999 K. Schmidt, in MüKo-HGB, § 234 Rn. 44.

1000 BGH, Urteil vom 22.6.1981 – II ZR 94/80 = NJW 1982, S. 99 f.; K. Schmidt, in MüKo-HGB, § 234 Rn. 1.

1001 K. Schmidt, in MüKo-HGB, § 234 Rn. 2.

1002 K. Schmidt, in MüKo-HGB, § 234 Rn. 44.

1003 Gehrlein, in: Ebenroth/Boujong/Joost/Strohn, HGB, § 234 Rn. 37; K. Schmidt, in: MüKo-HGB, § 234 Rn. 70; Zutt, in: Staub, HGB, § 234 Rn. 42; differenzierend Gayk, in: MüHdb-GesR, Bd. 1, § 30 Rn. 70, der verlangt, dass die Hauptgesellschaft eine Handelsgesellschaft ist.

1004 K. Schmidt, in MüKo-HGB, § 234 Rn. 71.

1005 K. Schmidt, in MüKo-HGB, § 234 Rn. 71.

1006 Siehe oben unter Vierter Teil: B. II. 1. c).

1007 K. Schmidt, in MüKo-HGB, § 234 Rn. 63.

d) Kapitalgesellschaft

Die Vorschrift des § 723 Abs. 1 Satz 3 Nr. 2 BGB findet auf Kapitalgesellschaften keine Anwendung[1008]. Das GmbHG kennt keine allgemeine Rechtsgrundlage für einen Austritt bei Fortbestand der Gesellschaft[1009]. Dem Gesellschafter einer GmbH bleibt bei Vorliegen eines wichtigen Grundes nur die Möglichkeit, durch erfolgreiche Erhebung einer Auflösungsklage gemäß §§ 60 Abs. 1 Nr. 3 Var. 1, 61 Abs. 2 GmbHG aus der Gesellschaft auszutreten[1010].

Es besteht aber ein nunmehr übergeordneter, in § 314 BGB kodifizierter Grundsatz, dass das Recht des GmbH-Gesellschafters, bei Vorliegen eines wichtigen Grundes aus der Gesellschaft auszutreten, zu seinen zwingenden, unverzichtbaren Mitgliedschaftsrechten gehört[1011]. In der Sache wurde dem Gesellschafter einer GmbHG damit ein außerordentliches Kündigungsrecht eingeräumt[1012]. Voraussetzung ist freilich die Unzumutbarkeit oder Unmöglichkeit der Anteilsveräußerung[1013]. Ansonsten bestehe die Gefahr, dass mit dem Kündigungsrecht eine etwaige Vinkulierungsklausel (§ 15 Abs. 5 GmbHG) unterlaufen werde[1014].

Ein ordentliches Kündigungsrecht kraft Gesetzes hat der Gesellschafter nach herrschender Auffassung[1015] hingegen nicht. Da das GmbH-Recht jedoch weitgehend von einer Satzungsdispositivität geprägt ist, steht auch dem Gesellschafter einer GmbH ein ordentliches Kündigungsrecht zu, wenn dies gesellschaftsvertraglich (statutarisch) vorgesehen ist[1016].

Eine § 738 BGB vergleichbare Regelung gibt es im GmbHG nicht[1017]. Wegen des festen Garantiekapitals bei Kapitalgesellschaften bleibt der Geschäftsanteil bestehen und bedarf einer neuen Zuordnung[1018]. Die Kündigung hat zur Folge,

---

1008 Schäfer, in: MüKo-BGB, § 723 Rn. 3.

1009 Altmeppen, in: Roth/Altmeppen, GmbHG, § 60 Rn. 60.

1010 Ein solcher Grund zum außerordentlichen Austritt liegt vor, wenn dem austrittswilligen Gesellschafter der weitere Verbleib in der Gesellschaft nicht zumutbar ist, vgl. Berner, in: MüKo-GmbHG, § 60 Rn. 223; Kindl, Gesellschaftsrecht, § 25 Rn. 20.

1011 BGH, Urteil vom 16.12.1991 – II ZR 58/91 = DStR 1992, S. 652 ff.

1012 Goette, DStR 2001, S. 533 ff. (S. 541); vgl. auch den gescheiterten Regierungsentwurf zur Reformierung des GmbHG (BT-Drucksache 6/3088 vom 5.11.1971, S. 57 ff.).

1013 Zum Beispiel, wenn sich eine Gesellschaftermehrheit ohne sachliche Gründe einer Veräußerung widersetzt, vgl. Altmeppen, in: Roth/Altmeppen, GmbHG, § 60 Rn. 112; Scholz/Seibt, GmbHG, Anhang § 34 Rn. 6.

1014 K. Schmidt, Gesellschaftsrecht, § 35 IV 3 a) S. 1064 f.

1015 Kindl, Gesellschaftsrecht, § 25 Rn. 20; Strohn, in: MüKo-GmbHG, § 34 Rn. 178.

1016 Berner, in: MüKo-GmbHG, § 60 Rn. 223.

1017 Strohn, in: MüKo-GmbHG, § 34 Rn. 101 ff., 178 ff.

1018 Strohn, in: MüKo-GmbHG, § 34 Rn. 2.

dass die Gesellschaft – Zug um Zug gegen Zahlung einer wertabhängigen Abfindung – den Geschäftsanteil einziehen oder die Übertragung an sich oder einen anderen Gesellschafter verlangen kann[1019].

Aktionäre können sich von ihrem Mitgliedschaftsrecht nicht durch Kündigung lösen[1020]. Ein Kündigungsrecht kann auch nicht durch Satzung zugelassen werden[1021]. Bei der AG ist allenfalls eine Kündigung von Nebenleistungspflichten denkbar[1022].

2. Vertretung

Eine Kündigung ist eine einseitige, empfangsbedürftige[1023] Willenserklärung. Sie ist lediglich rechtlich vorteilhaft, wenn ihre Folge allein in der Beseitigung von Verpflichtungen des Minderjährigen besteht[1024]. Die Kündigung der Mitgliedschaft hat die Beendigung der Gesellschafterstellung zur Folge[1025]. Sie beseitigt neben den Pflichten eines Gesellschafters auch dessen Rechte. Wegen dieser rechtsvernichtenden Wirkung ist sie für den Minderjährigen rechtlich nachteilig (§ 107 BGB)[1026].

Als einseitige Willenserklärung unterliegt sie zudem der Vorschrift des § 111 Satz 1 BGB. Sie ist unwirksam, wenn sie ohne Zustimmung des gesetzlichen Vertreters abgegeben wird. Mit dieser Regelung sollen Schwebezustände vermieden werden, die dem Erklärungsgegner – anders als bei Verträgen – nicht zumutbar sind[1027].

Sind Eltern als Mitgesellschafter oder als Geschäftsführer einer GmbH[1028] zugleich Erklärungsgegner des Minderjährigen, handelt es sich bei der Kündigung

---

1019 Berner, in: MüKo-GmbHG, § 60 Rn. 224.

1020 Hoffmann-Becking, in: MüHdb-GesR, Bd. 4, § 65 Rn. 3.

1021 Hoffmann-Becking, in: MüHdb-GesR, Bd. 4, § 65 Rn. 3.

1022 Bungeroth, in: MüKo-AktG, § 55 Rn. 48 f.

1023 Da die Kündigung die gesellschaftsvertragliche Grundlage betrifft, muss sie grundsätzlich sämtlichen Gesellschaftern zugehen, vgl. Gummert, in: MüHdb-GesR, Bd. 1, § 21 Rn. 15 für die GbR und Lorz, in: Ebenroth/Boujong/Joost/Strohn, HGB, § 132 Rn. 5 für die OHG.

1024 Knothe, in: MüKo-BGB § 107 Rn. 32: Zum Beispiel die Kündigung eines unverzinsten Darlehens.

1025 Palandt/Ellenberger, § 107 Rn. 2.

1026 Knothe, in: MüKo-BGB § 107 Rn. 32.

1027 J. Schmitt, in: MüKo-BGB § 111 Rn. 1.

1028 Wenn in einem GmbH-Gesellschaftsvertrag ausnahmsweise vereinbart wurde, dass die Erklärung nicht sämtlichen Gesellschaftern zugehen muss.

um ein Insichgeschäft im Sinne des § 181 BGB[1029]. In diesem Fall ist ein Ergänzungspfleger zu bestellen.

3. Gerichtliche Genehmigung

Für die Kündigung kommen die Genehmigungstatbestände des § 1822 Nr. 3 Alt. 1 BGB sowie des § 1823 BGB in Betracht.

a) § 1822 Nr. 3 Alt. 1 BGB

§ 1822 Nr. 3 Alt. 1 BGB findet auf die Kündigung keine unmittelbare Anwendung. Neben dem Vertrag zum *Erwerb* eines Erwerbsgeschäfts unterstellt die Vorschrift auch den Vertrag zur *Veräußerung* eines Erwerbsgeschäfts der Genehmigungspflicht. Umstritten ist, ob das Ausscheiden durch Kündigung der Veräußerung eines Gesellschaftsanteils gleichsteht.

aa) Die vertretenen Ansichten

Eine Ansicht[1030] argumentiert, das Tatbestandsmerkmal „Veräußerung" könne als Aufgabe oder Verlust eines Gesellschaftsanteils interpretiert werden. Insofern müsse man auch die Kündigung unter die Vorschrift des § 1822 Nr. 3 BGB subsumieren. Zwar seien bei der Kündigung als einseitiges Rechtsgeschäft Vertragsverletzungen oder Mängelansprüche undenkbar. Allerdings sei mit dem Verlust eines Gesellschaftsanteils auch der Verlust von Gewinnchancen verbunden. Aus diesem Grund sei eine Gleichstellung von Veräußerung und Kündigung geboten.

Die wohl herrschende Meinung[1031] erachtet die Kündigung nicht als genehmigungspflichtig. Der Tatbestand des § 1822 Nr. 3 Alt. 1 BGB sei restriktiv auszulegen[1032]. Die Aufgabe eines Erwerbsgeschäfts durch Kündigung sei in § 1823 BGB geregelt[1033]. Daher entspreche eine Gleichbehandlung nicht dem Willen

---

1029 Ivo, in: Wachter, FA Handels- und Gesellschaftsrecht, Teil 2, Kapitel 11, Rn. 89.

1030 Piehler/Schulte, in: MüHdb-GesR, Bd. 1, § 74 Rn. 18; Wiedemann, Mitgliedschaftsrechte, S. 246.

1031 Büchel, Familiengesellschaften, S. 233 f.; Gummert, in: MüHdb-GesR, Bd. 1, § 21 Rn. 20 für die GbR; Reimann, DNotZ 1999, S. 179 ff. (S. 205); Schäfer, in: Staub, HGB, § 105 Rn. 87; ders., in: MüKo-BGB, § 723 Rn. 9; K. Schmidt, in: MüKo-HGB, § 132 Rn. 13; Wagenitz, in: MüKo-BGB, § 1822 Rn. 20; Winkler, ZGR 1973, S. 177 ff. (S. 204).

1032 Gummert, in: MüHdb-GesR, Bd. 1, § 21 Rn. 20 für die GbR.

1033 Reimann, DNotZ 1999, S. 179 ff. (S. 205); Winkler, ZGR 1973, S. 177 ff. (S. 204).

des Gesetzgebers[1034]. Es fehle trotz wirtschaftlicher Vergleichbarkeit an einer Regelungslücke[1035]. Der Gesetzgeber habe die Kündigung nämlich nur § 1823 BGB unterstellt. Eine Analogie des § 1822 Nr. 3 BGB komme daher nicht in Betracht.

Ivo[1036] differenziert wie folgt: Führe die Kündigung zur Auflösung der Gesellschaft, bleibe die Gesellschaft als solche zunächst als Abwicklungsgesellschaft bestehen[1037] und sei erst mit Abschluss der Liquidation vollbeendet[1038]. Die Kündigung habe nicht das Ausscheiden des Gesellschafters zur Folge, sondern eine Änderung des Gesellschaftszwecks. Führe die Kündigung nicht zur Auflösung der Gesellschaft, sondern lediglich zum Ausscheiden des Kündigenden, sei der Verlust der Beteiligung unmittelbare Folge. Somit sei zwischen der Kündigung der Gesellschaft (Auflösungskündigung) und der Kündigung der Mitgliedschaft (Austrittskündigung) zu unterscheiden[1039]. Die Auflösungskündigung sei mangels Verlustes der Beteiligung nicht als Veräußerung anzusehen. Die Austrittskündigung sei aufgrund einer am Normzweck orientierten Auslegung des § 1822 Nr. 3 Alt. 1 BGB genehmigungsbedürftig.

bb) Stellungnahme

Handelt es sich bei der Gesellschaft um eine GbR, deren Gesellschaftsvertrag keine Fortsetzungsklausel beinhaltet (§§ 727 Abs. 1 Halbsatz 2, 736 BGB), ist die Kündigungserklärung des Minderjährigen ein Auflösungsgrund. Sie wäre genehmigungspflichtig. Abgesehen von der zweigliedrigen Innengesellschaft, bei der im Kündigungsfalle keine Abwicklung stattfindet, sondern lediglich ein unmittelbares Ausscheiden des jeweiligen Gesellschafters, führt die Kündigung nicht zur Auflösung der Gesellschaft. Ob eine solche Unterscheidung geboten ist, mag dahinstehen, wenn eine Genehmigung entbehrlich ist.

1034 So auch BGH, Urteil vom 22.9.1969 – II ZR 144/68 = BGHZ 52, S. 317 ff. (S. 318).

1035 Büchel, Familiengesellschaften, S. 233 f.

1036 Ivo, in: Wachter, FA Handels- und Gesellschaftsrecht, Teil 2, Kapitel 11, Rn. 86 ff., 91.

1037 Die Gesellschaft besteht tatsächlich fort (keine Fiktion), weil sie Vermögen gebildet hat und Verbindlichkeiten eingegangen ist, vgl. Kindl, Gesellschaftsrecht, § 11 Rn. 1.

1038 Für die Fälle einer „automatischen Vollbeendigung" (zum Beispiel bei Wegfall des vorletzten Gesellschafters), vgl. K. Schmidt, Gesellschaftsrecht, § 11 V 3 a) S. 308 ff.

1039 Diese Terminologie geht zurück auf K. Schmidt, Gesellschaftsrecht, § 50 II 4 a) S. 1454.

Maßstab teleologischer Auslegung ist der Minderjährigenschutz. Daraus ergibt sich die Frage einer möglichen Gefährdungslage, wenn die Kündigungserklärung eines minderjährigen Gesellschafters auch ohne Genehmigung wirksam wäre. In dieser Hinsicht ist *Wiedemann*[1040] nicht zuzustimmen. Selbst wenn dem Minderjährigen durch den Verlust seiner Beteiligung Gewinnchancen entgehen, so bleibt sein Vermögen im Übrigen unangetastet. Die §§ 1821, 1822 BGB wollen vor den Folgen geschäftlicher Unerfahrenheit und blauäugiger Eingehung wirtschaftlich und rechtlich komplexer Rechtsgeschäfte schützen.

Die Kündigung ist nicht als ein solches Rechtsgeschäft einzustufen. Der Zustimmungsvorbehalt des gesetzlichen Vertreters gemäß § 108 Abs. 1 BGB reicht hier aus. Der Schutzzweck der Genehmigungstatbestände darf nicht mit dem des § 107 BGB vermischt werden. Etwas anderes ergibt sich auch dann nicht, wenn der Minderjährige die Beteiligung an einer GmbH kündigt. Zwar sind Einziehung oder Übertragung von Geschäftsanteilen mit einer Veräußerung insoweit wirtschaftlich vergleichbar. Da bereits die Schutzlücke für das Erfordernis eines Genehmigungstatbestandes fehlt, mangelt es an der Voraussetzung eines Analogieschlusses. Dieses Ergebnis wird durch eine systematische Auslegung untermauert. Die Kündigung wird von dem Genehmigungstatbestand des § 1823 BGB erfasst. § 1822 Nr. 3 Alt. 1 BGB ist nicht anwendbar.

b) § 1823 BGB

Die Vorschrift des § 1823 BGB ergänzt den Genehmigungsvorbehalt des § 1822 Nr. 3 BGB[1041]: *„Der Vormund soll nicht ohne Genehmigung des Familiengerichts ein (...) bestehendes Erwerbsgeschäft des Mündels auflösen"*. Nach einhelliger Auffassung ist die Kündigung als Auflösungsgeschäft anzusehen[1042]. Damit ergibt sich aus § 1823 BGB eine Genehmigungspflicht der Kündigung[1043].

1040 Wiedemann, Mitgliedschaftsrechte, S. 246.

1041 Wagenitz, in: MüKo-BGB, § 1823 Rn. 1.

1042 Ivo, in: Wachter, FA Handels- und Gesellschaftsrecht, Teil 2, Kapitel 11, Rn. 90; Reimann, DNotZ 1999, S. 179 ff. (S. 205); Schäfer, in: MüKo-BGB, § 723 Rn. 9; Wagenitz, in: MüKo-BGB, § 1823 Rn. 1; Soergel/Zimmermann, BGB, § 1823 Rn. 4.

1043 Keiner Genehmigung nach § 1823 BGB bedarf es dagegen bei einer Auflösungsklage (§§ 133 Abs. 2, 161 Abs. 2 HGB bzw. §§ 60 Abs. 1 Nr. 3 Var. 1, 61 Abs. 2 GmbHG), da zum einen ein rechtsgestaltendes Urteil vorliegt und zum anderen die Prüfung durch den Richter hier unter Berücksichtigung aller Umstände im Hinblick auf Treu und Glauben erfolgt, sodass der Minderjährige nicht geschädigt werden kann, vgl. Winkler, ZGR 1973, S. 177 ff. (S. 205); Biddermann, Der minderjährige Gesellschafter, S. 29 f.

Die Vorschrift gilt nach § 1915 Abs. 1 BGB auch für den Ergänzungspfleger, nicht aber für Eltern[1044]. § 1643 BGB nimmt keinen Bezug auf diese Norm. § 1645 BGB unterstellt nur den Beginn der Erwerbstätigkeit im Namen des Kindes durch die Eltern der familiengerichtlichen Genehmigungspflicht[1045].

Im Gegensatz zu § 1822 Nr. 3 BGB ist § 1823 BGB eine bloße Sollvorschrift (Ordnungsvorschrift)[1046]. Eine Kündigung ist daher unabhängig davon wirksam, ob eine familiengerichtliche Genehmigung tatsächlich erteilt wurde[1047].

4. Ergebnis

Ist der Minderjährige persönlich haftender Gesellschafter einer Personengesellschaft (GbR, OHG, KG) oder ist er an einer Innengesellschaft beteiligt, steht ihm ein Sonderkündigungsrecht zu. Wird der Minderjährige volljährig, liegt in dem Eintritt der Volljährigkeit ein wichtiger Grund zur Kündigung. Für einen minderjährigen Kommanditisten hingegen gilt das Sonderkündigungsrecht mangels wirtschaftlichen Risikos nicht. Auch auf minderjährige Gesellschafter einer GmbH oder AG findet es keine Anwendung.

Der Minderjährige wird bei der Kündigung seiner Gesellschafterstellung durch seine Eltern vertreten. Sind die Eltern zugleich Erklärungsgegner, bedarf es der Bestellung eines Ergänzungspflegers. Eine familiengerichtliche Genehmigung soll zwar nach § 1823 BGB eingeholt werden. Aus einem Verstoß gegen die Ordnungsvorschrift folgt indes nicht die Unwirksamkeit des Rechtsgeschäfts.

III. Erbschaftsausschlagung

Der minderjährige Erbe kann den Verbleib in der Gesellschaft auch durch Erbschaftsausschlagung gemäß §§ 1942 ff. BGB vermeiden[1048]. Bei der Ausschlagung handelt es sich um ein Gestaltungsrecht[1049]. Sie verleiht dem Erben das Recht, den Anfall der Erbschaft mithilfe einer einseitigen Willenserklärung rückgängig

1044 Wagenitz, in: MüKo-BGB, § 1823 Rn. 7.

1045 Wagenitz, in: MüKo-BGB, § 1823 Rn. 1.

1046 Wagenitz, in: MüKo-BGB, § 1823 Rn. 1.

1047 Allerdings kommen Haftungsansprüche gegen den Vormund nach § 1833 BGB in Betracht (gegen den Ergänzungspfleger über § 1915 Abs. 1 BGB). Zudem kann das Familiengericht Maßnahmen nach §§ 1837 Abs. 2 bis 4, 1886 BGB ergreifen, vgl. Wagenitz, in: MüKo-BGB, § 1823 Rn. 5.

1048 Da die Anfechtung der Annahme gemäß § 1957 Abs. 1 BGB zur Ausschlagung führt, stellt sich hierbei dieselbe Frage, vgl. Klüsener, Rpfleger 1993, S. 133 ff. (S. 134).

1049 Leipold, in: MüKo-BGB, § 1945 Rn. 13.

zu machen[1050]. Das Recht erlischt, wenn die Erbschaft angenommen[1051] wurde (§ 1943 BGB) oder die Ausschlagungsfrist abgelaufen ist (§ 1944 BGB)[1052]. Auch die Erbschaftsausschlagung unterliegt der rechtshindernden Einwendung des § 107 BGB. Will der minderjährige Erbe die Erbschaft ausschlagen, bedarf er der Zustimmung seines gesetzlichen Vertreters[1053]. Die Ausschlagung ist, wie die Kündigung, mit dem Nachteil eines Rechtsverlustes verbunden. Zu den Vorschriften zur Beschränkung der Vertretungsmacht gilt Folgendes:

1. Verbot des Selbstkontrahierens

Der gesetzliche Vertreter gibt die Ausschlagungserklärung im Namen des Kindes nicht gegenüber sich selbst, sondern als amtsempfangsbedürftige Willenserklärung[1054] gemäß § 1945 BGB gegenüber dem Nachlassgericht ab. Bei der Erbschaftsausschlagung liegen die Voraussetzungen für die Vorschriften über die Bestellung eines Ergänzungspflegers gemäß §§ 1629 Abs. 2, 1795, 181 BGB mangels Personenidentität nicht vor. Umstritten ist, ob eine Anwendung des § 181 BGB nicht ausnahmsweise dann geboten ist, wenn die Eltern eine *testamentarische* Verfügung für das Kind ausschlagen, um für sich selbst die Voraussetzungen zu einer *gesetzlichen* Erbfolge zu schaffen[1055].

a) Keine Anwendbarkeit

Die herrschende Meinung[1056] sowie das *BayObLG*[1057] verneinen auch in einem solchen Fall die Anwendbarkeit des § 181 BGB. Das Nachlassgericht sei bei der Ausschlagung der Erbschaft – im Gegensatz zur Anfechtung des Testaments[1058]

1050 Leipold, in: MüKo-BGB, § 1945 Rn. 13.

1051 Es ist zu beachten, dass sich der Erbe für den „Eintritt" in die Gesellschaft nur in Verbindung mit der Annahme der Erbschaft im Ganzen entscheiden kann.

1052 Leipold, in: MüKo-BGB, § 1945 Rn. 13.

1053 Knothe, in: Staudinger, BGB 2011, § 107 Rn. 32.

1054 Leipold, in: MüKo-BGB, § 1945 Rn. 2.

1055 Diese Konstellation stellt den umgekehrten Fall zu § 1643 Abs. 2 Satz 2 BGB dar.

1056 Otte, in: Staudinger, BGB 2008, § 1945 Rn. 8; Leipold, in: MüKo-BGB, § 1945 Rn. 19; Schramm, in: MüKo-BGB, § 181, Rn. 28, 31a; Ivo, ZEV 2002, S. 309 ff. (S. 313); Klüsener, Rpfleger 1993, S. 133 ff. (S. 134); Coing, NJW 1995, S. 6 ff. (S. 10 f.).

1057 BayObLG, Beschluss vom 5.8.1983 – BReg. 1 Z 25/83 = BayObLGZ 1983, S. 213 ff.

1058 Die Erklärung muss gemäß § 2081 Abs. 1 BGB dem Nachlassgericht zugehen. § 2081 Abs. 2 BGB macht aber deutlich, dass in der Sache derjenige Anfechtungsgegner ist, dessen erbrechtlichen Ansprüche betroffen sind.

– nicht nur *formell* berufen, sondern gleichzeitig *materieller* Erklärungsgegner[1059]. § 181 BGB sei als formale Ordnungsvorschrift anzusehen. Mangels Personenidentität scheide eine Anwendung aus.

Ferner wird argumentiert, Interessenkollisionen könne ausschließlich mittels § 1796 BGB[1060] begegnet werden[1061]. Kraft Gesetzes sei der gesetzliche Vertreter selbst dann nicht ausgeschlossen, wenn ihn die Ausschlagung begünstige. Denn §§ 1795, 181 BGB seien nicht anwendbar. Im Übrigen stelle die Vorschrift des § 1643 Abs. 2 BGB eine familienrechtliche Sonderregelung dar, die einem etwaigen Interessenkonflikt zwischen Eltern und Kind mit dem Erfordernis einer gerichtlichen Genehmigung begegnet[1062]. Die Anwendbarkeit des § 181 BGB sei auch aus systematischen Gründen zu verneinen.

b) Anwendbarkeit

Die Gegenansicht in der Literatur[1063] ist der Meinung, es bedürfe einer Anwendung des § 181 BGB. Dabei müsse auf die historisch entwickelte Funktionsabgrenzung zwischen gesetzlicher Vertretung und gerichtlicher Kompetenz geachtet werden[1064]. Das Genehmigungserfordernis sei von der Frage der Vertretung zu trennen[1065]. Dem Familiengericht müsse es verwehrt bleiben, Aufgaben der gesetzlichen Vertretung selbst wahrzunehmen[1066]. Dies könne nur geschehen, indem man § 181 BGB extensiv anwende, mit der Folge einer notwendigen Pflegerbestellung.

Darüber hinaus zeige die Regelung des § 1953 Abs. 3 BGB in wortgleicher Formulierung zu § 2081 Abs. 2 BGB, dass von der Gestaltungserklärung auch bei der Ausschlagung letztlich der Dritte (hier: der Minderjährige) betroffen sei[1067].

1059 Ivo, ZEV 2002, S. 309 ff. (S. 313); Schramm, in: MüKo-BGB, § 181, Rn. 28, 31a.

1060 In Verbindung mit § 1629 Abs. 2 Satz 3 BGB (Eltern) oder § 1915 Abs. 1 BGB (Ergänzungspfleger).

1061 Klüsener, Rpfleger 1993, S. 133 ff. (S. 134).

1062 Coing, NJW 1995, S. 6 ff. (S. 10 f.).

1063 Buchholz, NJW 1993, S. 1161 ff. (S. 1166); Damrau, Der Minderjährige im Erbrecht, Rn. 44; Heldrich, in: Festschrift für W. Lorenz, 1991, S. 97 ff. (107 f.).

1064 Buchholz, NJW 1993, S. 1161 ff. (S. 1166).

1065 Damrau, Der Minderjährige im Erbrecht, Rn. 44.

1066 Buchholz, NJW 1993, S. 1161 ff. (S. 1166).

1067 Heldrich, in: Festschrift für W. Lorenz, 1991, S. 97 ff. (107 f.): Er erachtet es als unerfindlich, weshalb die Vorschrift nur den Zweck haben sollte, die Ausschlagungsfrist in Gang zu setzen, vgl. dazu Motive zum Bürgerlichen Gesetzbuch, Band V, S. 514: „Die Aufnahme der Vorschrift (…) ist rathsam (…), um die Ausschlagungsfrist (…) in Lauf zu setzen".

Insofern könne nicht davon gesprochen werden, dass das Nachlassgericht auch materieller Erklärungsempfänger sei.

Durch die Notwendigkeit der familiengerichtlichen Genehmigung erübrige sich nicht die Anwendung des § 181 BGB[1068]. Beide Vorschriften stünden bewusst nebeneinander; die Doppelsicherung habe ob der unterschiedlichen Regelungszwecke einen Sinn. Denn im Gegensatz zum Familienrichter sei der Ergänzungspfleger nicht auf die Entscheidung über die Vornahme des Rechtsgeschäfts beschränkt, sondern könne auch auf die inhaltliche Ausgestaltung, zumindest in Form vorbereitender Gespräche mit den Erben, Einfluss nehmen.

Schließlich sei § 181 BGB auch im Hinblick auf die Grundsätze über den Missbrauch der Vertretungsmacht nicht obsolet[1069]. Denn verneine man aufgrund fehlender Personenidentität ein Insichgeschäft, würde auch der Einwand der unzulässigen Rechtsausübung von der Kenntnis des Nachlassgerichts abhängen. Hiervon könne in der Regel nicht ausgegangen werden. Im Ergebnis bedürfe es der Mitwirkung eines Ergänzungspflegers.

c) Stellungnahme

Die Nichtanwendbarkeit des § 181 BGB lässt sich nicht alleine mit der materiellen Empfangszuständigkeit des Nachlassgerichts begründen. Die Empfangszuständigkeit für Ausschlagungserklärungen des gesetzlichen Vertreters beruht auf dem Ziel, Rechtssicherheit zu erzeugen. Zudem hat der Minderjährige die Rechtsfolgen der Erklärung zu tragen. Im Übrigen wird von der neueren Rechtsprechung anerkannt, dass § 181 BGB keine rein formale Ordnungsvorschrift ist, sondern durchaus teleologisch ausgelegt werden kann[1070]. Es ist daher im Einzelfall zu untersuchen, ob die Mitwirkung eines Ergänzungspflegers notwendig ist.

Heldrich[1071] kann insoweit zugestimmt werden, als die beiden Vorschriften zur Beschränkung der Vertretungsmacht verschiedene Voraussetzungen haben und unterschiedlichen Zwecken dienen. Zwar hat auch der Familienrichter ausschließlich auf das Wohl des Minderjährigen abzustellen. Er kann jedoch im Rahmen einer Gesamtabwägung auch ideelle Gründe, insbesondere den Familienfrieden, in den Vordergrund stellen. Außerdem ist es nicht dessen Aufgabe,

---

1068 Heldrich, in: Festschrift für W. Lorenz, 1991, S. 97 ff. (107 f.).

1069 Heldrich, in: Festschrift für W. Lorenz, 1991, S. 97 ff. (107 f.).

1070 Siehe oben unter Zweiter Teil: B. II. 1. b).

1071 Heldrich, in: Festschrift für W. Lorenz, 1991, S. 97 ff. (107 f.).

mehrseitige Interessenkonflikte zu lösen, sondern lediglich den Minderjährigen einseitig vor wirtschaftlich riskanten Geschäften zu bewahren. Es liegt eine klare Kompetenzabgrenzung vor. § 1643 Abs. 2 BGB kann nicht als familienrechtliche Sonderregelung angesehen werden.

Allerdings ist eine extensive Auslegung der §§ 1795, 181 BGB in diesem Fall nicht möglich. § 1796 BGB stellt einen Auffangtatbestand dar. Die Vorschrift ermöglicht es dem Familiengericht, dem gesetzlichen Vertreter die Vertretungsmacht in Fällen zu entziehen, in denen über die von §§ 181, 1795 BGB erfassten Konstellationen hinaus ein Interessenwiderstreit droht[1072]. Voraussetzung ist, neben einem erheblichen Interessensgegensatz, dass ein Handeln im Interesse des Kindes nicht zu erwarten ist[1073]. Die Entziehung der Vertretungsmacht ist bereits dann anzuordnen, wenn die Eltern eine ihrem Kind angefallene Erbschaft ausschlagen, um sich selber in deren Genuss zu bringen. Eine Pflegerbestellung kraft Gesetzes ist nicht vorgesehen. Vielmehr ist im Falle einer Interessenkollision darauf zu vertrauen, dass das Familiengericht die Vertretungsmacht entzieht (§ 1796 BGB) und für das Kind einen Pfleger bestellt (§ 1909) BGB).

2. *Gerichtliche Genehmigung*

Schließlich stellt sich die Frage, ob die Erbschaftsausschlagung durch einen Minderjährigen familiengerichtlicher Genehmigung bedarf[1074].

a) Ausgangspunkt

§ 1822 Nr. 2 BGB schreibt die Erteilung einer Genehmigung vor, wenn der Minderjährige bei der Ausschlagung durch einen Vormund oder nach § 1915 BGB durch einen Ergänzungspfleger vertreten wird[1075]. Wird der Minderjährige durch seine Eltern vertreten, findet sich der Genehmigungstatbestand in der Regelung des § 1643 Abs. 2 Satz 1 BGB. Für den Fall der Erbschaftsausschlagung durch die Eltern trifft § 1643 Abs. 2 Satz 2 BGB eine Ausnahmeregelung[1076]. Sie

---

1072 Vgl. Wagenitz, in: MüKo-BGB, § 1796 Rn. 1.

1073 Vgl. OLG Brandenburg, Beschluss vom 6.12.2010 – 9 UF 61/10 = ZEV 2011, S. 594 f.

1074 Diese muss zwar wegen §§ 1643 Abs. 3, 1831 BGB bereits bei Erklärung vorliegen. Es ist allerdings anerkannt, dass es ausreicht, die Genehmigung innerhalb der Ausschlagungsfrist zu beantragen (Nachgenehmigung), vgl. Wagenitz, in: MüKo-BGB, § 1831 Rn. 7.

1075 Huber, in: MüKo-BGB, § 1643 Rn. 13.

1076 Huber, in: MüKo-BGB, § 1643 Rn. 16.

gewährt Eltern wegen ihrer natürlichen Verbundenheit mit ihrem Kind mehr Freiheit als einem Vormund[1077].

b) Ausnahme

Nach § 1643 Abs. 2 Satz 2 Halbsatz 1 BGB herrscht Genehmigungsfreiheit, wenn der Anfall der Erbschaft, unabhängig davon, ob dieser auf gesetzlicher oder gewillkürter Erbfolge beruht[1078], erst infolge der Ausschlagung durch einen vertretungsberechtigten Elternteil erfolgt.

Der Grund für diese Ausnahmeregelung liegt darin, dass in einem solchen Fall keine Benachteiligung des Kindes zu befürchten ist[1079]. Die Eltern werden die Erbschaft nicht ohne eine zuvorige, gründliche Prüfung der Sachlage ausgeschlagen haben, zumal sie womöglich selbst Interesse an einem Erwerb gehabt hätten[1080]. *Telos* der Vorschrift ist es, der typischerweise fehlenden Interessenkollision gerecht zu werden[1081]. Zwar mag es Fälle geben, in denen die Eltern eine wirtschaftlich vorteilhafte Erbschaft ohne verständigen Grund ausschlagen. Möglicherweise wollen sie auch bloß verhindern, dass das Vermögen des Erblassers in ihre Familie gelangt[1082]. Solche Fälle hat der Gesetzgeber jedoch in Kauf genommen[1083]. Im Übrigen soll die Vorschrift verhindern, dass Familiengerichte, unter Umständen auch allein aus Gründen der Überlastung, eine Genehmigung verweigern, ehe sie eine gründliche Prüfung der Vor- und Nachteile durchführen[1084].

Der Tatbestand des § 1643 Abs. 2 Satz 2 Halbsatz 1 BGB setzt zweierlei voraus: Erstens bedarf es einer Kausalität zwischen Ausschlagung durch die Eltern und Anfall der Erbschaft beim Kind („infolge")[1085]. Zweitens ist es erforderlich, dass der ausschlagende Elternteil, ob alleine oder zusammen mit dem anderen

---

1077 Erman/Michalski/Döll, § 1643 Rn. 2.

1078 Ivo, ZEV 2002, S. 309 ff. (S. 310).

1079 Engler, in: Staudinger, BGB 2009, § 1643 Rn. 35 ff.; Gernhuber/Coester-Waltjen, § 60 VI 3 Rn. 93; Huber, in: MüKo-BGB, § 1643 Rn. 17.

1080 Motive zum Bürgerlichen Gesetzbuch, Band V, S. 515.

1081 Huber, in: MüKo-BGB, § 1643 Rn. 17.

1082 Das Motiv der Eltern kann auch in persönlichen Gründen liegen, etwa in einem Zerwürfnis mit den Großeltern, vgl. Ivo, ZEV 2002, S. 309 ff. (S. 310).

1083 Er begnügt sich mit einem etwaigen Schadensersatzanspruch des Kindes gegen dessen Eltern (§ 1644 BGB), vgl. Engler, in: Staudinger, BGB 2009, § 1643 Rn. 37.

1084 Engler, in: Staudinger, BGB 2009, § 1643 Rn. 37.

1085 Engler, in: Staudinger, BGB 2009, § 1643 Rn. 35; vgl. auch die Fallbeispiele bei Ivo, ZEV 2002, S. 309 ff. (S. 310 f.).

Elternteil, die elterliche Sorge über das Kind innehat[1086]. Hinsichtlich des zeitlichen Moments für das Vorliegen des Sorgerechts gilt Folgendes:

Schlägt der nicht sorgeberechtigte Elternteil eine ihm angefallene Erbschaft für sich aus und geben die Eltern noch vor der Ausschlagung für das Kind eine Sorgeerklärung nach § 1626a Abs. 1 Nr. 1 BGB ab, ist der Wortlaut des § 1643 Abs. 2 Satz 2 Halbsatz 1 BGB nicht erfüllt. Es kommt auch keine normzweckorientierte Auslegung in Betracht. Sie wäre mit der gesetzgeberischen Grundentscheidung, die Erbschaftausschlagung grundsätzlich unter eine Genehmigungspflicht zu stellen, unvereinbar[1087].

Verliert der für seine Person ausschlagende Elternteil sein Sorgerecht, bevor er die Erbschaft für sein Kind ausschlägt, ist zwar der Wortlaut der Norm erfüllt. Allerdings ist die Vorschrift aufgrund des Normzwecks für diesen Fall so zu verstehen, dass das Sorgerecht des ausschlagenden Elternteils bei der Erbausschlagung für das Kind fortbestehen muss[1088]. Verliert der ausschlagende Elternteil nicht das Sorgerecht insgesamt, sondern nur die Entscheidungsbefugnis über die Ausschlagung gemäß § 1628 BGB, bedarf es gleichfalls einer familiengerichtlichen Genehmigung[1089].

c) *Rückausnahmen*

Diese Ausnahme von der Genehmigungspflicht findet eine Rückausnahmeregelung in § 1643 Abs. 2 Satz 2 Halbsatz 2 BGB. War der ausschlagende Elternteil *neben* dem Kind als Erbe berufen, ist eine Genehmigung erforderlich[1090]. Dahinter steht der Gedanke, dass sich die Prüfung der Erbschaftsausschlagung durch den Sorgerechtsinhaber von vornherein auch auf das Kind bezieht[1091]. Der Gesetzgeber sieht darin die Gefahr eines Interessenwiderstreits, der eine gerichtliche Kontrolle erforderlich macht[1092].

Vom Wortlaut der Vorschrift des § 1643 Abs. 2 Satz 2 BGB wird insbesondere folgender Fall erfasst: Ein Elternteil ist zusammen mit seinem Kind als Erbe des Erblassers berufen. Die eigene Ausschlagung durch ein Elternteil macht zunächst das Kind zum Alleinerben. Will der Elternteil nunmehr auch für das

---

1086 Engler, in: Staudinger, BGB 2009, § 1643 Rn. 35.

1087 Ivo, ZEV 2002, S. 309 ff. (S. 311).

1088 Ivo, ZEV 2002, S. 309 ff. (S. 311).

1089 Ivo, ZEV 2002, S. 309 ff. (S. 311).

1090 Huber, in: MüKo-BGB, § 1643 Rn. 21., vgl. auch die Fallbeispiele bei Ivo, ZEV 2002, S. 309 ff. (S. 312 f.).

1091 Ivo, ZEV 2002, S. 309 ff. (S. 312).

1092 Motive zum Bürgerlichen Gesetzbuch, Band V, S. 515.

Kind ausschlagen, bedarf es der familiengerichtlichen Genehmigung. Insoweit hat die Ausnahme nur klarstellende Funktion[1093]. Das Kind erwirbt den eigenen Erbteil nicht *infolge* der Ausschlagung, sondern kraft erbrechtlicher Regelung bereits von Anfang an[1094].

Die herrschende Meinung[1095] nimmt eine teleologische Reduktion des § 1643 Abs. 2 Satz 2 Halbsatz 2 BGB vor. Aufgrund ungeschriebener Rückausnahme des Tatbestandes ist eine familiengerichtliche Genehmigung in solchen Fällen einzuholen, in denen eine offensichtliche Interessenkollision besteht. Das ist beispielsweise dann der Fall, wenn ein Elternteil die infolge seiner Erbschaftsausschlagung mehreren Kindern angefallene Erbschaft nur für ein Kind oder einzelne Kinder annimmt und für die anderen ausschlägt. Auf diese Weise könnte er die Erbschaft in bestimmte Bahnen lenken[1096].

Außerdem soll es nach allgemeiner Meinung[1097] einer Genehmigung bedürfen, wenn ein Elternteil für ein *testamentarisch* zum Erben berufenes Kind die Erbschaft ausschlägt, um damit zugleich die Voraussetzungen für eine eigene *gesetzliche* Erbfolge des Elternteils zu schaffen[1098]. Nach der hier vertretenen Ansicht[1099] hat das Familiengericht die Vertretungsmacht der Eltern insoweit zu entziehen (§ 1796 BGB) und einen Ergänzungspfleger (§ 1909 BGB) zu bestellen. Insofern müsste das Rechtsgeschäft in der Regel schon an dieser Stelle scheitern. Mithilfe teleologischer Reduktion besteht indes ein weiterer Schutz für den Fall, dass das Familiengericht die Bestellung eines Pflegers versäumt hat oder der Pfleger eine den Interessen des Minderjährigen offensichtlich widersprechende Entscheidung trifft.

3. *Ergebnis*

Bei der Erbausschlagung muss der minderjährige Erbe von seinen Eltern vertreten werden. Diese können in der Regel die Ausschlagung erklären, ohne dass es

---

1093 Ivo, ZEV 2002, S. 309 ff. (S. 312).

1094 Huber, in: MüKo-BGB, § 1643 Rn. 21.

1095 Engler, in: Staudinger, BGB 2009, § 1643 Rn. 39; Gernhuber/Coester-Waltjen, § 60 VI 3 Rn. 94; Huber, in: MüKo-BGB, § 1643 Rn. 24; Erman/Michalski/Döll, § 1643 Rn. 22.

1096 Engler, in: Staudinger, BGB 2009, § 1643 Rn. 38; Huber, in: MüKo-BGB, § 1643 Rn. 25; Erman/Michalski/Döll, § 1643 Rn. 22.

1097 Berger/Mansel, in: Jauernig, BGB, § 1643 Rn. 4; Engler, in: Staudinger, BGB 2009, § 1643 Rn. 39; Gernhuber/Coester-Waltjen, § 60 VI 3 Rn. 94; Huber, in: MüKo-BGB, § 1643 Rn. 24; Erman/Michalski/Döll, § 1643 Rn. 22; Soergel/Strätz, BGB, § 1643 Rn. 8.

1098 Für denselben Fall im Rahmen des Selbstkontrahierungsverbots, siehe oben unter Vierter Teil: B. III. 2.

1099 Siehe oben unter Vierter Teil: B. III. 2. c).

der Mitwirkung eines Ergänzungspflegers bedarf. Dient die Ausschlagung nur den Interessen der Eltern, hat das Familiengericht gemäß § 1796 BGB ausnahmsweise einen Entzug der elterlichen Vertretungsmacht anzuordnen. Grundsätzlich ist eine familiengerichtliche Genehmigung erforderlich. Ausnahmsweise bedarf es ihrer nicht, wenn der Minderjährige allein deshalb nicht zum Erben berufen wird, weil die Eltern auch für sich selbst ausgeschlagen haben (§ 1643 Abs. 2 Satz 2 Halbsatz 1 BGB).

IV. Wahlrecht

§ 139 HGB gesteht dem minderjährigen Erben ein doppeltes Wahlrecht zu. Er kann entweder die Mitgliedschaft als persönlich haftender Gesellschafter in eine solche als Kommanditist umwandeln (§ 139 Abs. 1 HGB) oder, sofern die übrigen Gesellschafter dem Umwandlungsverlangen nicht entsprechen[1100], aus der Gesellschaft ausscheiden (§ 139 Abs. 2 HGB)[1101].

1. Grundlagen

Nach der gesetzlichen Grundregel wird die Personenhandelsgesellschaft beim Tod eines ihrer Gesellschafter unter Ausschluss dessen Erben fortgeführt (§§ 131 Abs. 3 Nr. 1, 161 Abs. 2 HGB). Wurde gesellschaftsvertraglich eine erbrechtliche Nachfolgeregelung getroffen, können die Erben des verstorbenen Gesellschafters kraft Gesetzes in die Gesellschaft nachrücken[1102]. Aufgrund der unbeschränkten persönlichen Haftung, der die Gesellschafter-Erben durch den Eintritt ausgesetzt werden, wird in der Beerbung eines offenen Handelsgesellschafters oder Komplementärs[1103] die Gefahr eines „*Danaer*geschenks" gesehen[1104].

Zwar kann eine Erbschaft ausgeschlagen werden[1105]. Die §§ 1942 ff. BGB bleiben von § 139 HGB unberührt[1106]. Eine Teilausschlagung nur hinsichtlich der

---

1100 Der Gesellschafsvertrag kann vorsehen, dass das Verlangen angenommen werden muss, vgl. K. Schmidt, in MüKo-HGB, § 139 Rn. 131 ff.

1101 K. Schmidt, in MüKo-HGB, § 139 Rn. 58.

1102 Siehe oben unter Dritter Teil: C. III. 2.

1103 Bei einem Kommanditisten wird die Frage aufgeworfen, ob § 139 Abs. 2 HGB angewendet werden sollte, wenn die Kommanditeinlage nicht vollständig eingezahlt ist. Denn dann müsse der nachfolgende Erbe für die noch nicht gezahlte Haftsumme des Erblassers ohne erbrechtliche Beschränkungsmöglichkeit aufkommen, vgl. Marotzke, in: Staudinger, BGB 2008, § 1992 Rn. 196.

1104 K. Schmidt, in MüKo-HGB, § 139 Rn. 5.

1105 Siehe oben unter Vierter Teil: B. III.

1106 K. Schmidt, in MüKo-HGB, § 139 Rn. 59.

gesellschaftsrechtlichen Beteiligung ist jedoch gemäß § 1950 Satz 2 BGB unwirksam. Wäre die Ausschlagung des gesamten Nachlasses die einzige Möglichkeit für den Gesellschafter-Erben, sei dies inakzeptabel[1107]. Aus diesem Grund wurde durch den HGB-Gesetzgeber von 1897 das Wahlrecht gemäß § 139 HGB eingeführt[1108]. Aufgrund dessen kann der Erbe eines vollhaftenden Personenhandelsgesellschafters sein Verbleiben in der Gesellschaft von der Umwandlung seiner Beteiligung in eine Kommanditistenstellung abhängig machen (bedingtes Austrittsrecht)[1109]. Das Wahlrecht kann gesellschaftsvertraglich nicht ausgeschlossen werden (§ 139 Abs. 5 Halbsatz 1 HGB)[1110].

§ 139 Abs. 4 HGB enthält einen eigenen gesellschaftsrechtlichen Enthaftungstatbestand[1111]. Dieser regelt, dass der Erbe während der Interimsphase bis zur Umwandlung oder bis zum Ausscheiden im Hinblick auf seine zwischenzeitliche Stellung als unbeschränkt haftender Gesellschafter-Erbe ausnahmsweise nicht nach §§ 130, 128 HGB haftet (Haftungsprivileg)[1112]. Nicht ausgeschlossen wird dagegen die Eigenhaftung als Kommanditist[1113]. Darüber hinaus bleibt die erbrechtliche Haftung des Erben für die Nachlassverbindlichkeiten[1114] unberührt. Insoweit hat § 139 Abs. 4 HGB eine bloße deklaratorische Bedeutung, zumal die Haftungsbeschränkung nach §§ 1975 ff. BGB als eine erbrechtliche Selbstverständlichkeit angesehen wird[1115].

Die Vorschrift gilt für den persönlich haftenden Gesellschafter einer OHG und einer KG. Da die Gesellschafter einer (Außen-)GbR nunmehr den §§ 128 ff. HGB rechtsähnlich haften, soll § 139 HGB auch auf die GbR angewendet werden[1116]. Kein Raum für die Anwendung des § 139 BGB ist bei der stillen

1107 K. Schmidt, in MüKo-HGB, § 139 Rn. 5.

1108 K. Schmidt, in MüKo-HGB, § 139 Rn. 5.

1109 Schäfer, in: Staub, HGB, § 139 Rn. 69.

1110 Auf erbrechtlichem Weg kann ein solcher Ausschluss aber erreicht werden, indem dem Nachfolger durch Verfügung von Todes wegen eine Eintrittspflicht auferlegt wird, vgl. Reimann, DNotZ 1999, S. 179 ff. (S. 196 f.).

1111 K. Schmidt, in MüKo-HGB, § 139 Rn. 101.

1112 K. Schmidt, Gesellschaftsrecht, § 45 V 7 S. 1350.

1113 K. Schmidt, in MüKo-HGB, § 139 Rn. 101, 112; a. A. Marotzke, in: Staudinger, BGB 2010, § 1967 Rn. 68, der § 173 HGB als durch § 139 Abs. 4 HGB verdrängt sieht (Wortlaut: „nur“).

1114 Die Gesellschafterhaftung des Erblassers nach § 128 HGB begründet Nachlassverbindlichkeiten, vgl. K. Schmidt, in MüKo-HGB, § 139 Rn. 99.

1115 K. Schmidt, in MüKo-HGB, § 139 Rn. 101.

1116 K. Schmidt, in MüKo-HGB, § 139 Rn. 60; ausführlich Schäfer, NJW 2005, S. 3665 ff.

Gesellschaft und der Unterbeteiligung[1117]. Ist der Erblasser an einer Innengesellschaft beteiligt, kann der Erbe keine Umwandlung in eine Kommanditistenstellung verlangen.

2. *Vertretung*

Der minderjährige Erbe hat sich bei der Ausübung des Wahlrechts grundsätzlich vertreten zu lassen[1118]. Dies gilt für das Ausscheiden nach § 139 Abs. 2 HGB uneingeschränkt. Bei der Umwandlung in eine Kommanditistenstellung (§ 139 Abs. 1 HGB) ist den oben[1119] entwickelten Grundsätzen entsprechend zu unterscheiden. Ist der Minderjährige zu einer Einlageleistung verpflichtet, bedarf es der Zustimmung seiner Eltern. Ist die Kommanditeinlage bereits voll einbezahlt, ist die Änderung des Gesellschaftsvertrages für den Minderjährigen durch Einräumung einer Kommanditistenstellung ein rechtlich nur vorteilhaftes Rechtsgeschäft (§ 107 BGB)[1120]. Wird der Minderjährige bei dem Vertragsschluss vertreten und ist der gesetzliche Vertreter an der Gesellschaft beteiligt, bedarf es gemäß § 181 BGB der Bestellung eines Ergänzungspflegers[1121].

3. *Gerichtliche Genehmigung*

Nach herrschender Meinung[1122] bedarf die Ausübung des Wahlrechts nicht der Genehmigung durch das Familiengericht. Der minderjährige Erbe schließe keinen Änderungs- oder Austrittsvertrag im Sinne von § 1822 Nr. 3 Alt. 2 BGB ab, sondern übe lediglich ein gesetzliches, seiner Mitgliedschaft immanentes Recht aus. Außerdem sei § 1822 Nr. 3 Alt. 2 BGB schon aus teleologischen Gründen nicht einschlägig[1123]. Eine Genehmigungspflicht mache nur Sinn, wenn von dem konkreten Vertrag auch wirtschaftliche Risiken ausgingen. Im Hinblick auf die Beteiligungsumwandlung sei dies jedoch typischerweise nicht der Fall.

1117 K. Schmidt, in MüKo-HGB, § 139 Rn. 60.
1118 Reimann, DNotZ 1999, S. 179 ff. (S. 196).
1119 Siehe oben unter Zweiter Teil: B. I. 2. b) dd).
1120 Damrau, Der Minderjährige im Erbrecht, Rn. 165; a. A. Ruppel, Handelsgesellschaften, S. 32.
1121 Reimann, DNotZ 1999, S. 179 ff. (S. 196).
1122 Buck, Minderjährige, S. 189; Büchel, Familiengesellschaften, S. 125 ff.; Reimann, DNotZ 1999, S. 179 ff. (S. 196); Stöber, Rpfleger 1968, S. 2 ff. (S. 10); Winkler, ZGR 1973, S. 177 ff. (S. 191).
1123 Büchel, Familiengesellschaften, S. 125 ff.

Vielmehr verringere sich das wirtschaftliche Risiko bei der Umwandlung in eine Kommanditistenstellung.

Eine Mindermeinung in der Literatur[1124] zweifelt an der Genehmigungsfreiheit. Dem Minderjährigen werde durch die Umwandlung zugleich die Chance genommen, nach Erreichen der Volljährigkeit in der Geschäftsführung mitzuwirken.

Eine weitere Meinung[1125] differenziert zwischen Umwandlung (§ 139 Abs. 1 HGB) und Ausscheiden (§ 139 Abs. 2 HGB). Bei der Umwandlung fehle es an einem auf den Betrieb eines Erwerbsgeschäfts gerichteten Gesellschaftsvertrag im Sinne von § 1822 Nr. 3 Alt. 2 BGB. Die Mitgliedschaft des Erblassers sei bereits mit dessen Tod auf den Nachfolger-Erben übergegangen. Daher sei der Minderjährige schon vor der Ausübung des Wahlrechts Träger der Rechte und Verbindlichkeiten aus der Gesellschaft. Darüber hinaus scheide die Übernahme einer fremden (rechtsgeschäftlichen) Verbindlichkeit gemäß § 1822 Nr. 10 BGB aus, da der Kommanditist für die bisher entstandenen Gesellschaftsschulden wegen § 139 Abs. 4 HGB nur nach Erbrechtsgrundsätzen hafte (§§ 1967 ff. BGB). Schließlich komme die Einschaltung des Familiengerichts nach § 1823 BGB nicht Betracht, zumal der Minderjährige kein neues Erwerbsgeschäft beginne, sondern lediglich ein ererbtes fortführe. Entscheide sich der Minderjährige für den Austritt aus der Gesellschaft, sei § 1823 BGB ebenfalls unanwendbar, weil das Ausscheiden in der Regel nicht zur Auflösung der Gesellschaft, sondern zur Fortsetzung unter Ausschluss des Erben führe.

Das Ausscheiden gemäß § 139 Abs. 2 HGB bedarf keiner familiengerichtlichen Genehmigung. Der Sachverhalt verdient keine andere rechtliche Würdigung als eine Kündigung der Mitgliedschaft[1126]. Die Genehmigungstatbestände wollen vor Eingehung riskanter Rechtsgeschäfte schützen. Die Kündigung kann nicht als ein solches Rechtsgeschäft angesehen werden. Dasselbe gilt für das Ausscheiden (§ 139 Abs. 2 HGB).

Die Umwandlung der Gesellschafterstellung gemäß § 139 Abs. 1 HGB erfolgt durch Änderungsvertrag zwischen dem Erben und allen Mitgesellschaftern[1127]. Insofern könnte tatsächlich der Genehmigungstatbestand des § 1822 Nr. 3 Alt. 2 BGB herangezogen werden. Allerdings wird durch diesen Vertrag kein Erwerbsgeschäft begründet. Zwar erwirbt der Minderjährige die Stellung eines

1124 Klüsener, Rpfleger 1990, S. 321 ff. (S. 327).

1125 Biddermann, Der minderjährige Gesellschafter, S. 26 f.; Stahl, Minderjährigenschutz, S. 126.

1126 Siehe oben unter Vierter Teil: B. II. 4.

1127 Vgl. K. Schmidt, in MüKo-HGB, § 139 Rn. 69 f.

Kommanditisten. Diese stellt im Hinblick auf die beschränkte gesellschaftsrechtliche Haftung des Kommanditisten aber ein geringeres Risiko dar als die vorherige Stellung als unbeschränkt haftender Gesellschafter (*argumentum a fortiori*). Schließlich kann auch der Argumentation von *Klüsener*[1128], der Minderjährige verliere eine geschäftliche Chance, nicht gefolgt werden. Zum einen ist Regelungsinhalt und -zweck des § 1822 BGB nicht die Erhaltung einer etwaigen Chance, sondern die Vermeidung eines potentiellen Risikos. Zum anderen ist auch die Kündigung der Mitgliedschaft genehmigungsfrei. Für die Umwandlung in eine Kommanditbeteiligung gilt das erst recht. Die Umwandlung nach § 139 Abs. 1 HGB ist nicht genehmigungsbedürftig.

4. Ergebnis

Gegenüber der Kündigung bietet das bedingte Austrittsrecht nach § 139 Abs. 2 HGB dem Minderjährigen den Vorteil vermeidbarer gesellschaftsrechtlicher Haftung. Das Instrument des Austritts steht freilich unter dem Vorbehalt, dass die Mitgesellschafter dem Umwandlungsverlangen des Erben (§ 139 Abs. 1 HGB) nicht entsprechen. Der Austritt bedarf der Zustimmung des gesetzlichen Vertreters, die Umwandlung nur bei nicht schenkweise zugewandter Kommanditeinlage. Eine familiengerichtliche Genehmigung ist in beiden Fällen nicht einzuholen.

V. Verhältnis der Gestaltungsinstrumente

Welcher Weg dem Minderjährigen zum Zwecke der Vermögenssicherung zur Verfügung steht, hängt davon ab, ob die Gesellschaftsanteile durch Rechtsgeschäft oder von Todes wegen erworben wurden.

1. Erwerb durch Rechtsgeschäft

Handelt es sich um einen rechtsgeschäftlichen Erwerb der Gesellschaftsanteile, kommen für den volljährig Gewordenen nur die Haftungsbeschränkung aus § 1629a BGB sowie eine Kündigung der Mitgliedschaft in Betracht. Nach der Grundkonzeption des MHbeG soll die Kündigung aus wichtigem Grund nach § 723 Abs. 1 Satz 3 Nr. 2 BGB als „flankierende“[1129] Maßnahme neben der Haftungsbeschränkung stehen. Die bloße Haftungsbeschränkung auf das Altvermögen schützt den Minderjährigen nicht vor Belastung seines Neuvermögens[1130].

1128 Klüsener, Rpfleger 1990, S. 321 ff. (S. 327).

1129 Vgl. Coester, JURA 2002, S. 88 ff. (S. 93).

1130 Vgl. Schäfer, in: MüKo-BGB, § 723 Rn. 38.

Darüber hinaus muss der Minderjährige kündigen, um der gesetzlichen Vermutungsregel des § 1629a Abs. 4 BGB zu entgehen. Andererseits führt die Kündigung allein nur zum Ausscheiden *ex-nunc*[1131]. Sie bewahrt den Minderjährigen nicht vor einer Haftung für Altverbindlichkeiten[1132]. Daher empfiehlt sich eine parallele Nutzung beider Gestaltungsinstrumente. Erst durch das Zusammenspiel von Haftungsbeschränkung und Kündigung wird ein umfassender und wirkungsvoller Minderjährigenschutz erreicht.

2. *Erwerb von Todes wegen*

Erwirbt ein Minderjähriger von Todes wegen Gesellschaftsanteile, kann er beide Rechtsinstitute nebeneinander nutzen. Entscheidend ist, ob neben dem Unternehmen sonstiger werthaltiger Nachlass vorhanden ist und der Minderjährige über von seinem ererbten Vermögen zu trennendes Eigenvermögen verfügt.

Die Erbschaftsausschlagung ist ein wirksames Mittel, erbrechtlicher und gesellschaftsrechtlicher Haftung zu entgehen[1133]. Sie empfiehlt sich aber nur dann, wenn der Nachlass insgesamt verschuldet ist. Besteht ein Nachlass jedoch neben einer Beteiligung an einem (verschuldeten) Unternehmen zum Beispiel in sonstigem werthaltigen Privatvermögen, ist der Weg einer Erbschaftsausschlagung wirtschaftlich nicht sinnvoll. Nach § 1950 Satz 2 BGB ist die Annahme oder Ausschlagung eines Teils der Erbschaft unwirksam[1134]. Damit ist eine auf die Beteiligung begrenzte Ausschlagung ausgeschlossen.

In einem solchen Fall gewinnt das Wahlrecht nach § 139 HGB an Bedeutung. Wird von den Mitgesellschaftern dem Umwandlungsverlangen des Minderjährigen entsprochen, haftet er in Zukunft nur mit der Kommanditeinlage. Andernfalls scheidet er aus der Gesellschaft aus und beantragt Haftungsbeschränkung für die Nachlassverbindlichkeiten nach §§ 1975 ff. BGB. Darüber hinaus kann der Minderjährige mit dem Eintritt seiner Volljährigkeit die Haftungsbeschränkung nach § 1629a BGB geltend machen und das Sonderkündigungsrecht ausüben. In beiden Fällen der Haftungsbeschränkung haftet der Minderjährige jedoch mit dem ererbten Nachlass, also auch mit eventuellem Barvermögen, für Verbindlichkeiten der Gesellschaft. Nur Vorteile aus dem wirtschaftlich werthaltigen Teil der Erbschaft zu ziehen, ist ihm verwehrt.

1131 Vgl. Gaier, in: MüKo-BGB, § 314 Rn. 23.

1132 Vgl. K. Schmidt, in: MüKo-HGB, § 160 Rn. 1.

1133 Vgl. Binninger, Haftungsbeschränkung, S. 191 f.

1134 Siehe oben unter Vierter Teil: B. IV. 1.

Hat der Minderjährige die Absicht, in der Gesellschaft zu verbleiben, steht ihm der Weg nach §§ 1975 ff. BGB – und nach Eintritt der Volljährigkeit zudem nach § 1629a BGB – offen. Es ist gesetzlich nicht ausgeschlossen, sich auf beide Beschränkungsmöglichkeiten nebeneinander zu berufen[1135]. Es stellt sich indes die Frage, ob bei Überschuldung des Nachlasses eine parallele Anwendung sinnvoll oder welcher Haftungsbeschränkung Vorrang einzuräumen ist. Besitzt der Minderjährige zur Zeit des Eintritts seiner Volljährigkeit nichtererbtes Vermögen und beschränkt er seine Haftung gemäß § 1629a BGB, können Nachlass- und Gesellschaftsgläubiger auch in das Erbeneigenvermögen vollstrecken[1136]. Insofern ist die Minderjährigenhaftungsbeschränkung für den volljährig Gewordenen nicht geeignet. Hat der Minderjährige kein Eigenvermögen, führen beide gesetzlichen Regelungen zum Haftungsausschluss.

Für Gläubiger hat die Wahl der Haftungsbeschränkungsnorm erhebliche Folgen. Eine Haftungsbeschränkung nach § 1629a BGB führt nicht zu einem Liquidations- bzw. Abwicklungsverfahren. Gläubiger werden in zeitlicher Reihenfolge (Prioritätsgrundsatz) oder nach Belieben des volljährig Gewordenen befriedigt[1137]. Reicht der Nachlass zur Befriedigung der Gläubiger aus, hat die Nachlassverwaltung gegenüber § 1629a BGB den Nachteil, dass sie regelmäßig mit Kosten verbunden ist[1138]. Ist der Nachlass dagegen nicht ausreichend solvent, wird durch die Haftungsbeschränkung ein Wettlauf der Gläubiger provoziert[1139].

Im Sinne einer gerechten Vermögensverteilung wird von manchen Autoren[1140] vorgeschlagen, dem Nachlassinsolvenzverfahren Vorrang einzuräumen. Bei diesem werde sichergestellt, dass die Nachlassgläubiger gleichmäßig befriedigt werden (§§ 1, 325 InsO)[1141]. Ferner spreche der Wortlaut des § 1980 Abs. 1 BGB gegen eine echte Wahlmöglichkeit zwischen Nachlassinsolvenzverfahren

1135 Vgl. Binninger, Haftungsbeschränkung, S. 138.

1136 Eine Trennung des Nachlasses vom Eigenvermögen ist nur bei der Erbengemeinschaft möglich, zumal der Nachlass dort Sondervermögen darstellt, vgl. Ann, in: MüKo-BGB, § 2059 Rn. 2.

1137 Vgl. Binninger, Haftungsbeschränkung, S. 137; Muscheler, WM 1998, S. 2271 ff. (S. 2286 f.); Coester, JURA 2002, S. 88 ff. (S. 91 f.); ders., in: Festschrift für W. Lorenz, 2001, S. 113 ff. (S. 118 ff.) für Fehler, die dem volljährig Gewordenen unterlaufen können.

1138 Vgl. Coester, JURA 2002, S. 88 ff. (S. 89); Petersen, JURA 2006, S. 280 ff. (S. 282).

1139 Vgl. Konz, MHbeG, S. 254.

1140 Binninger, Haftungsbeschränkung, S. 137; Damrau, Der Minderjährige im Erbrecht, Rn. 355.

1141 Binninger, Haftungsbeschränkung, S. 137.

und Minderjährigenhaftungsbeschränkung[1142]: Hat der Erbe von der Zahlungsunfähigkeit oder der Überschuldung des Nachlasses Kenntnis erlangt, so hat er unverzüglich die Eröffnung des Insolvenzverfahrens zu beantragen (§ 1980 Abs. 1 Satz 1 BGB). Bei einer Verletzung der Antragspflicht entsteht eine Schadensersatzpflicht des Erben gegenüber den Nachlassgläubigern (§ 1980 Abs. 1 Satz 2 BGB).

Der insolvenzrechtliche Vorrang überzeugt. Zwar ist es unbeachtlich, dass es sich im Zeitpunkt der Geltendmachung bei dem Erben nicht mehr um einen Minderjährigen handelt, sondern um einen bereits Volljährigen. Der Normzweck des § 1629a BGB geht über das Erreichen der Volljährigkeit hinaus. Das belegen auch die obigen[1143] Ausführungen zum Spannungsverhältnis zwischen § 15 HGB und § 1629a BGB. Würde der Minderjährigenschutz mit Eintritt der Volljährigkeit entfallen, könnte er seine Wirkung nicht vollständig entfalten. Aber es geht auch kein Schutzinstrument verloren. § 1629a Abs. 1 Satz 2 BGB verweist auf die §§ 1990, 1991 BGB. Bei überschuldetem Nachlass ist der Antrag auf Eröffnung des Nachlassinsolvenzverfahrens daher vorrangig. § 1629 a BGB gibt dem volljährig Gewordenen lediglich eine „zweite Chance“[1144].

1142 Damrau, Der Minderjährige im Erbrecht, Rn. 355.
1143 Siehe oben unter Vierter Teil: B. I. 2. b) cc).
1144 Vgl. Damrau, Der Minderjährige im Erbrecht, Rn. 355.

Fünfter Teil: Genehmigungsverfahren

Im Gegensatz zur Diskussion über die Reichweite der Genehmigungspflicht wird das familiengerichtliche Genehmigungsverfahren im Schrifttum stiefmütterlich behandelt. Zunächst wird darauf einzugehen sein, welchen Maßstab das Familiengericht[1145] seiner Prüfung zugrunde zu legen hat. Sodann ist zu untersuchen, unter welchen Voraussetzungen ein Rechtsgeschäft genehmigungsfähig ist. Lehnt das Familiengericht eine beantragte Genehmigung ab, sind mögliche Rechtsmittel zu prüfen.

A. Prüfungsmaßstab des Gerichts

Der Prüfungsmaßstab des Familiengerichts ist gesetzlich nicht geregelt. Manche Autoren sehen in der Genehmigung eine Ermessensentscheidung auf der Rechtsfolgenseite. Andere gehen von der Beurteilung eines unbestimmten Rechtsbegriffs auf der Tatbestandsebene aus[1146].

I. Bedeutung

Die Streitfrage ist von Bedeutung[1147]. Fasst man die Genehmigung als eine Ermessensentscheidung auf, ist eine sachliche Überprüfbarkeit gering[1148]. Das Rechtsbeschwerdegericht kann dann lediglich überprüfen, ob das Gericht, in der funktionellen Zuständigkeit des Rechtspflegers, von ungenügenden oder verfahrenswidrig zustande gekommenen tatsächlichen Feststellungen ausgegangen ist oder wesentliche Umstände unerörtert gelassen (Ermessensausfall), die gesetzlichen Grenzen des Ermessens überschritten (Ermessensüberschreitung) oder

1145 Zur Zuständigkeit, siehe oben unter Zweiter Teil: B. II. 1. c).

1146 Zur Zulässigkeit der Übernahme verwaltungsrechtlicher Kriterien, vgl. Mayer, FamRZ 1994, S. 1007 ff. (S. 1008), der diese unmittelbar aus Art. 19 Abs. 4 GG herleitet.

1147 Offengelassen durch OLG Hamm, Beschluss vom 7.1.1987 - 15 W 242/85 = NJW-RR 1987, S. 453 ff. (S. 454); Grube, Rpfleger 1990, S. 67 ff. (S. 69): Da sich das Familiengericht selten auf Zweckmäßigkeitserwägungen stützt, sondern vielmehr auf Gesetzesverletzungen, sei die Entscheidung stets mit der Rechtsbeschwerde angreifbar.

1148 Meyer-Holz, in: Keidel, FamFG, § 72 Rn. 8.

von dem Ermessen in einer dem Zweck der gesetzlichen Ermächtigung nicht entsprechenden Weise Gebrauch gemacht hat (Ermessensfehlgebrauch)[1149].

Stellt eine Genehmigung hingegen die Beurteilung eines unbestimmten Rechtsbegriffs dar, ist sie stets dann zu erteilen, wenn sie *dem Wohle und dem Interesse des Minderjährigen* dient[1150]. In diesem Fall kann das Rechtsbeschwerdegericht eine Überprüfung in vollem Umfang durchführen, soweit dem erstinstanzlichen Gericht nicht ausnahmsweise ein tatbestandlicher Beurteilungsspielraum eingeräumt wird[1151].

II. Ermessensentscheidung

Eine Mindermeinung in der Literatur[1152] sowie die Rechtsprechung *(BGH, BayObLG)*[1153] erachten die Genehmigung des Familiengerichts als Ermessensentscheidung.

Der *BGH*[1154] hat zunächst festgestellt: „*Der Vormundschaftsrichter trifft seine Entscheidungen über die Genehmigung nach freiem Ermessen; er ist aber insoweit gebunden, als er das Interesse des Kindes (...) in erster Linie entscheiden lassen muss*". In einer neueren Entscheidung spricht der *BGH*[1155] nunmehr von „pflichtgemäßen Ermessen".

Das *BayObLG*[1156] begründet seine Ansicht damit, dass die Entscheidung über die Genehmigung – wenngleich sie am Kindeswohl auszurichten sei – eine Wertung aufgrund der jeweiligen konkreten Umstände des Einzelfalls erfordere. Häufig sei eine Prognose geboten, bei der unternehmerische und wirtschaftliche Risiken zu bewerten seien. In diesem Rahmen sei auch Raum für Zweckmäßigkeitserwägungen. Dieser mache es notwendig, dem Richter einen Ermessenspielraum zuzugestehen.

1149 Meyer-Holz, in: Keidel, FamFG, § 72 Rn. 8.

1150 Veit, in: Staudinger, BGB 2014, § 1828 Rn. 17.

1151 Meyer-Holz, in: Keidel, FamFG, § 72 Rn. 17, 19.

1152 Palandt/Götz, § 1828 Rn. 8; Ivo, in: Wachter, FA Handels- und Gesellschaftsrecht, Teil 2, Kapitel 11, Rn. 20; Klüsener, Rpfleger 1990, S. 321 ff. (S. 330); Schäfer, in: Staub, HGB, § 105 Rn. 88.

1153 BGH, Urteil vom 15.11.1973 – III ZR 42/72 = VersR 1974, S. 358 ff.; BGH, Urteil vom 22.5.1986 – III ZR 237/84 = NJW 1986, S. 2829 ff. (S. 2830); BayObLG, Beschluss vom 4.7.1989 – 1 a Z 7/89 = Rpleger 1990, S. 67; BayObLG, Beschluss vom 5.3.1997 – 1 Z BR 210/96 = ZEV 1998, S. 107 ff. (S. 108).

1154 BGH, Urteil vom 15.11.1973 – III ZR 42/72 = VersR 1974, S. 358 ff. (S. 359).

1155 BGH, Urteil vom 22.5.1986 – III ZR 237/84 = NJW 1986, S. 2829 ff. (S. 2830).

1156 BayObLG, Beschluss vom 5.3.1997 – 1 Z BR 210/96 = ZEV 1998, S. 107 ff. (S. 108).

III. Unbestimmter Rechtsbegriff

Die Gegenansicht vertritt den Standpunkt, bei der Genehmigung handele es sich um die Beurteilung eines unbestimmten Rechtsbegriffs. Umstritten ist, ob dem Gericht ausnahmsweise ein tatbestandlicher Beurteilungsspielraum zukommen kann.

1. Vollumfängliche Überprüfbarkeit

Die herrschende Meinung in der Literatur[1157] sowie das *OLG Karlsruhe*[1158] sind der Ansicht, die Entscheidung des Gerichts sei im Beschwerdeverfahren in vollem Umfang überprüfbar.

Auf die für die Entscheidung des Gerichts erforderliche Frage, ob eine bestimmte Gestaltung der Rechtsverhältnisse dem Wohl oder Interesse des Minderjährigen entspreche, könne es nur *eine* richtige Antwort geben[1159]. Die Bewertung dieser Einzelumstände im Rahmen des unbestimmten Rechtsbegriffs sei eine Rechtsfrage, deren unrichtige Beantwortung eine Gesetzesverletzung darstelle, die nach § 70 FamFG im Verfahren der weiteren Beschwerde überprüft werden könne.

Außerdem seien die Genehmigungsvorbehalte als Ausnahmen von dem Prinzip ungeschmälerter gesetzlicher Vertretungsmacht der Eltern zu verstehen[1160]. Infolgedessen dürfe eine Genehmigung nur in begründeten Fällen versagt werden.

Eine Einengung des Überprüfungsrahmens führe schließlich zu einer unzulässigen Rechtswegverkürzung, zumal die Genehmigung nicht vom Richter, sondern vom Rechtspfleger erteilt wird[1161]. Damit könne die Genehmigung als ein Mittel staatlicher Kontrolle der Eltern zur Wahrung der Interessen des Kindes bezeichnet werden[1162]. Prüfungsmaßstab sei allein das Kindesinteresse. Folglich könne die Entscheidung des Gerichts keine Ermessensentscheidung sein.

1157 Buck, Minderjährige, S. 44; Gernhuber/Coester-Waltjen, § 60 IV 8 Rn. 59; Spiegelberger, DNotZ 1998, S. 501 ff. (S. 502); Veit, in: Staudinger, BGB 2014, § 1828 Rn. 17; Wagenitz, in: MüKo-BGB, § 1828 Rn. 15; Soergel/Zimmermann, BGB, § 1828 Rn. 8.

1158 OLG Karlsruhe, Beschluss vom 8.5.1973 – 5 W 120/72 = FamRZ 1973, S. 378 ff. (S. 379).

1159 Veit, in: Staudinger, BGB 2014, § 1828 Rn. 17

1160 Wagenitz, in: MüKo-BGB, § 1828 Rn. 15.

1161 Spiegelberger, DNotZ 1998, S. 501 ff. (S. 502).

1162 Gernhuber/Coester-Waltjen, § 60 IV 8 Rn. 59.

2. *Beurteilungsspielraum*

Auch *J. Mayer*[1163] erachtet die Genehmigung als Beurteilung eines unbestimmten Rechtsbegriffs und somit als ein reines Tatbestandsproblem. Gegen die Annahme einer Ermessensentscheidung führt er Folgendes aus: Würde man dem Gericht ein Versagungsermessen einräumen, sei damit ein starker Eingriff in die Entscheidungsfreiheit des Minderjährigen verbunden. Denn letztlich wahre der gesetzliche Vertreter die Interessen des Minderjährigen. Ein Eingriff bedeute zugleich eine unzulässige Einschränkung der durch Art. 2 Abs. 1 GG geschützten Freiheit der persönlichen Entfaltung. Darüber hinaus würden die genehmigungspflichtigen Rechtsgeschäfte nur eine abstrakte Gefährdungsmöglichkeit aufweisen. Insoweit bedürfe es keines Ermessens. Schließlich legt er dar, im Rahmen des Entscheidungsprozesses sei zwar eine Interessenbeurteilung erforderlich. Diese ergebe sich aber aus der Natur der Sache und begründe nicht zwangsläufig die Notwendigkeit eines gerichtlichen Beurteilungsspielraums.

Bei bestimmten Rechtsgeschäften sei allerdings ein Beurteilungsspielraum notwendig. Bei Genehmigungstatbeständen, wie dem § 1822 Nr. 3 BGB, sei eine besonders umfassende Entscheidung erforderlich, bei der gerade auf die zukünftige Entwicklung des betroffenen Unternehmens und die charakterliche sowie fachliche Eignung der Mitgesellschafter abgestellt werden müsse. Bezüglich dieser Kriterien müsse dem Gericht ein (nicht voll nachprüfbarer) Beurteilungsspielraum eingeräumt werden.

Aber selbst wenn ein Beurteilungsspielraum angenommen werde, müsse dieser aus verfassungsrechtlichen Gründen auf das unbedingt notwendige Minimum beschränkt werden. Es dürfe keine rechtlich unkontrollierbare Interessenabwägung vorgenommen werden, weil das Wohl des Minderjährigen keine Kompromisse vertrage. Nichtsdestotrotz könnten bei der hier gebotenen ganzheitlichen Betrachtung geringfügige Nachteile durch insgesamt bestehende Vorteile verdrängt werden.

IV. Stellungnahme

Die §§ 1821, 1822 BGB beruhen auf der gesetzgeberischen Besorgnis, die Eltern des Minderjährigen würden dessen Interessen womöglich nicht ausreichend Rechnung tragen können. Indem das Familiengericht über die Sinnhaftigkeit eines Erwerbs entscheidet, soll der Minderjährige vor diesem Risiko bewahrt werden. Allerdings besteht die Gefahr, dass die Intensität der thematischen Auseinandersetzung durch das Gericht nicht in einem angemessenen Verhältnis zu der

1163 J. Mayer, FamRZ 1994, S. 1007 ff. (S. 1009 ff.).

Komplexität vieler wirtschaftlicher Sachverhalte steht. Das Familiengericht wird also nicht stets in der Lage sein, eine objektiv richtige Sachentscheidung zu treffen. Aus diesem Grund muss eine vollumfängliche Überprüfbarkeit gewährleistet sein. Darüber hinaus hat das MHbeG keine Veränderung des Prüfungsmaßstabs zur Folge. Die Gefahr eines Vermögensverlustes ist durch die Beschränkung auf das im Zeitpunkt des Volljährigkeitseintritts bestehende Vermögen nicht gebannt. Das belegt die Bedeutung einer Überprüfung. Gegen eine Ermessensentscheidung spricht schließlich auch die mangelnde Realisationsmöglichkeit von Amtshaftungsansprüchen. Bei der familiengerichtlichen Genehmigung handelt es sich um die Beurteilung eines unbestimmten Rechtsbegriffs. Nur ausnahmsweise kommt dem Familiengericht ein Beurteilungsspielraum zu.

B. Genehmigungsfähigkeit

Für die Entscheidung des Familiengerichts ist eine umfassende Gesamtschau der tatsächlichen und rechtlichen Verhältnisse des Erwerbs notwendig.

I. Grundlagen

Die Begriffe Genehmigungs*pflicht* und Genehmigungs*fähigkeit* werden terminologisch gelegentlich durcheinander gebracht. Sie unterscheiden sich aber wesentlich. Das Gericht entscheidet erst aufgrund der Genehmigungsfähigkeit, ob bei Verträgen die vorläufige ("schwebende") Unwirksamkeit, die Folge der Genehmigungspflicht ist, in Wirksamkeit umschlägt[1164]. Das bedeutet: Erst wenn das Gericht zu dem Ergebnis kommt, dass ein (abstrakter) Tatbestand des Katalogs genehmigungsbedürftiger Rechtsgeschäfte einschlägig ist (das Geschäft also genehmigungs*bedürftig* ist), kann es darüber befinden, ob auch der (konkrete) Sachverhalt einer Genehmigung fähig ist.

Zwar will *Muscheler*[1165] wegen der Haftungsbeschränkung gänzlich auf die Genehmigungstatbestände verzichten und *Klüsener*[1166] – noch auf Basis der Rechtslage vor Inkrafttreten des MHbeG – bei jeder gesellschaftsrechtlichen Einbindung eines Minderjährigen eine Genehmigungsfähigkeit verneinen. Nach herrschender Meinung[1167] hat das Gericht jedoch eine umfassende Gesamtschau vorzunehmen.

1164 Grube, Rpfleger 1990, S. 67 ff. (S. 67).
1165 Muscheler, WM 1998, S. 2271 ff. (S. 2275).
1166 Klüsener, Rpfleger 1990, S. 321 ff. (S. 330).
1167 Gernhuber/Coester-Waltjen, § 60 IV 8 Rn. 59; Palandt/Götz, § 1828 Rn. 8; Erman/Saar, § 1828 Rn. 8; Schäfer, in: Staub, HGB, § 105 Rn. 88; Veit, in: Staudinger, BGB

Das ist auch richtig. Es würde der Intention des Gesetzgebers widersprechen, dem Minderjährigen den Abschluss eines jeden wirtschaftlich komplexeren Rechtsgeschäfts zu versagen. Es soll gerade eine zweistufige Prüfung erfolgen, um den Interessen im Einzelfall ausreichend gerecht werden zu können. Darüber hinaus kann unter Verweis auf das MHbeG nicht jedes Rechtsgeschäft genehmigungsfrei sein. Denn die Schutzrichtungen von Genehmigung auf der einen und Haftungsbeschränkung sowie Sonderkündigungsrecht auf der anderen Seite sind unterschiedlich[1168]. Die präventiv funktionierende familiengerichtliche Genehmigung setzt schon zu einem früheren Zeitpunkt ein. Mit ihrer Hilfe soll eine judikative Instanz über die rechtliche und wirtschaftliche Sinnhaftigkeit eines Rechtsgeschäfts entscheiden. Das MHbeG soll hingegen in solchen Fällen dienen, in denen der bisherige Minderjährigenschutz versagt hat. Es fungiert insoweit als *ultima ratio*, wenn eine drohende Überschuldung des minderjährigen Gesellschafters auf anderem Weg nicht mehr verhindert werden kann. Aus diesen Gründen ist am Erfordernis einer umfassenden Prüfung durch das Familiengericht festzuhalten.

Im Folgenden wird aufgezeigt, welche Voraussetzungen das jeweilige Rechtsgeschäft erfüllen muss, um den Anforderungen einer gerichtlichen Genehmigung entsprechen zu können.

II. Gesamtschau

Zunächst werden allgemeine Kriterien vorgestellt, die im Rahmen einer Gesamtschau Berücksichtigung zu finden haben. Sodann werden konkrete Sachverhalte aufgegriffen, die bereits Gegenstand gerichtlicher Einzelfallentscheidungen waren. Abschließend soll der Versuch unternommen werden, eine einheitliche Richtschnur für eine familiengerichtliche Beurteilung zu finden. Dabei werden insbesondere die aufgrund des MHbeG geänderten Rechtsnormen von Bedeutung sein.

1. Allgemeines

Ziel der §§ 1821, 1822 BGB ist es, den Minderjährigen vor besonders riskanten Geschäften zu bewahren[1169]. Gleichzeitig sollen für den Minderjährigen vorteilhafte Geschäfte nicht durch den Staat von vornherein vereitelt

---

2014, § 1828 Rn. 18; Wagenitz, in: MüKo-BGB, § 1822 Rn. 16; Soergel/Zimmermann, BGB, § 1828 Rn. 8.

1168 Siehe oben unter Vierter Teil: B. I. 2. b) dd) (2).

1169 Wagenitz, in: MüKo-BGB, § 1822 Rn. 1.

werden. Würde die Genehmigungfähigkeit mit dem pauschalen Argument des Minderjährigenschutzes abgelehnt, würde dem Minderjährigen die Chance genommen, durch Beteiligung an einer leistungsfähigen und lukrativen Gesellschaft bereits bis zum Eintritt in die Volljährigkeit zu Vermögen zu kommen[1170]. Die Verweigerung der Genehmigung darf sich nicht von einem Instrument des Schutzes in ein solches umwandeln, das die legitimen Interessen des Minderjährigen beschneidet[1171].

Gegenstand der Prüfung, die sich auf die im Zeitpunkt der gerichtlichen Entscheidung erkennbare Sachlage bezieht, ist die Frage, ob das Rechtsgeschäft dem *Wohl des Minderjährigen* dient[1172]. Dabei sind Zweckmäßigkeitserwägungen, die keinen klaren Bezug zum Wohl des Minderjährigen im konkreten Falle haben, für das Gericht irrelevant[1173]. Bei dieser Prüfung sind nicht nur einzelne Teile des Rechtsgeschäfts, sondern das gesamte Rechtsgeschäft zu untersuchen[1174]. Es ist notwendig, eine umfassende Gesamtschau der Vor- und Nachteile anzustellen[1175]. Entscheidend ist, welche Gesichtspunkte das Gericht bei seiner Prüfung zugrunde zu legen hat.

Unstreitig sind wirtschaftliche Interessen zu berücksichtigen. Das Geschäft muss nach Art und Umfang des vorhandenen Vermögens einer vernünftigen Vermögensverwaltung entsprechen[1176]. Kann das wirtschaftliche Ziel auch mit einem anderen, weniger riskanten Geschäft erreicht werden, ist die Genehmigung zu versagen[1177]. Problematisch ist, ob auch ideelle Vorteile, beispielsweise der Erhalt des Familienfriedens[1178], materielle Nachteile ausgleichen können[1179]. Dagegen spricht, dass sich hinter dem Begriff „Familienfrieden“ allzu leicht

1170 Sticherling/Stücke, ZEV 2001, S. 75 f. (S. 76).

1171 Sticherling/Stücke, ZEV 2001, S. 75 f. (S. 76).

1172 Drittinteressen (zum Beispiel Interessen Angehöriger) finden nur dann Berücksichtigung, wenn sie gleichzeitig Interessen des Minderjährigen selbst sind, vgl. Wagenitz, in: MüKo-BGB, § 1828 Rn. 16, 18.

1173 Wagenitz, in: MüKo-BGB, § 1828 Rn. 17.

1174 Wagenitz, in: MüKo-BGB, § 1828 Rn. 16.

1175 Das Familiengericht hat die relevanten Tatsachen gemäß § 26 FamFG von Amts wegen zu ermitteln.

1176 Wagenitz, in: MüKo-BGB, § 1828 Rn. 20.

1177 Wagenitz, in: MüKo-BGB, § 1828 Rn. 20.

1178 Dagegen Wagenitz, in: MüKo-BGB, § 1828 Rn. 19: Es könne aber im Interesse des Minderjährigen ratsam sein, sich bei unsicherer Rechtslage auf einen Vergleich einzulassen.

1179 Gernhuber/Coester-Waltjen, § 60 IV 8 Rn. 59.

egoistische Interessen anderer Familienmitglieder verbergen können[1180]. Ferner ist ein zeitliches Moment zu berücksichtigen. Gegenwärtige Nachteile können aufgrund späterer Vorteile durchaus an Gewicht verlieren[1181]. Schließlich muss das Familiengericht auch die Rechtsfolge erwägen, die sich durch eine Genehmigungsverweigerung ergeben würde[1182]: Für den Minderjährigen ist es beispielsweise vorteilhafter, die Haftungsbeschränkung eines Kommanditisten zu erlangen, anstatt den Haftungsrisiken aus der Fortführung eines Handelsgeschäfts in ungeteilter Erbengemeinschaft ausgesetzt zu sein.

2. Persönliche Haftung

Die Beteiligung eines Minderjährigen als persönlich haftender Gesellschafter an einer GbR, OHG oder KG ist, wie bereits erörtert, genehmigungspflichtig. Daran schließt sich die Frage an, ob eine solche Genehmigung tatsächlich auch erteilt werden kann.

Das *LG München I*[1183] führt dazu aus, eine persönliche Haftung als Gesamtschuldner reiche allein nicht aus, um eine Versagung der Genehmigung zu rechtfertigen. Ansonsten sei eine Genehmigung zum Abschluss einer Vielzahl in §§ 1821, 1822 BGB genannter Rechtsgeschäfte ausgeschlossen, da sie ihrem Wesen nach von vornherein wirtschaftliche Risiken für den Minderjährigen in sich bergen würden. Eine Genehmigung dürfe nicht versagt werden, wenn nur *einzelne* Punkte dem Minderjährigen nachteilig seien.

Auch das *OLG Braunschweig*[1184] ist den Vorinstanzen nicht gefolgt. Diese hatten die Genehmigung aufgrund der unbeschränkt persönlichen Haftung verweigert, die sie mit dem verfassungsrechtlich gebotenen Minderjährigenschutz für unvereinbar hielten. Die Genehmigung sei im Einzelfall nur dann zu versagen, wenn die konkrete Gefahr bestehe, dass der Minderjährige infolge seiner Gesellschaftsbeteiligung mit erheblichen Schulden in die Volljährigkeit entlassen würde. Die dazu notwendige Gesamtschau der Verhältnisse verlange eine Aufklärung der Zusammensetzung und Werthaltigkeit des gesamten Vermögens des

---

1180 Gernhuber/Coester-Waltjen, § 60 IV 8 Rn. 59.

1181 Gernhuber/Coester-Waltjen, § 60 IV 8 Rn. 59.

1182 Schäfer, in: Staub, HGB, § 105 Rn. 88.

1183 LG München I, Beschluss vom 27.4.2000 – 13 T 16 886/99, ZEV 2000, S. 370 ff. (S. 371).

1184 OLG Braunschweig, Beschluss vom 30.10.2000 – 2 W 237/00 = ZEV 2001, S. 75 f. (S. 76) für die GbR.

Minderjährigen sowie eine valide Prognose der künftigen Gewinn- und Verlustrisiken der Gesellschaft.

3. *Nachschusspflicht*

Das *OLG Bremen*[1185] hat entschieden, eine gesellschaftsrechtliche Beteiligung eines Minderjährigen könne nur dann als genehmigungsfähig angesehen werden, wenn der Gesellschaftsvertrag keine Nachschusspflichten vorsehe. Andernfalls könnten etwaige Vorteile aus der Gesellschafterstellung die mit ihr verbundenen Nachteile nicht überwiegen.

4. *Vertragsdauer und Mitwirkungsrechte*

Das *BayObLG*[1186] misst dem Umstand, dass der Minderjährige von Kündigungsrechten und Mitwirkungsmöglichkeiten ausgeschlossen wird, eine wesentliche Bedeutung zu. Denn ist ein Minderjähriger bei Eintritt der Volljährigkeit in ein solches Vertragswerk eingebunden, könne der Gesellschaftsvertrag mit dem allgemeinen Persönlichkeitsrecht des Minderjährigen kollidieren.

Dieser Argumentation wird in der Literatur widersprochen[1187]. Es sei nicht absehbar, ob solche Regelungen sich für den Minderjährigen tatsächlich als nachteilig darstellen. Insofern bestehe nur die *Gefahr einer Gefahr*, die für sich allein aber kein geeignetes Beurteilungskriterium sei. Im Übrigen könnten solche Vereinbarungen auch durchaus vorteilhaft sein. Durch einen Ausschluss des Minderjährigen von Mitwirkungsrechten könne sichergestellt werde, dass die Geschicke der Gesellschaft auch weiterhin durch diejenigen Personen gelenkt werden, welche die Gesellschaft aufgebaut haben und deren Struktur am besten kennen. Ohne konkrete Anhaltspunkte könne man nicht davon ausgehen, dass ein Geschäftsführer seine Befugnisse zulasten des Minderjährigen missbrauchen werde[1188]. Die Versagung der Genehmigung dürfe nicht auf eine solche Ausschlussregelung gestützt werden.

5. *Stellungnahme*

Einzelne Nachteile genügen richtigerweise nicht, um eine Genehmigungsunfähigkeit zu begründen. Denn bei dem Schutzinstrument der §§ 1821, 1822 BGB

1185 OLG Bremen, Beschluss vom 24.2.1999 – 4 UF 16/99, NJW 1999, S. 588.

1186 BayObLG, Beschluss vom 5.3.1997 – 1 Z BR 210/96 = ZEV 1998, S. 107 ff. (S. 109).

1187 Hettler/Götz, ZEV 1998, S. 109 f. (S. 109).

1188 Lohse/Triebel, ZEV 2000, S. 337 ff. (S. 343).

geht es darum, das für den Minderjährigen ökonomisch Beste zu erreichen. Dieses Ziel scheitert nicht zwangsläufig daran, dass mit dem Erwerb von Gesellschaftsanteilen rechtliche oder wirtschaftliche Verpflichtungen einhergehen. Im Einzelnen hat das Familiengericht genau zu untersuchen, welche Rechtsfolgen sich als nachteilig erweisen können.

Eine persönliche Haftung des Minderjährigen führt nicht notwendig zu einer Verweigerung der Genehmigung. Das zeigt das Prinzip der zweistufigen Prüfung von Genehmigungsbedürftigkeit und Genehmigungsfähigkeit. Würde das Gericht stets zu dem Ergebnis gelangen, die Genehmigung mit Blick auf die Haftung versagen zu müssen, wäre die Methode ihres wesentlichen Anwendungsbereichs beraubt.

Es stellt sich allerdings die Frage, ob die Gefahr, mit Schulden in die Volljährigkeit entlassen zu werden, eine Versagung rechtfertigen kann. Dagegen sprechen zunächst die aufgrund des MHbeG eingeführten Gestaltungsrechte des Sonderkündigungsrechts und der Haftungsbeschränkung. Zwar macht das MHbeG den Genehmigungstatbestand nicht *per se* obsolet. Es stellt jedoch im Rahmen der richterlichen Gesamtabwägung eine argumentative Grundlage zugunsten der Genehmigungs*fähigkeit* dar und kann somit den letzten Ausschlag geben[1189]. Infolge des MHbeG ist die Gefahr einer Überschuldung begrenzt.

Man könnte jedoch, auch unter Berücksichtigung der Gläubigerinteressen, der Auffassung sein, ein Minderjähriger solle nicht an einer verschuldeten Gesellschaft beteiligt werden. Denn gerade die Möglichkeit des Schuldenschnitts birgt für Gesellschaftsgläubiger das Risiko des Forderungsverlustes. Auch hier tritt die Kollision von Minderjährigenschutz und Verkehrsschutz deutlich zu Tage. Die Entscheidung hat zugunsten des Minderjährigen zu ergehen. Die Aufgabe des Familiengerichts liegt in der Wahrung des Minderjährigenschutzes. Die Interessen der Gesellschaftsgläubiger haben im Rahmen der Entscheidung über die Genehmigungserteilung folglich zurückzustehen. Schließlich hat der Gesetzgeber mit dem MHbeG eine eindeutige Regelung zugunsten des Minderjährigenschutzes geschaffen.

Bei der Beteiligung als persönlich haftender Gesellschafter bietet es sich an, auch den Umfang und Höhe des Kindesvermögens zu berücksichtigen. Denn die Haftungsbeschränkung bezieht sich auf das gesamte Altvermögen. Der Minderjährige

---

1189 Siehe auch Glöckner, ZEV 2001, S. 47 ff. (S. 49 f.): Es bestehe ein Zielkonflikt zwischen einer Vermeidung von Gefahren für die Gesellschaft durch Limitierung des Sonderkündigungsrechts und Verringerung der Chancen für eine Genehmigung gemäß § 1822 BGB. Diese Ansicht erscheint fragwürdig, zumal das Sonderkündigungsrecht gerade nicht ausgeschlossen werden kann.

kann es nicht verhindern, dass er trotz eines möglicherweise beträchtlichen Aktivvermögens mit „null", das heißt ohne Schulden, in die Volljährigkeit entlassen wird. Insofern kann das Volumen persönlicher Haftung des Minderjährigen umso nachteiliger sein, je größer dessen Vermögen ist. Aus diesem Grund sollte das Familiengericht bei der Genehmigungserteilung Vorsicht walten lassen, wenn der Minderjährige bereits über eigenes Vermögen verfügt. Eine entsprechende Gefahrenlage besteht insbesondere, wenn der Minderjährige noch weit von dem Erreichen der Volljährigkeitsgrenze entfernt ist. Der Erwerb von Gesellschaftsanteilen ist für den Minderjährigen umso riskanter, je größer die Zeitspanne zwischen dem Abschluss des Rechtsgeschäfts und dem Eintritt seiner Volljährigkeit ist.

Ferner ist auch auf das ideelle Interesse des Minderjährigen abzustellen. Eine gewisse Affinität zu unternehmerischen Sachverhalten sollte bei der familiengerichtlichen Entscheidung durchaus berücksichtigt werden[1190]. Insofern kann der Ausschluss von Mitwirkungsrechten tatsächlich mit einem Nachteil für den Minderjährigen verbunden sein. In anderen Fällen könnte die Regelung, dass der Minderjährige keine Mitwirkungsrechte hat, dagegen als vorteilhaft betrachtet werden. Kündigungsrechte des minderjährigen Gesellschafters können schließlich nicht ausgeschlossen werden (vgl. § 723 Abs. 3 BGB). Diese Problematik stellt sich im Rahmen der Abwägung nicht.

Im Rahmen der Gesamtschau sind zunächst die vermögens- und mitgliedschaftsrechtlichen Verhältnisse der Gesellschaft zu untersuchen. Dazu gehören insbesondere die Bonität der Gesellschaft sowie deren jeweilige gesellschaftsvertragliche Ausgestaltung. Des Weiteren sind Faktoren, die in der Person des Minderjährigen wurzeln, zu prüfen. Das sind, neben dem Umfang des Kindesvermögens, auch Eignung und Bereitschaft des Minderjährigen zur Übernahme und verantwortlichen Ausübung einer Gesellschafterposition. Schließlich muss die zeitliche Komponente berücksichtigt werden. Ein fortgeschrittenes Minderjährigkeitsalter sowie der Ausgleich gegenwärtiger Nachteile durch zukünftige Vorteile können eine Genehmigungserteilung befördern.

III. Materielle Wirksamkeit

Eine Prüfung der materiellen Wirksamkeit von Rechtsgeschäften ist nicht Aufgabe des Familiengerichts[1191]. Zwar hat es offensichtlich nichtige Rechtsgeschäfte zurück-

---

1190 § 299 Satz 1 FamFG sieht die persönliche Anhörung des Minderjährigen vor einer Entscheidung über die Genehmigung von Rechtsgeschäften vor, vgl. Budde, in: Keidel, FamFG, § 299 Rn. 5.

1191 Soergel/Zimmermann, BGB, § 1828 Rn. 20.

zuweisen[1192]. Schwebende Unwirksamkeit und Zweifel an der Wirksamkeit hindern dagegen eine Genehmigungserteilung grundsätzlich nicht[1193]. Ist das Rechtsgeschäft wirksam, würde dem Minderjährigen ein ihm vorteilhaftes Geschäft entgehen, ist es aber unwirksam, würde selbst eine Genehmigung nicht schaden[1194].

C. Rechtsmittel

Gegen eine familiengerichtliche Entscheidung des Rechtspflegers am Amtsgericht ist das Rechtsmittel der Beschwerde gegeben[1195]. Im Rahmen der Sachentscheidungsvoraussetzungen sind insbesondere die Statthaftigkeit des Rechtmittels und die Beschwerdebefugnis des Rechtsmittelführers zu untersuchen.

I. Statthaftigkeit

Grundsätzlich ist gegen die Entscheidung des Familiengerichts gemäß § 58 Abs. 1 FamFG (in Verbindung mit § 11 Abs. 1 RPflG) die Beschwerde zum LG statthaft[1196]. Gegen die Entscheidung des Beschwerdegerichts ist die Rechtsbeschwerde (auch: Zulassungsbeschwerde) gemäß § 70 FamFG beim zuständigen OLG gegeben[1197]. Ausnahmsweise findet unter den Voraussetzungen des § 75 Abs. 1 FamFG durch Übergehen der landgerichtlichen Beschwerdeinstanz die Rechtsbeschwerde (Sprungrechtsbeschwerde) unmittelbar beim OLG statt. Einer zweiten Tatsacheninstanz bedarf es nicht, wenn der entscheidungserhebliche Sachverhalt feststeht und es zur Entscheidung ausschließlich auf Rechtsfragen ankommt[1198].

Die Beschwerde kommt nicht nur gegen eine ablehnende Entscheidung in Betracht. Auch gegen die Erteilung der Genehmigung ist die Beschwerde statthaft, wenn das Familiengericht gegen den Willen des Vormunds tätig geworden

---

1192 Zum Beispiel gesetzes- oder sittenwidrige Geschäfte, vgl. Wagenitz, in: MüKo-BGB, § 1828 Rn. 22.

1193 Gernhuber/Coester-Waltjen, § 60 IV 8 Rn. 60.

1194 Soergel/Zimmermann, BGB, § 1828 Rn. 10.

1195 Veit, in: Staudinger, BGB 2014, § 1828 Rn. 83; Wagenitz, in: MüKo-BGB, § 1828 Rn. 51.

1196 Wird der Beschwerdewert nicht erreicht (§ 61 Abs. 1 FamFG) und die Beschwerde vom Familiengericht nicht zugelassen (§ 61 Abs. 2 FamFG), ist die Erinnerung als einfacher Rechtsbehelf gemäß § 11 Abs. 2 RPflG statthaft.

1197 BGH als „Rechtsvereinheitlichungsinstanz“, vgl. Meyer-Holz, in: Keidel, FamFG, § 70 Rn. 1.

1198 Meyer-Holz, in: Keidel, FamFG, § 75 Rn. 1.

ist, die Genehmigung mit einer Auflage versehen wird oder das Geschäft nach Ansicht des Vormunds keiner Genehmigung bedarf[1199].

II. Beschwerdeberechtigung

Beschwerdeberechtigt ist nach § 59 Abs. 1 FamFG derjenige, der durch den Beschluss des Familiengerichts in seinen Rechten beeinträchtigt ist. Das ist zunächst der Minderjährige[1200] selbst, wie aus § 60 Satz 2 FamFG ausdrücklich hervorgeht[1201]. Darüber hinaus kommen folgende Personen in Betracht:

1. Vertragspartner

Vertragspartner des Minderjährigen haben die Stellung eines Dritten. Mangels Verletzung eigener Rechte genießen sie regelmäßig kein Beschwerderecht[1202]. Der Grund liegt darin, dass selbst ein berechtigtes rechtliches oder wirtschaftliches Interesse an der Genehmigungserteilung nicht ausreicht[1203]. Ausnahmsweise kann aber auch ein Vertragspartner beschwerdeberechtigt sein, wenn das Rechtsgeschäft tatsächlich gar nicht genehmigungsbedürftig ist[1204]. Denn dann liegt die Beeinträchtigung in dem Anschein der Unwirksamkeit des Rechtsgeschäfts[1205].

2. Gesetzliche Vertreter

Meinungsstreit herrscht darüber, ob die Eltern oder der Ergänzungspfleger beschwerdebefugt sind.

1199 Veit, in: Staudinger, BGB 2014, § 1828 Rn. 88; Wagenitz, in: MüKo-BGB, § 1828 Rn. 54: Allerdings erscheint hier das Rechtsschutzbedürfnis fraglich. Dem Vertreter stehe es schließlich frei, von der erteilten Genehmigung keinen Gebrauch zu machen, wenn er die Vornahme des Rechtsgeschäfts nachträglich als nicht im Interesse des Minderjährigen gelegen ansieht.

1200 Es sei denn, dass 14. Lebensjahr wurde noch nicht vollendet, § 60 Satz 3 FamFG.

1201 J. Mayer, FamRZ 1994, S. 1007 ff. (S. 1013) spricht von einem subjektiven Recht auf Erteilung der Genehmigung. Schließlich dienten die Genehmigungsvorbehalte der Verwirklichung des Willens des Minderjährigen. Aus diesem Grund korrespondiere zu der objektiv-rechtlichen Amtspflicht des Familiengerichts auch ein entsprechender rechtlich durchsetzbarer Anspruch des betroffenen Minderjährigen.

1202 Veit, in: Staudinger, BGB 2014, § 1828 Rn. 86.

1203 OLG Celle, Beschluss von 28.9.2011 – 17 UF 154/11 = NJW-RR 2012, S. 73 ff. (S. 74); Meyer-Holz, in: Keidel, FamFG, § 59 Rn. 6.

1204 Veit, in: Staudinger, BGB 2014, § 1828 Rn. 87; Wagenitz, in: MüKo-BGB, § 1828 Rn. 53.

1205 Meyer-Holz, in: Keidel, FamFG, § 59 Rn. 91.

Ein Teil der Literatur[1206] und Rechtsprechung[1207] geht davon aus, die Eltern oder der Ergänzungspfleger könnten eine Beschwerde nur in Vertretung des Minderjährigen erheben. Nur der Vertretene selbst sei in seinem subjektiven Recht beeinträchtigt. Der Vertreter sei in eigener Sphäre nicht berührt.

Die Gegenansicht in der Literatur[1208] sowie das *OLG Köln*[1209] argumentieren, der gesetzliche Vertreter des Minderjährigen sei unmittelbar beschwerdeberechtigt. Nach ihrer Auffassung sind die Eltern in ihrem Elternrecht, der Ergänzungspfleger in seiner Amtsführung beeinträchtigt.

Die Beschwerdeberechtigung setzt voraus, dass die Versagung der Genehmigung eine materielle Beschwer im Sinne des § 59 Abs. 1 FamFG darstellt, durch die in die Rechtsstellung des Beschwerdeführers unmittelbar (§ 7 Abs. 2 Nr. 1 FamFG) eingegriffen wird[1210]. Unmittelbarer Gegenstand der Genehmigung ist das Rechtsgeschäft selbst, an dem der gesetzliche Vertreter nur mittelbar beteiligt ist.

Im Ergebnis ist daher der überwiegend vertretenen Ansicht zu folgen. Der gesetzliche Vertreter ist nur dann beschwerdebefugt, wenn er im Namen des Minderjährigen auftritt. Mangels gegenteiligen Verhaltens des gesetzlichen Vertreters ist in der Regel auch davon auszugehen, dass die Beschwerde im Namen des Minderjährigen einlegt wird[1211]. Insofern ist die Rechtsfrage für die Praxis nicht von allzu großer Bedeutung.

1206 Meyer-Holz, in: Keidel, FamFG, § 59 Rn. 91; Soergel/Zimmermann, BGB, § 1828 Rn. 22.

1207 BayObLG, Beschluss vom 17.10.2001 – 3Z BR 327/01 = FPR 2002, S. 160 f.; OLG Stuttgart, Beschluss vom 25.6.2001 – 8 W 494/99 = FGPrax 2001, S. 199 ff.

1208 Veit, in: Staudinger, BGB 2014, § 1828 Rn. 83; Wagenitz, in: MüKo-BGB, § 1828 Rn. 51.

1209 OLG Köln, Beschluss vom 30.11.1998 – 14 Wx 22–98 = NJW-RR 1999, S 877 f.

1210 Vgl. Meyer-Holz, in: Keidel, FamFG, § 59 Rn. 9.

1211 Vgl. Soergel/Zimmermann, BGB, § 1828 Rn. 22.

Sechster Teil: Zusammenfassung

I. Der gesellschaftsrechtliche Minderjährigenschutz dient dem Zweck, den Minderjährigen vor wirtschaftlichen Gefahren zu bewahren. Aus diesem Grund sollte bei der Auslegung des § 107 BGB nicht ausschließlich auf den *rechtlichen* Nachteil abgestellt werden. Ein Rechtsnachteil, der nicht zugleich *wirtschaftliches* Gefahrenpotential in sich trägt, darf weitestgehend unbeachtet bleiben. Auf diese Weise kann der Tatbestand seine praktische Relevanz behaupten. Klare Abgrenzungskriterien und Fallgruppenbildung vermögen zur Rechtssicherheit beizutragen. Der Auslegung des gesetzlichen Tatbestandes ist eine typisierend ökonomische Betrachtung zugrunde zu legen.

   Schließt der Minderjährige ein Rechtsgeschäft zum Erwerb von Gesellschaftsanteilen selbst ab, so ist die Wirksamkeit dieses Rechtsgeschäfts im Hinblick auf § 107 BGB davon abhängig, dass das Vermögen des Minderjährigen nicht belastet wird. Das ist bei einer Unentgeltlichkeit des Erwerbs der Fall. Wird eine Gegenleistung vereinbart, darf sie nicht dem Vermögen des Minderjährigen entnommen werden. In einem weiteren Schritt ist prognostisch zu prüfen, ob der Minderjährige auch in Zukunft keiner persönlichen Haftung unterworfen wird. Ein zustimmungsfreier Erwerb kommt in Betracht, wenn der Minderjährige stiller Gesellschafter an dem Handelsgewerbe eines anderen Unternehmers oder Unterbeteiligter eines Gesellschafters wird. Erwirbt der Minderjährige eine Kommanditbeteiligung, ist gesellschaftsvertraglich sicherzustellen, dass eine Haftung gemäß § 176 HGB ausgeschlossen ist. Bei dem Erwerb von Aktien ist das Rechtsgeschäft nur bei der Aufnahme und der Übertragung, nicht hingegen bei der Gründung, zustimmungsfrei.

II. Die familiengerichtliche Genehmigung (§ 1822 BGB) soll nicht die rechtliche und wirtschaftliche Unerfahrenheit eines Minderjährigen kompensieren. Normzweck ist der Schutz des Minderjährigen vor den Folgen möglicherweise noch unzureichenden rechtlichen und wirtschaftlichen Sachverstands und mangelnder Umsicht des gesetzlichen Vertreters in eigenen und fremden Angelegenheiten. Das Genehmigungserfordernis dient dem Vermögensschutz. Eine Genehmigungsfreiheit setzt daher ein wirtschaftlich risikoloses Rechtsgeschäft voraus. Der Minderjährige soll infolge eines Erwerbs nicht persönliche Haftung auf sich laden.

Die Risikoabschätzung verläuft der Prüfung rechtlicher Vorteilhaftigkeit weitestgehend parallel. Ein anderes Vorgehen wäre dogmatisch nicht überzeugend. Der Abschluss eines wirksamen Rechtsgeschäfts durch einen Minderjährigen selbst bedarf erst recht nicht familiengerichtlicher Genehmigung. Das kann bei stiller Gesellschaft oder Unterbeteiligung des Minderjährigen der Fall sein. Bei der Einräumung einer Kommanditbeteiligung ist gesellschaftsvertraglich dem Manko einer gesetzlichen Haftung nach § 176 HGB vorzubeugen. Der Erwerb von Aktien ist genehmigungsfrei, wenn er im Rahmen einer Aufnahme des Minderjährigen in die Gesellschaft oder durch Übertragung von Aktien erfolgt.

De lege lata ist die unentgeltliche Übertragung von Gesellschaftsanteilen lediglich im Ausnahmefall genehmigungspflichtig. Bestehen konkrete Anhaltspunkte für eine Haftung, ist § 1822 Nr. 10 BGB tatbestandlich erfüllt. Auch unentgeltliche Übertragungen können dem Minderjährigen erhebliche Haftungsrisiken aufbürden. Zum Zwecke der Erweiterung und Verbesserung des derzeitigen Minderjährigenschutzes sollte der Genehmigungstatbestand *de lege ferenda* eine gesetzliche Modifikation erfahren. Diese könnte vorsehen, die Tatbestände in einem § 1822 Nr. 3 BGB n. F. auf jedes Rechtsgeschäft zum Erwerb eines Erwerbsgeschäfts zu erweitern.

Erwirbt der Minderjährige von Todes wegen, kommt eine Genehmigungspflicht nicht in Betracht. Das gilt nicht im Rahmen privatautonomer Regelungen, die vor oder nach dem Tod des Erblassers eine Willenserklärung des Minderjährigen erfordern. In der Regel ist eine Genehmigung derartiger Gestaltungen in gleicher Weise notwendig wie bei dem rechtsgeschäftlichen Erwerb durch Aufnahme in eine Gesellschaft.

III. In Fällen notwendiger Genehmigung (Genehmigungsbedürftigkeit) hat das Familiengericht über die Genehmigungsfähigkeit des Rechtsgeschäfts zu befinden. Dabei ist eine Gesamtwürdigung vorzunehmen. Ein Erwerb von Gesellschaftsanteilen durch einen Minderjährigen kann auch dann genehmigt werden, wenn er diesem zwar (einzelne) rechtliche Nachteile beschert, aber die wirtschaftliche Vorteilhaftigkeit des Rechtsgeschäfts insgesamt dessen Nachteile überwiegt oder zumindest aufwiegt. Dies ist abzuwägen. Dabei sind insbesondere die finanziellen, personellen und strukturellen Verhältnisse der Gesellschaft, die Person des Minderjährigen sowie das zeitliche Moment in die Gesamtschau einzubeziehen. Die Entscheidung des Familiengerichts unterliegt als Auslegung eines unbestimmten Rechtsbegriffs in vollem Umfange obergerichtlicher Kontrolle.

IV. Nicht nur beim Abschluss des Rechtsgeschäftes bedarf ein Minderjähriger rechtlichen Schutzes. Schutz wird ihm auch für Folgehandlungen gewährt. Der Minderjährige kann die Gesellschaft verlassen (§ 723 BGB, § 139 Abs. 2 HGB), die Beteiligung als persönlich haftender Gesellschafter in eine Kommanditbeteiligung umwandeln (§ 139 Abs. 1 HGB) sowie seine Haftung auf die Erbschaft (§§ 1975 ff. BGB) oder das Vermögen zur Zeit des Eintritts der Volljährigkeit beschränken (§ 1629a BGB). Zwar können diese Gestaltungen zur Benachteiligung von Gesellschaftsgläubigern führen. Im Interesse und zur Gewährleistung eines vorrangigen, möglichst umfassenden Minderjährigenschutzes ist dies aber hinzunehmen.

Literaturverzeichnis

Bamberger, Heinz Georg/Roth, Herbert: Kommentar zum Bürgerlichen Gesetzbuch, 3. Auflage, München 2012

Baumbach, Adolf/Hopt, Klaus J.: Handelsgesetzbuch: HGB, 36. Auflage, München 2014

Baumbach, Adolf/Hueck, Alfred: Kommentar zum GmbH-Gesetz, 20. Auflage, München 2013

Bayer, Walter/Lieder, Jan: Vorbelastungshaftung und Vorbelastungsbilanz, insbesondere bei späterer Auffüllung des Haftungsfonds – Besprechung der Entscheidung BGHZ 165, 391, ZGR 2006, S. 875 ff.

Behnke, Thorsten: Minderjährige als Gesellschafter – Minderjährigenhaftungsbeschränkungsgesetz und Beratungspraxis, NZG 1999, S. 244 ff.

–: Das neue Minderjährigenhaftungsbeschränkungsgesetz, NJW 1998, S. 3078 ff.

Biddermann, Ingrid : Der minderjährige Gesellschafter, Diss. Darmstadt 1965 (zit.: *Biddermann*, Der minderjährige Gesellschafter)

Bilsdorfer, Peter: Gesellschafts- und steuerrechtliche Probleme bei Unterbeteiligung von Familienangehörigen, NJW 1980, S. 2785 ff.

Binninger, Thomas: Minderjährigenhaftungsbeschränkung und erbrechtliche Haftungsbeschränkung, Diss. Hamburg 2008 (zit.: *Binninger*, Haftungsbeschränkung)

Binz, Mark/Sorg, Martin: Nießbrauchvorbehalt als Instrument vorweggenommener Erbfolge im Unternehmensrecht, BB 1989, S. 1521 ff.

Blaurock, Uwe/Berninger, Axel: Unterbeteiligung an einem GmbH-Anteil in zivilrechtlicher und steuerrechtlicher Sicht (I), GmbHR 1990, S. 11 ff.

Bork, Reinhard/Schäfer, Carsten: Kommentar zum GmbH-Gesetz, 2. Auflage, Köln 2012

Brox, Hans: Die unentgeltliche Aufnahme von Kindern in eine Familien-Personengesellschaft, in: Festschrift für Friedrich Wilhelm Bosch zum 65. Geburtstag (2. Dezember 1976), Bielefeld 1976, S. 75 ff. (zit.: *Brox*, in: Festschrift für F. W. Bosch, 1976)

Brüggemann, Dieter: Der sperrige Katalog, FamRZ 1990, S. 124 ff.

Buchholz, Stephan: Insichgeschäft und Erbschaftsausschlagung – Überlegungen zu einem Problem des § 1643 II BGB, NJW 1993, S. 1161 ff.

Buck, Annette: Der Erwerb von Gesellschaftsanteilen durch Minderjährige, Diss. Würzburg 2012 (zit.: *Buck*, Minderjährige)

Büchel, Alexander: Beteiligung von Minderjährigen an Familiengesellschaften, Diss. Aachen 2001 (zit.: *Büchel*, Familiengesellschaften)

Bürger, Andreas: Die Beteiligung Minderjähriger an Gesellschaften mit beschränkter Haftung, RNotZ 2006, S. 156 ff.

Bultmann, Stephan J.: Anmerkung zu LG Aachen, Beschluss vom 21.6.1993 – 3 T 128/93 = WiB 1995, S. 118 ff.

Christmann, Verena: Die Geltendmachung der Haftungsbeschränkung zugunsten Minderjähriger, ZEV 2000, S. 45 ff.

Coester, Michael: No Risk, no Fun – zum Überschuldungsschutz für junge Volljährige, § 1629a BGB, JURA 2002, S. 88 ff.

–: Die beschränkte Haftung von Minderjährigen – schuldrechtliche Risiken und Nebenwirkungen, in: Festschrift für Werner Lorenz zum 80. Geburtstag (15. Dezember 2001), München 2001, S. 97 ff. (zit.: *Coester*, in: Festschrift für W. Lorenz, 2001)

Coing, Helmut: Die gesetzliche Vertretungsmacht der Eltern bei der Ausschlagung einer Erbschaft, NJW 1985, S. 6 ff.

Czeguhn, Ignacio/Dickmann, Roman: Der Minderjährige in der BGB-Gesellschaft, FamRZ 2004, S. 1534 ff.

Damrau, Jürgen: Der Minderjährige im Erbrecht, 2. Auflage, Bonn 2010

–: Anmerkung zu BGH, Urteil vom 28.1.2003 – X ZR 199/99 = ZEV 2003, S. 375 ff.

– : Kein Erfordernis der gerichtlichen Genehmigung bei Schenkungen von Gesellschaftsbeteiligungen an Minderjährige, ZEV 2000, S. 209 ff.

Dümig, Michael: Die Beteiligung Minderjähriger an einer rechtsfähigen Gesellschaft bürgerlichen Rechts aus familien- bzw. vormundschaftsgerichtlicher Sicht, FamRZ 2003, S. 1 ff.

Düringer Adalbert/Hachenburg Max: Das Handelsgesetzbuch vom 10. Mai 1897; 11. Band, 3. Auflage, Mannheim 1932

Eberl-Borges, Christina: Die Rechtsnatur der Erbengemeinschaft nach dem Urteil des BGH vom 29.1.2001 zur Rechtsfähigkeit der (Außen-)GbR, ZEV 2002, S. 125 ff.

Eckebrecht, Marc: Praktische Folgen des Minderjährigenhaftungsbeschränkungsgesetzes, MDR 1999, S. 1248 ff.

Einsele, Dorothee: Formerfordernisse bei mehraktigen Rechtsgeschäften, DNotZ 1996, S. 835 ff.

Erman, Walter: Bürgerliches Gesetzbuch, 13. Auflage, Köln 2011

Ebenroth Carsten T./Boujong Karlheinz: Handelsgesetzbuch, 3. Auflage, München 2014 Joost Detlev/Strohn Lutz

Fichtelmann, Helmar: Stille Gesellschaft mit (minderjährigen) Kindern, ESTB 2000, S. 202 ff.

Flume, Werner: Die Rechtsnachfolge in die Mitgliedschaft in einer Personengesellschaft durch Übertragung der Mitgliedschaft, in: Festschrift für Karl Larenz zum 70. Geburtstag (23. April 1903), München 1973, S. 769 ff. (zit.: *Flume*, in: Festschrift für K. Larenz, 1973)

Fortun, Steffen: Erfordernis vormundschaftsgerichtlicher Genehmigung bei Unternehmensakquisitionen, NJW 1999, S. 754 ff.

Führ, Thorsten/Nikoleyczik, Tobias: Vertretung und Genehmigungspflicht bei schenkweiser Übertragung von Kommanditanteilen auf Minderjährige, BB 2009, S. 2105 ff.

Ganssmüller, Helmut: Anmerkung zu BGH, Urteil vom 30.4.1955 – II ZR 202/53 = NJW 1955, S. 1067 f.

Gebele, Alexander: Die Vertretung Minderjähriger bei der Schenkung von Gesellschaftsanteilen, BB 2012, S. 728 ff.

Gernhuber Joachim/: Familienrecht, 6. Auflage, München 2010 Coester-Waltjen Dagmar

Glöckner, Hans Peter: Das Sonderkündigungsrecht des volljährig gewordenen Gesellschafters, ZEV 2001, S. 47 ff.

–: Die Haftung des Minderjährigen – von § 1629a BGB zu einer Gesamtregelung der Minderjährigenhaftung, FamRZ 2000, S. 1397 ff.

Goette, Wulf: Ausschließung und Austritt aus der GmbH in der Rechtsprechung des Bundesgerichtshofs, DStR 2001, S. 533 ff.

Grube, Lars: Anmerkung BayObLG, Beschluss vom 4.7.1989 – 1 a Z 7/89 = Rpfleger 1990, S. 67 ff.

Grunewald, Barbara: Gesellschaftsrecht, 8. Auflage, Tübingen 2011

–: Haftungsbeschränkungs- und Kündigungsmöglichkeiten für volljährig gewordene Personengesellschafter, ZIP 1999, S. 597 ff.

Grunsky, Wolfgang: Anmerkung zu OLG Frankfurt a. M., Beschluss vom 27.5.2008 – 20 W 123/08, OLG Bremen, Beschluss vom 16.6.2008 – 2 W 38/08 und OLG München, Beschluss vom 6.11.2008 – 31 Wx 76/08, ZEV 2008, S. 607 ff.

Haarländer, Jürgen: Die vormundschaftsgerichtliche Genehmigung nach § 1822 Nr. 3 2. Alternative BGB bei Änderungen des Gesellschaftsvertrages von Personengesellschaften, Diss. Hamburg 1971 (zit.: *Haarländer*, § 1822 Nr. 3 Alt. 2 BGB)

Habersack, Mathias: Das neue Gesetz zur Beschränkung der Haftung Minderjähriger, FamRZ 1999, S. 1 ff.

Habersack, Mathias/Schneider, Patrick: Haftungsbeschränkung zugunsten Minderjähriger – aber wie? – Überlegungen zum Regierungsentwurf eines Gesetzes zur Beschränkung der Haftung Minderjähriger, FamRZ 1997, S. 649 ff.

Haertlein, Lutz: Das Minderjährigenhaftungsbeschränkungsgesetz und seine Auswirkungen auf das Gesellschaftsrecht, JA 2000, S. 982 ff.

Harte, Solveig: Der Begriff des lediglich rechtlichen Vorteils i. S. d. § 107 BGB, Diss. Baden-Baden 2008 (zit.: *Harte*, § 107 BGB)

Heldrich, Andreas: Schranken der elterlichen Vertretungsmacht bei der Ausschlagung einer Erbschaft, in: Festschrift für Werner Lorenz zum siebzigsten Geburtstag (15. Dezember 1991), Tübingen 1991, S. 97 ff. (zit.: *Heldrich*, in: Festschrift für W. Lorenz, 1991)

Henssler, Martin/Strohn, Lutz: Kommentar zum Gesellschaftsrecht, 2. Auflage, München 2014

Hettler, Stephan/Götz, Hellmut: Anmerkung zu BayObLG, Beschluss vom 5.3.1997 – 1 Z BR 210/96 = ZEV 1998, S. 107 ff.

Hohaus, Benedikt/Eickmann, Marco: Die Beteiligung Minderjähriger an vermögensverwaltenden Familien-Kommanditgesellschaften – Anforderungen für die steuerliche Anerkennung, BB 2004, S. 1707 ff.

Hundertmark, Dedo: Gründung einer sogenannten Innengesellschaft mit Minderjährigen, BB 1970, S. 165 ff.

Ivo, Malte: Die Übertragung von Kommanditanteilen an minderjährige Kinder, ZEV 2005, S. 193 ff.

–: Erbteilsverfügungen bei Sondererbfolge in Anteile von Personengesellschaften, ZEV 2004, S. 499 ff.

–: Die Erbschaftsausschlagung für das minderjährige Kind, ZEV 2002, S. 309 ff.

Jauernig, Othmar: Kommentar zum Bürgerlichen Gesetzbuch, 15. Auflage, München 2014

Keidel, Theodor: Kommentar zum Gesetz über das Verfahren in Familiensachen und in den Angelegenheiten der freiwilligen Gerichtsbarkeit, 18. Auflage, München 2014

Keim, Christopher: Vermächtnisse zugunsten Minderjähriger: Schwierigkeiten und Lösungsmöglichkeiten, ZEV 2011, S. 563 ff.

Kindl, Johann: Gesellschaftsrecht, 1. Auflage, Baden-Baden 2011

Kindler, Peter: Grundkurs Handels- und Gesellschaftsrecht, 8. Auflage, München 2011

Klamroth, Sabine: Zur Anerkennung von Verträgen zwischen Eltern und minderjährigen Kindern, BB 1975, S. 525 ff.

Klüsener, Bernd: Vormundschaftsgerichtliche Genehmigungen nach § 1822 BGB, Rpfleger 1993, S. 133 ff.

–: Der Minderjährige im Unternehmensrecht, Rpfleger 1990, S. 321 ff.

Klumpp, Hans-Hermann: Beschränkung der Minderjährigenhaftung – ein überfälliges Gesetz, ZEV 1998, S. 408 ff.

Konz, Simone: Die Möglichkeit der Haftungsbeschränkung volljährig Gewordener gem. § 1629a i. V. mit §§ 1990, 1991 BGB: Regelungsbereich des MHbeG und Rechtsfolgen der Haftungsbeschränkung auf das Volljährigkeitsvermögen, Diss. Berlin 2005 (zit.: *Konz*, MHbeG)

Kurz, Gabriele: Die Problematik des § 1822, NJW 1992, S. 1798 ff.

Larenz, Karl: Methodenlehre der Rechtswissenschaft, 6. Auflage, Berlin 1991

Laum, Dieter/Dylla-Krebs, Corinna: Der Minderjährige mit beschränkter Haftung? Zum Entwurf eines Minderjährigenhaftungsbeschränkungsgesetzes (MHbeG), in: Festschrift für Ralf Vieregge zum 70. Geburtstag (6. November 1995), Berlin 1995, S. 513 ff. (zit.: *Laum/Dylla-Krebs*, in: Festschrift für R.Vieregge, 1995)

Lohse, Martin/Triebel, Sabine: Vermögensverwaltende Gesellschaften bürgerlichen Rechts mit minderjährigen Gesellschaftern und gerichtliche Genehmigungspraxis, ZEV 2000, S. 337 ff.

Lutter Markus/Hommelhoff, Peter: GmbH-Gesetz Kommentar, 18. Auflage, Köln 2012

Maier-Reimer, Georg/Marx, Anja: Die Vertretung Minderjähriger beim Erwerb von Gesellschaftsbeteiligungen, NJW 2005, S. 3025 ff.

Maultzsch, Felix: Die „fehlerhafte Gesellschaft": Rechtsnatur und Minderjährigenschutz, JuS 2003, S. 544 ff.

Mayer, Jörg: Der Anspruch auf vormundschaftsgerichtliche Genehmigung von Rechtsgeschäften, FamRZ 1994, S. 1007 ff.

Menzel, Ralf/Wolf, Ingmar: Der minderjährige Kommanditist – bei Gründung, unentgeltlicher Anteilsübertragung und Erwerb von Todes wegen, MittBayNot 2010, S. 186 ff.

Meyer-Stolte, Klaus: Vormundschaftsgerichtliche Genehmigung und Grundbuch – Wirksamwerden der Genehmigung und Nachweis in grundbuchmäßiger Form, Rpfleger 1967, S. 294 ff.

Michalski, Lutz: Kommentar zum Gesetz betreffend die Gesellschaften mit beschränkter Haftung (GmbH-Gesetz), 2. Auflage, München 2010

Müller, W.: Zur vormundschaftsgerichtlichen Genehmigung bei GmbH-Beteiligungen von Minderjährigen, Mündeln und Pfleglingen, JR 1961, S. 326 ff.

Münchener Handbuch: des Gesellschaftsrechts, 3. Auflage, München 2007 ff. (zitiert *Bearbeiter*, in: MüHdb-GesR)

Münchener Kommentar: zum Aktiengesetz, 3. Auflage, München 2008 ff. (zit.: *Bearbeiter*, in: MüKo-AktG)

Münchener Kommentar: zum Bürgerlichen Gesetzbuch, 6. Auflage, München 2012 f. (zit.: *Bearbeiter*, in: MüKo-BGB)

Münchener Kommentar: zum GmbHG, 1. Auflage, München 2010 ff. (zit.: *Bearbeiter*, in: MüKo-GmbHG)

Münchener Kommentar: zum Handelsgesetzbuch, 3. Auflage, München 2010 ff. (zit.: *Bearbeiter*, in: MüKo-HGB)

Muscheler, Karlheinz: Haftungsbeschränkung zugunsten Minderjähriger (§ 1929a BGB), WM 1998, S. 2271 ff.

Nagel, Manfred: Familiengesellschaft und Elterliche Gewalt, Diss. Tübingen 1968 (zit.: *Nagel*, Familiengesellschaft)

Neuner, Jörg: Allgemeiner Teil des Bürgerlichen Rechts, 10. Auflage, München 2012

von Oertzen, Christian/Hermann, Helga-Maria: Vermögensverwaltende GbR vs. Vermögensverwaltende KG: Überblick über die zivil- und steuerrechtlichen Gemeinsamkeiten bzw. Unterschiede, ZEV 2003, S. 400 ff.

Oetker, Hartmut: Kommentar zum Handelsgesetzbuch (HGB), 3. Auflage, München 2013

Palandt: Kommentar zum Bürgerlichen Gesetzbuch, 74. Auflage, München 2015

Paulick, Heinz: Die Unterbeteiligung in gesellschaftsrechtlicher und steuerrechtlicher Sicht, ZGR 1974, S. 253 ff.

–: Der Beitritt Minderjähriger zu einer eingetragenen Genossenschaft mit unbeschränkter Haftpflicht, FamRZ 1964, S. 526 f.

Petersen, Jens: Der Minderjährige im Familien- und Erbrecht, JURA 2006, S. 280 ff.

Pluskat, Sorika: Der entgeltliche Erwerb eines GmbH-Geschäftsanteils eines beschränkt geschäftsfähigen Minderjährigen, FamRZ 2004, S. 677 ff.

Ramm, Thilo: Die gesetzliche Vertretung durch die Eltern: überholt und verfassungswidrig, NJW 1989, S. 1708 ff.

Reichsgerichtskommentar: Kommentar zum Handelsgesetzbuch, Band 2, 2. Auflage, Berlin 1950 (zit.: RGRK/*Bearbeiter*, HGB)

Reiff, Peter: Die Anteilsübertragung in der Personengesellschaft – Dogmatische Grundlagen, Voraussetzungen und Rechtsfolgen, DStR 2009, S. 2376 ff.

Reimann, Wolfgang: Der Minderjährige in der Gesellschaft – Kautelarjuristische Überlegungen aus Anlaß des Minderjährigenhaftungsbeschränkungsgesetzes, DNotZ 1999, S. 179 ff.

–: Das Minderjährigenhaftungsbeschränkungsgesetz (MHbeG) im Überblick, MittBayNot 1998, S. 326 ff.

–: Die Grundstücksverwaltungsgesellschaft bürgerlichen Rechts unter Beteiligung Minderjähriger, in: Festschrift für Horst Hagen zum 65. Geburtstag (5. Januar 1999), Köln 1999, S. 173 ff. (zit.: *Reimann*, in: Festschrift für H. Hagen, 1999)

Riedlinger, Raoul: Minderjährige in der Familienkommanditgesellschaft – Ihre Stellung als Gesellschafter und Mitunternehmer, Diss. Frankfurt am Main 1978 (zit.: *Riedlinger*, Familienkommanditgesellschaft)

Ritter, Carl: Kommentar zum Handelsgesetzbuch, 2. Auflage, Berlin 1932

Röhricht, Volker/Graf von Westphalen, Friedrich: Kommentar zu Handelsstand, Handelsgesellschaften, Handelsgeschäften und besonderen Handelsverträgen, 4. Auflage, München 2014

Roth, Günter H./Altmeppen, Holger: Kommentar zum Gesetz betreffend die Gesellschaften mit beschränkter Haftung (GmbHG), 7. Auflage, München 2012

Rowedder, Heinz/Schmidt-Leithoff, Christian: Gesetz betreffend die Gesellschaften mit beschränkter Haftung (GmbHG), 5. Auflage, München 2013

Ruppel, Alfred: Der Minderjährige in personalen Handelsgesellschaften, Diss. Frankfurt am Main 1965 (zit.: *Ruppel*, Handelsgesellschaften)

Rust, Walter: Die Beteiligung von Minderjährigen im Gesellschaftsrecht (Teil I), DStR 2005, S. 1942 ff.

–: Die Beteiligung von Minderjährigen im Gesellschaftsrecht (Teil II), DStR 2005, S. 1992 ff.

Schäfer, Carsten: Das bedingte Austrittsrecht nach § 139 HGB in der GbR, NJW 2005, S. 3665 ff.

– : Die Lehre vom fehlerhaften Verband – Grundlagen, Verhältnis zum allgemeinen Vertragsrecht und Anwendung auf Strukturänderungen, Habil. Tübingen 2001 (zit.: *Schäfer*, Die Lehre vom fehlerhaften Verband)

Schmidt, Karsten: Handelsrecht, 6. Auflage, Köln 2014.

–: Minderjährigen-Haftungsbeschränkung im Unternehmensrecht: Funktioniert das? – Eine Analyse des § 1629a BGB mit Rückblick auf BGHZ 92, 259 – NJW 1985, 136, JuS 2004, S. 361 ff.:

–: Gesellschaftsrecht, 4. Auflage, München 2002

–: Zivilistische Rechtsfiguren zwischen Rechtsdogmatik und Rechtspolitik. Exemplarisches zum Programm der Ringvorlesung, in: Rechtsdogmatik und Rechtspolitik, Berlin 1990, S. 9 ff. (zit: *K. Schmidt*, Rechtsdogmatik und Rechtspolitik)

–: Die Schenkung von Personengesellschaftsanteilen durch Einbuchung – Das Urteil des BGH vom 2. 7. 1990 als Prüfstein der Zivilrechtsdogmatik und als Grundlage der Gestaltungspraxis, BB 1990, S. 1992 ff.

–: Grenzen des Minderjährigenschutzes im Handels- und Gesellschaftsrecht, JuS 1990, S. 517 ff.

–: Die gesetzliche Vertretung durch die Eltern: notwendig und verfassungsmäßig, NJW 1989, S. 1712 ff.

–: Gesetzliche Vertretung und Minderjährigenschutz im Unternehmensprivatrecht – Bemerkungen zum Beschluss des Bundesverfassungsgerichts vom 13.5.1986, BB 1986, S. 1238 ff.

–: Anmerkung zu BGH, Urteil vom 21.3.1983 – II ZR 113/82 = NJW 1983, S. 2258 ff.

Schmitt, Jochem: Der Begriff der lediglich rechtlich vorteilhaften Willenserklärung i. S. des § 107 BGB, NJW 2005, S. 1090 ff.

Scholz, Franz: Kommentar zum GmbH-Gesetz, 11. Auflage, Köln 2012 - 2014

Schüppen, Matthias/Schaub, Bernhard: Münchner Anwaltshandbuch Aktienrecht, 2. Auflage, München 2010

Soergel: Kommentar zum Bürgerlichen Gesetzbuch, Band 20 (§§ 1741 bis 1921), 13. Auflage, Stuttgart 2000

Spiegelberger, Sebastian: Anmerkung zu BayObLG, Beschluss vom 5.3.1997 – 1 Z BR 210/96 = DNotZ 1998, S. 495 ff.

Stahl, Martina: Minderjährigenschutz im Gesellschaftsrecht und vormundschaftsgerichtliche Genehmigung, Diss. Frankfurt am Main 1988 (zit.: *Stahl*, Minderjährigenschutz)

von Staudinger, Julius: J. von Staudingers Kommentar zum Bürgerlichen Gesetzbuch mit Einführungsgesetz und Nebengesetzen, Neubearbeitung (zit.: *Bearbeiter*, in: Staudinger, BGB *Neuauflage*)

Staub, Herrmann: Handelsgesetzbuch – Großkommentar, 5. Auflage, Berlin 2009

Sticherling, Christian/Stücke, Christian: Anmerkung zu OLG Braunschweig, Beschluss vom 30.10.2000 – 2 W 237/00 = ZEV 2001, S. 75 f.

Stöber, Kurt: Der minderjährige Gesellschafter einer offenen Handelsgesellschaft oder Kommanditgesellschaft – Vormundschaftsgerichtliche Genehmigung, Registeranmeldung und -eintragung, Rpfleger 1968, S. 2 ff.

Stürner, Rolf: Der lediglich rechtliche Vorteil, AcP 1973, S. 402 ff.

Sudhoff, Heinrich: Familienunternehmen, 2. Auflage, München 2005 (zit.: *Bearbeiter*, in: Sudhoff, Familienunternehmen)

Tiedke, Klaus: Die schenkweise Zuwendung einer stillen Beteiligung an ein minderjähriges Kind. Zugleich eine Besprechung des Urteils des Bundesfinanzhofes vom 9.7.1987 – IV R 95/85, BB 1988, S. 946 ff.

–: Unentgeltliche Beteiligung eines Kindes als stiller Gesellschafter, DB 1977, S. 1064 ff.

Ulmer, Peter/Habersack, Mathias/Löbbe, Marc: Großkommentar zum Gesetz betreffend die Gesellschaften mit beschränkter Haftung (GmbHG), 2. Auflage, Tübingen 2013

Wachter, Thomas: Fachanwaltshandbuch Handels- und Gesellschaftsrecht, 2. Auflage, Münster 2010 (zit.: *Bearbeiter*, in: Wachter, FA Handels- und Gesellschaftsrecht)

Wälzholz, Eckhard: Die Beteiligung Minderjähriger an Personengesellschaften, INF 2007, S. 231 ff.

Weinbrenner, Christoph: Ergänzungspflegschaft und vormundschafts-/familiengerichtliche Genehmigung bei der Schenkung von KG-Gesellschaften an Minderjährige, FPR 2009, S. 265 ff.

Weipert, Lutz: Die Erbengemeinschaft als Mitglied einer Personengesellschaft, ZEV 2002, S. 300 ff. (S. 304)

Werner, Rüdiger: Beteiligung Minderjähriger an gesellschaftsrechtlichen Transaktionen im Recht der GmbH und GmbH & Co. KG, GmbHR 2006, S. 737 ff.

–: Der GmbHR-Kommentar (zugleich Anmerkung zu OLG Frankfurt a. M., Beschluss vom 27.5.2008 – 20 W 123/08, OLG Bremen, Beschluss vom 16.6.2008 – 2 W 38/08 und OLG München, Beschluss vom 6.11.2008 – 31 Wx 76/08 = GmbHR 2008, S. 1262 ff.)

Wertenbruch, Johannes: Familiengerichtliche Genehmigungserfordernisse bei der GbR mit minderjährigen Gesellschaftern, FamRZ 2003, S. 1714 ff.

Wiedemann, Herbert: Die Übertragung und Vererbung von Mitgliedschaftsrechten bei Handelsgesellschaften, Habil. München und Berlin 1965 (zit.: *Wiedemann*, Mitgliedschaftsrechte)

Winkler, Karl: Erwerb von GmbH-Anteilen durch Minderjährige und vormundschaftsgerichtliche Genehmigung – Besprechung der Entscheidung BGHZ 107, 23 ff, ZGR 1990, S. 131 ff.

–: Die Genehmigung des Vormundschaftsgerichts zu gesellschaftsrechtlichen Akten bei Beteiligung Minderjähriger, ZGR 1976, S. 177 ff.

Zelz, Lothar: Der Minderjährige in der GmbH, GmbHR 1959, S. 91 ff.

Zöller, René: Nachfolge von Todes wegen bei Beteiligungen an Personengesellschaften, MittRhNotK 1999, S. 122 ff.

www.ingramcontent.com/pod-product-compliance
Ingram Content Group UK Ltd.
Pitfield, Milton Keynes, MK11 3LW, UK
UKHW021908290926
8980IPUK00015B/1133